RISK

合规管理

一个首席合规官的工作手记

[美] 潘琼 ◎著

机械工业出版社
CHINA MACHINE PRESS

图书在版编目（CIP）数据

合规管理：一个首席合规官的工作手记 /（美）潘琼著. —北京：
机械工业出版社，2023.12
ISBN 978-7-111-74220-3

Ⅰ.①合…　Ⅱ.①潘…　Ⅲ.①企业管理　Ⅳ.① F272

中国国家版本馆 CIP 数据核字（2023）第 215752 号

机械工业出版社（北京市百万庄大街22号　邮政编码100037）
策划编辑：张　楠　　　　　　责任编辑：张　楠　崔晨芳
责任校对：孙明慧　李　婷　　责任印制：邰　敏
三河市宏达印刷有限公司印刷
2024年1月第1版第1次印刷
170mm×230mm · 19.5印张 · 1插页 · 242千字
标准书号：ISBN 978-7-111-74220-3
定价：79.00元

电话服务　　　　　　　　　网络服务
客服电话：010-88361066　　机 工 官 网：www.cmpbook.com
　　　　　010-88379833　　机 工 官 博：weibo.com/cmp1952
　　　　　010-68326294　　金 书 网：www.golden-book.com
封底无防伪标均为盗版　　　机工教育服务网：www.cmpedu.com

合规管理是中国企业健康成长的必由之路

　　2023 年 3 月 22 日下午，潘琼女士把她历时两年整理、写作的《合规管理：一个首席合规官的工作手记》发给我，让我提前一睹为快，并邀我写一篇推荐序。我用了整整五个晚上的时间，认真拜读了这本手记。本书分享了潘琼女士多年来在跨国公司、中美合资公司的从业经验和认知，阐述了当前国际先进的供应链安全合规、国际贸易合规、反腐合规的理论和实践知识，介绍了国际上一些著名的经典案例和她亲身经历的具体案例。这本手记是目前我所看到的国内不可多得、极为专业且极具实操性的国际合规管理专著，对中国企业，特别是参与国际合作与竞争的企业，具有极强的参考价值和指导意义。

　　我和潘琼女士作为新华三集团（H3C）的创始管理团队成员，共事了六年多。在这段时间里，作为新华三集团的高级副总裁、首席道德与合规官，潘琼女士以其对合规工作的深刻理解、全球化

IV

的视野和果断干练的作风，承担了新华三集团发展"健康监护人"的职责，协助我在贸易合规、道德合规、反腐败和渠道审计等方面，做了大量认真细致的工作。新华三集团成立七年来，之所以能够始终沿着正确的航向破浪前行，以超过20%的年复合增长率高速增长，潘琼女士及其合规团队的努力、"护航"发挥了至关重要的作用。能与这样一位业界顶级的首席合规官共事，我深感荣幸与骄傲！

应该说，潘琼女士在合规管理方面的专业造诣，是与其成长和工作经历密不可分的。潘琼女士是幸运的，是中国改革开放最早的受益者，也是最早出国深造的留学生之一，她于1986年获得纽约州立大学新帕尔兹分校英语硕士学位，于1990年获得纽约市立大学巴鲁克学院工商管理硕士（MBA）学位。在加入惠普及新华三集团之前，她曾先后在美国理光、默克以及安富利公司任职，并帮助这些公司建立了务实、高效的全球贸易合规机制。得益于在合规管理方面的丰富经验和深厚积淀，潘琼女士成为美国海关授权的代理和由美国国际进出口协会（IIEI）认证的美国出口合规官，同时，她还被美国默克公司授予了六西格玛黑带。

坦率地讲，我之所以认为潘琼女士是"业界顶级的首席合规官"，并非只是因为她在合规领域拥有深厚的专业造诣，更多的是她在合规管理工作中所展现出来的驾驭复杂问题、恰当把握原则性和灵活性的高超能力。大家知道，新华三集团是一家中美合资公司，确保业务的开展符合中美双方的贸易法律法规，以及反腐败和社会责任的要求，对公司的健康快速发展至关重要。其中，潘琼女士以其对中美文化和国情的深刻理解，在遵循中美两国法律法规的基础上，积极探索、寻求中美股东对合规管理的"最大公约数"，大大降低了中美股东的沟通成本并避免了一些不必要的误解，有效促进了中美企业之间的团结、合作与共赢。同时，从某种角度来说，合规在企业内部是一件"得罪人的活"，经常会触及一些部门甚至个人的"利益"，在工作推进过程中，如何既保证企业的利益不受损失，又能够较为人性化地处理好面临的问题，考验着首席合规官的智慧。在这一点上，她总是能恰到好处地平衡好两者的关系。在我们共事的六年多里，新华三集团管理层直接向我汇报的25名高管中，潘琼女士每年的综合考评成绩都在前三名。应该说，这样的评价结果是对她综合能力最好的褒奖和诠释。

当前，新一轮科技与产业变革正在加快重构全球创新版图，重塑全球经济结构，如何才能更好地遵循合规要求做一家全球化的企业，真正融入世界技术进步和产业发展的大潮，是中国企业共同面临的时代课题。同时，当前错综复杂的全球地缘政治形势，也对企业的合规管理工作提出了新的、更高的要求。在这一背景下，潘琼女士把自己从事合规管理工作三十多年的"实战经验"进行系统的梳理、提炼、总结，并汇编成册贡献给大家，显得尤为珍贵。我坚信，这本书所阐述的关于合规管理的机制、体系和方法论，一定能够给大家带来实实在在的帮助与借鉴，助力越来越多的企业行稳致远、基业长青！

于英涛

紫光股份董事长

新华三集团总裁兼首席执行官

2023 年 3 月 21 日

推荐序二 | FOREWORD

收到潘琼女士发来的手稿，开卷时还漫不经心，读到后来我越来越被这本手记吸引。

令人感兴趣的是，作者如何从一个英美文学专业的学生成为一名著名国际化公司在华的首席道德与合规官。她从自己亲身经历的合规管理工作中体会到"不以规矩，不能成方圆"这一人们在日常生活中常用的格言警句。随着市场经济的发展，不少公司因为诚信、内控和合规问题被列入各种黑名单，被取消投标资格，或者被终止合同，有些公司的领导者甚至面临牢狱之灾，合规合法刻不容缓。

我深切感到，潘琼女士这本书的出版恰逢其时。

2000年联合国全球契约组织成立，在人权、劳工标准、环境和反腐败四个方面提出十项原则，标志着开始在全球范围内推进企业合规管理。截至2023年7月，全球有2万多家企业加盟联合国全球契约组织，承诺遵守这十项原则。

2017 年 5 月，习近平总书记主持召开中央全面深化改革领导小组第三十五次会议，会议指出要加强企业海外经营行为合规制度建设。此后，多个政府部门对推进企业合规管理提出指导意见、指引，或者参与了对企业的合规监管。2018 年 12 月，国家发展和改革委员会、外交部等联合发布《企业境外经营合规管理指引》。国务院国有资产监督管理委员会在 2018 年制定了《中央企业合规管理指引（试行）》，2022 年又发布了《中央企业合规管理办法》。2022 年 10 月，国家标准化管理委员会发布编号为 GB/T 35770—2022 的《合规管理体系　要求及使用指南》，进一步对合规管理体系做出规范。

在短短 5 年时间里，中央企业和一大批地方国有企业已经建立了合规管理体系，企业依法合规经营管理水平明显提升。虽然民营企业合规管理还处于起步阶段，但是越来越多的企业开始进行合规管理体系建设。强化合规管理已经成为中国企业管理能力提升的新方向和高质量发展的新动力。据我们了解，全球还没有一个国家像中国这样在如此短的时间内，形成如此大规模的强化合规管理潮流。

强化合规管理潮流形成之时，企业需要一大批合规官（合规师）来建立合规管理体系，以及从事合规管理体系的维护与运营。2022 年，人力资源和社会保障部、国家市场监督管理总局和国家统计局等三部门把"企业合规师"作为新职业纳入《中华人民共和国职业分类大典（2022 年版）》。从此以后，全国出现了不少有关合规师资质与能力的团体标准，各地纷纷开展合规师培训活动。

近年来，不少合规管理的图书出版发行。潘琼女士的这本书另辟蹊径，她以自身合规管理的实践为基础，用简单、通俗、易懂的语言，系统讲述了对合规及合规管理的认知，以及如何从无到有建立合规管理体系和合规管理体系中的不同管理机制。

潘琼女士的经历和经验为合规师的成长和发展提供了有益的借鉴。她以亲身经历告诉读者什么是合规管理，如何进行合规管理，她的叙述引人入胜。通过这些经历，读者可以深入了解一家企业如何建立合规管理机制，如何制定必要的合规管理制度，如何通过必要的运行机制使得这些制度落实并发挥作用，而不是停留在纸面上，或者存放在抽屉里。当然，作为首席道德与合规官，她的工作手记还将启示读者如何成长为企业合规官，企业合规官应该具备什么样的素质，如何在合规管理中展现自己的能力。

对于步入社会工作的新人，作者以生动有趣的故事展示合规管理的方法论实际上不仅存在于合规工作中，也存在于企业其他管理中。对于有意将合规管理作为事业方向的同人，作者以自己的经历诠释了任何专业都离不开不断学习，以及正确的思维方法和持之以恒的品质，所学专业不是自己从事新工作的限制，而是走向新工作的基础。已经在合规管理岗位上的同人一定会在本书实务篇中收获宝贵的合规管理经验，合规管理不仅仅是依照法律法规对经济活动的约束，更是企业经营管理过程中价值的体现。广大企业管理者则会从本书中感受到合规管理的重要性和必要性。

基于此，本书可以为已经或准备建立合规管理体系的组织，以及准备迈入合规管理职业生涯的有志之士提供很好的借鉴。

王志乐

北京新世纪跨国公司研究所所长

联合国全球契约组织第十项原则专家组成员

2023 年 4 月 5 日

FOREWORD | 推荐序三

　　我与潘女士相识于十几年前的一次职业女性的聚会。因缘际会，我有幸认识了潘女士这位合规界的前辈和"大咖"。潘女士可以说是我认识的从业时间最长、经验最丰富的首席合规官。在她三十多年的职业生涯中，既有在大型跨国公司的工作经验，也有在小微企业的工作经验，她的经验也覆盖了很多行业。在和她的沟通中，我有机会更深入地了解她作为企业合规决策人的心路历程和如何运筹帷幄，深受启发和鼓舞，受益匪浅。所以在我得知潘女士撰写了本书后，我的第一反应是终于有了一本讲述首席合规官工作的著作，更多的人可以了解首席合规官的工作了，并为此欣喜万分。

　　合规官的工作正在被越来越多的人所了解。自 2016 年国务院确定 5 家中央企业为合规管理体系建设试点企业后，中国企业越来越重视合规管理。2018 年国家各部门继续推进扩大企业合规试点的范围，2018 年也被广泛称为"中国企业合规元年"。如今，企业合规师已正式被认可为一个新职业。自 2022 年 10 月 1 日起施行的《中央企业合规管理办法》也首次要求中央企业设立合规委员会。

　　潘女士的著作是我见到的第一本系统描写和阐述合规官工作的图书。关于合规官在企业中的定位，建立合规文化的收获和挑战，合规部门与企业其他部门的协同与合作，这本书为大家娓娓道来。区别于一般介绍合规制度和规则的书，潘女士在本书中讲述了她自身的工作经历，结合具体事例，为大家揭开了首席合规官工作的神秘面纱，为有志于成为成功的企业合规官的读者提供了指路明灯和经验借鉴。

　　衷心地祝愿潘女士的经验和探索可以被越来越多的同行和朋友所了解。

郭冰娜

美国伟凯律师事务所合伙人

2023 年 4 月 28 日

如果你颇有天赋，勤勉会使你更加完美；如果你能力平平，勤勉会补之不足。

——乔·雷诺兹

我本科学的是英语，研究生学的是英美文学。一个学英美文学的人怎么就成了一名职业合规管理者，这种好奇不光来自朋友和在业务中接触到的商务界同人，也来自工作过的公司的高层领导。记得在一家医药公司工作时，公司一位资深副总裁给我发来会议邀请。我很高兴，以为他是要同我谈谈他们部门的合规管理工作。我先花时间了解了他们部门的职责，也分析了可能的合规风险，并给出了我的合规风险管控行动建议。见面时我才知道他想让我应聘他们部门的一个销售管理职位。这个职位比我当时的职位要高，当然待遇也更好，但我坦率地说，我不适合你现在要招聘的职位，因为我没有你要求的符合这个职位的条件。他说他在公司的人才库里看到了我的简历，对我的经历非常感兴趣，即使我不能加入他的团队，他也非常想知道我怎样从一个来美国学习英美文学的学生，成为美国头部医药公司主管国际贸易合规的领导。这是一个突如其来的问题，因为我从来就没有觉得我成为一名合规管理人员有什么特别的地方，而且我认为学任何专业都可以做合规管理。我想我被问到这个问题的一个重要原因是合规管理当时在美国是一个经历了从冷门到热门过程的小众职业。最近几年合规管理也成为中国的一个热门职业，2021 年 3 月，人力资源和社会保障部、国家市场监督管理总局、国家统计局联合发布了 18 个新职业，其中就有企业合规师。⊖ 作为一名在合规管理岗位上任职二十多年的职业人，我看到这一发展非常高兴。

风险管控、内部控制已经有了多年的发展，特别是在金融行业更为领先，但合规管理的起步要比风险管控和内部控制晚得多。即使在西方发达国家，合规管理真正的全面开展也不过二十多年。二十多年前，一些大公司的内控失控丑闻促使合规管理成为必要。"9·11"事件的发生促使美国对进出口违规予以更加严厉的处罚，美国司法部和美国证券交易委员会对《反海外腐败法》的强化执行，使美国所有上市公司和国际贸易公司都不可能无视对法律法规的遵守。于是，各个公司的合规管理部门应运而生，首席合规官（Chief Compliance Officer，CCO）的头衔随之出现在许多公司的领导层名单上。我就是在合规管理成为一种有需求的职业时，迈入了合规管理的行列。

⊖ 参见 http://www.mohrss.gov.cn/xxgk2020/fdzdgknr/zcjd/zcjdwz/202103/t20210318_411356.html。

十年前我担任跨国公司惠普网络合规办公室副总裁，这个岗位最重要的职责就是从事惠普全资子公司杭州华三通信技术有限公司的合规管理工作。刚从美国回到中国工作时，大家经常问我的问题是：合规是什么？合规管理是什么？而今天我经常被问到的是：合规与法务有什么不同？合规与内控有什么不同？合规管理团队应该向谁汇报？还有的问题是：合规是需要公司每一个员工加入的吗，还是只要少数人做合规就可以了？什么是大合规，什么是小合规？合规管理部门归属什么上级部门最好？怎样能建立一个有效的合规机制？等等。从大家的提问能够看到合规管理在中国的发展，我也从这些提问中收获营养、反思和鞭策。

在三十多年的职业生涯中，我服务过多家企业，有小微企业，有大型企业，也有超大型企业；有零配件企业，有电子信息企业，也有医药企业。不论企业的大小，也不论企业在什么行业，这些企业都培养了我，而我对服务过的每家企业都在合规管理和内控建设上做出了自己的努力和贡献。从帮助零配件企业完成 ISO 质量管理体系认证，到领导一家办公电子设备企业和一家医药企业加入美国海关和边境保护局（Customs and Border Protection，CBP）的海关 - 商界反恐伙伴计划（Customs-Trade Partnership Against Terrorism，C-TPAT）和进口商自我评估（Importer Self Assessment，ISA）机制（我更习惯称其为"进口商自检机制"），到帮助一家高科技分销企业建立国际贸易合规管理机制，再到在惠普网络负责全面的合规管理。经过不断学习、不断提高，我从一名合规管理零基础的业务运营人员，成为一名合规管理职业人和首席道德与合规官。

在本书的入门篇，我将和大家分享我认为的建立合规管理机制和合规管理系统的基本要求，以及合规管理体系需要包含的各个要素，因为我做合规管理工作就是从这里入门的。在这里我也将尽量根据我在合规管理职业发展历程中的经验和教训，回答我经常被问到的各种有关合规管理的问题。当然，这些回答只是我自己在实践中的体会。

在实务篇，大家会看到我和我的团队怎样将合规管理的要求应用到公司层面，帮助公司建立起经得起政府执法机构审计的合规机制，让公司领导能看到合规管理给公司带来的价值，让合规成为公司的竞争力。在这个过程中，我和我的团队必须和公司不同的部门协作，也需要主动和监管机构交流，解决在合规管理机制建立过程中遇到的一个又一个问题。在这个过程中，我的团队得到了锻炼，我也从一名业务运营人员成长为一名合规管理职业人，因为法律法规要求和强制执行的变化，我的工作职责更是从一个合规管理领域扩展到另一个合规管理领域。

每家公司合规管理系统中的合规管理机制可能不完全相同，每家公司对合规管理系统的要求也有差异，但我经历过的和我所了解到的所有合规管理系统几乎都会包括国际贸易合规和反腐败合规，我体会到这两个合规机制是绝大多数公司合规管理系统中的一部分，而且在许多公司还是合规管理重点。因此在实务篇我将同大家分享美国《出口管理条例》和美国政府不同部门对于出口合规的要求和指引，以及我对《反海外腐败法》的理解和执行经验。

希望我的合规管理经历能让一些正在考虑建立或正在建立合规管理机制的公司有所借鉴，尽快建立起合规管理系统；让有美国进出口业务的公司领导和合规管理人员对美国的进出口法律法规有进一步的了解，可以合规地同自己的供应商、进口商一起健康地发展业务。我更希望一些还在质疑自己是否应该从事合规管理职业、自己是否能够成为一名合格的合规职业人的年轻人在看了本书后，及早打定主意，坚定信心，毫无顾虑地迈入合规管理职业，相信自己一定能行！

最后，感谢于英涛总对道德与合规工作的支持！感谢于英涛总、王志乐所长和郭冰娜律师在百忙之中抽出宝贵的时间为我写序！感谢出版社老师们的耐心指导！没有上述领导、同事和老师的帮助，就不可能有今天这本小册子和大家见面。还要感谢同我一起建立和维护新华三集团道德与合规管理系统的同事！你们的陪伴和鼓励让我一直充满信心和激情。

目 录 | CONTENTS

推荐序一
推荐序二
推荐序三
前　言

入门篇

第一章　合规管理之规则前置 　　　　　　　　3

所谓合规　　　　　　　　　　　　　　　3
内控与合规管理　　　　　　　　　　　　6
合规管理机制，不得不建立　　　　　　　19
规则前置：上医治未病　　　　　　　　　29
　首席合规官工作手记　　　　　　　　　32

第二章　合规管理之组织建设　　　　34

成立合规委员会　　　　35

组建合规管理团队　　　　37

合规管理与法务　　　　42

IT 与智慧合规　　　　47

🖉 首席合规官工作手记　　　　50

第三章　合规管理之风险评估　　　　53

风险评估的关键要素　　　　54

对组织合规和合规管理有效性的风险评估　　　　57

🖉 首席合规官工作手记　　　　62

第四章　合规管理之执行与行动　　　　71

建立规章制度与流程　　　　71

合规管理人员的职责所在　　　　74

执行合规控制行动　　　　79

🖉 首席合规官工作手记　　　　87

第五章　合规管理之培训与交流　　　　101

培训　　　　102

交流　　　　104

从"彼得森案"看合规培训的价值　　　　109

🖉 首席合规官工作手记　　　　110

第六章　合规管理之审计与稽查　　　　116

风险评估与监察　　　　117

审计与稽查　　　　119

合规管理本身被审计   123

✐ 首席合规官工作手记   129

实务篇

第七章　供应链安全合规   135

海关 - 商界反恐伙伴计划   137

C-TPAT 对进口商的具体合规要求   140

✐ 首席合规官工作手记   145

第八章　国际贸易合规   151

从 CAT 到 FAT   152

CBP 内部控制管理与评估工具   158

进口合规管理要点   172

美国《出口管理条例》要点   183

美国政府不同部门对出口合规的要求和指引   212

被制裁和被限制清单的管理   231

✐ 首席合规官工作手记   252

第九章　反腐合规   273

受到处罚的不只有美国公司   273

可能构成违反 FCPA 的行为   277

FCPA 合规手段   279

✐ 首席合规官工作手记   282

后记   288

术语表   293

最近参加了一个学术讨论会，其中一个主题是合规管理能否自立为一门学科，如果可以，那它到底是一门什么样的学科。在生活和工作过程中，我们会去学习理论，然后用理论指导实践。但这些理论也是从实践中来的，正所谓从实践中来到实践中去。合规管理就是经历了或者说正在经历这个过程。

经过 20 多年的实践，合规管理领域已经有了不少的专业指导，比如 2014 年国际标准化组织（International Organization for Standardization，ISO）发布 ISO 19600：2014《合规管理体系　指南》，2017年中国出台 GB/T 35770—2017《合规管理体系　指南》，2021 年 ISO 又发布了 ISO 37301：2021《合规管理体系　要求及使用指南》（*Compliance management systems—Requirements with guidance for use*）。20 多年前没有这些标准的指导，但形势所迫，各企业必须要有合规管理机制，政府部门也对企业提出合规要求，可以说提要求的人和需要满足要求的人都在学习。政府和企业都不能等着标准出现再行动，不能等有了理论再行动，而是必须干起来。美国海关率先将内控五要素作为进口自检公司的标准，此后不同的政府部门都对企业提出合规管理要求，这些要求也基本上和内控五要素一致或相似。在我自己的实践中，我将内控五要素变为合规六要素，即合规环境、风险评估、合规行动、培训和交流、审计和稽查，以及 IT 的应用，然后按照合规六要素来建立合规管理机制。

接下来让我们一起打开合规管理的大门，一探究竟。

入门篇

第一章

合规管理之规则前置

所谓合规

让我们先看看什么是合规。《剑桥词典》对合规的解释是服从命令、规则或请求的行为,《韦氏词典》对合规的解释中有一条直接说明合规就是要符合官方要求。我在日常工作中对合规的理解是:合规就是要遵守约定俗成的规矩。这些规矩应包括法律法规、行业标准、公序良俗、合作方都同意遵守的合作条件,以及公司的规章制度和对外承诺等。2022年国务院国有资产监督管理委员会公布的《中央企业合规管理办法》第三条:"本办法所称合规,是指企业经营管理行为和员工履职行为符合国家法律法规、监管规定、行业准则和国际条约、规则，以及公司章程、相关规章制度等要求。"合规不仅是企业各管理层要做的事，也是每一个员工都要做的事。

合规管理是公司管理中特定的管理职能。公司要求每个员工合规工作，但如果员工不知道要合哪些规，怎样合规，合规就会成为一句空话。合规管理就是要把公司对合规要求的目标规则前置，通过制定政策和流程，培训员工按照这些既定的合规要求执行公司的各项任务，并监督这些合规要求的执行。我们现在讲到的合规职业人就是合规管理人员，合规管理人员和公司其他员工一样也要合规行事，同时还要管理公司其他员工合规行事，就如同一个销售管理人员，自己要做销售工作，也要管理其他销售人员的销售工作。

合规系统、合规机制、合规项目、合规计划有什么区别

合规管理的正式要求源自西方。英语中在谈到合规管理时，通常用"Compliance Program"，而不是用"Compliance Project"（合规项目）或"Compliance Plan"（合规计划）。

合规项目是指在规定的时间内要完成具体的合规管理要求，比如对某一具体的问题进行合规审计就是一个合规项目。

合规计划和其他需要实施的项目或要建立的机制需要做的计划一样，也可能是战略规划的一部分，计划本身并不代表实施。

我喜欢把"Compliance Program"理解为合规机制。机制是对未来活动所做的预测、安排和应变处理。建立机制是为了实现所提出的各项目标，每一项机制都是针对某一个特定目标的。因此，一项机制首先要明确其所针对的目标，在目标明确以后，在机制中还必须说明如何做、谁来做、何时做、何地做、需投入多少资源等基本问题。合规机制就是公司为遵守法律法规、行业标准、公司规章制度，以及合作

　　⊖　参见 http://www.gov.cn/gongbao/content/2022/content_5722382.htm。

各方共同约定的合作条件，为维护公司声誉、做正确的事，而实施的一整套内部政策和流程。

　　真正让我感到公司的合规管理可以做到与公司的文化融为一体，与公司的业务和运营融为一体的应该是合规系统。如同西门子在诚信倡议年度报告介绍其合规时所说：合规为我们所有的决策和活动奠定了基础，是商业诚信的关键组成部分。[○]合规不仅是一个流程，也是我们开展业务的方式。我认为一个合规系统应包括：正式的书面合规政策、程序和流程，具体的工作指导说明，合规控制手段（例如完善的IT系统、审计和稽查功能），有能力识别合规风险和管控监督合规风险的职业人。而且合规系统是对公司所有合规领域的全覆盖，而并非点状的合规机制。拿我最初管理的国际贸易合规来说，它就只是公司整个合规管理系统的一部分，是一个合规管理机制。而新华三集团的领导要求我领导和建立的道德与合规办公室则是一个合规系统，包括不同的合规机制和建设、维护这些机制的资源和措施。一个公司的合规系统应由许多不同的合规机制组成。图1-1就是一个例子。

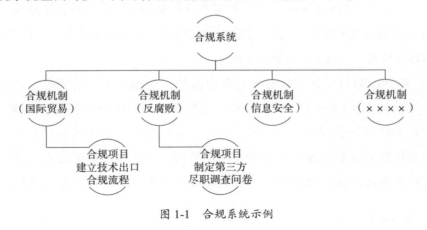

图 1-1　合规系统示例

　　○　西门子 2020 年诚信倡议年度报告第 8 页：https://assets.new.siemens.com/siemens/assets/api/uuid:3fd31644-e676-42ef-97ee-af342db61011/siemens-integrity-initiative-annual-report-2020.pdf。

内控与合规管理

　　内控与合规管理有何不同，是我经常被问到的问题。大多数内控组织比合规管理组织的历史要长得多。在有了内控组织后，公司还要建立合规管理组织，其中一定有建立合规管理组织的必要性。内控与合规管理有相同点和不同点。

内控五要素

　　内控的英语是"Internal Control"，但我们也经常用 COSO 来代表内控。让我们先回顾一下内控组织的发展历史。COSO 是 Committee of Sponsoring Organizations of the Treadway Commission 的缩写，由美国的五个主要专业协会[⊖]于 1985 年联合发起成立。COSO 成立的初衷是支持国家的反虚假财务报告委员会，研究可能导致欺诈性财务报告的因果因素。它还为上市公司及其独立审计师、证券交易所和其他监管机构以及教育机构提出内控建议。COSO 全国委员会的第一任主席是 James C. Treadway, Jr.，他是 Paine Webber Incorporated 的执行副总裁兼总法律顾问，也是美国证券交易委员会的前任专员，因此，COSO 俗称"Treadway Commission"。

　　COSO 的目标是对所有公司都面临的三个相互关联的问题，即企业风险管理（ERM）、内部控制和欺诈威慑，提供解决问题的思路。从 COSO 领导的组成可以看到这些发起人都是财务组织的领导，他们的指导意见主要凸显在对财务方面的管理，不过他们提出的方法论和管理指南可以运用到公司管理机制的各个方面。内部控制是为确保财

　　⊖　这五个专业协会是：美国会计协会（AAA）、美国注册会计师协会（AICPA）、国际财务执行官组织（FEI）、内部审计师协会（IIA）和全国会计师协会［现为管理会计师协会（IMA）］。参见 https：//www.coso.org/SitePages/About-Us.aspx?web=1。

务和会计信息的完整性，促进问责制和防止欺诈而在公司实施的机制、规则和流程。内部控制可以通过提高财务报告的准确性和及时性来帮助公司提高运营效率，防止员工窃取资产或进行欺诈。同时，内部控制可以促进公司对法律法规的遵从——不光是财务方面的法律法规，更是所有对公司适用的法律法规。因此合规机制的建立会得益于公司的内部控制，内部控制的指导思想也可以用于合规机制的建立。

谈到内部控制的建立，不得不说的是内部控制的框架。COSO 于 1992 年发布了《内部控制——整合框架》，该框架经过多次修订和重新发布，包括以下五要素。

- ❑ 控制环境（Control Environment）
- ❑ 风险评估（Risk Assessment）
- ❑ 控制活动（Control Activities）
- ❑ 信息和交流（Information and Communication）
- ❑ 监察（Monitoring）

图 1-2 说明了组织目标、内控五要素和组织结构三个维度之间存在的直接关系。运营、财务报告和合规的组织目标需要通过内控五要素来实现，内控五要素和组织目标通过组织的所有部门来实现。

COSO 的框架获得了广泛认可，在世界范围内广泛使用，被公认为设计、实施和检查内部控制以及评估内部控制有效性的主要框架。为了形成系统有效的内控制度，内控五要素必须同时存在。

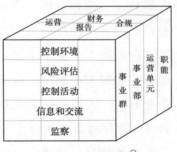

图 1-2　内控框架[⊖]

⊖　参见Internal Control - Integrated Framework：https://www.coso.org/Shared%20Documents/Framework-Executive-Summary.pdf。

● **控制环境**

  COSO 对控制环境的解释是："控制环境是在整个组织内进行内部控制的基础。董事会和公司的高层领导确立整个公司对内部控制要求和行为准则期望的基调，管理团队会在每一层级强调这一期望。控制环境由组织中正直、诚信的价值观组成；能让董事会可以履行其治理、监督职责的要求；着手组织结构的建立和权利职责的分配；吸引、培养和留住有竞争力的员工，以及通过严格和全面的绩效衡量、激励和奖励，推动绩效问责制。由此产生的控制环境对内部控制的整体系统具有普遍的影响。控制环境居内控五要素之首是有道理的。控制环境对于合规管理的重要性就如同人的存活需要空气一样。没有控制环境，合规管理不是能否发展提高的问题，而是能否提上议事日程、能否诞生的问题。这也是为什么 COSO 要将控制环境列入内控五要素，并且把它放在内控五要素之首。

  我们常说合规管理是"一把手工程"。可能有人会说，一个公司哪一件事不是一把手工程？其实我们强调合规管理是一把手工程是有其必要性的。如果我们把公司的各个部门进行大的分工，其主要分为两大部分，一部分负责"产粮"——一线部门，另一部分负责支持——平台部门。一线部门可能是研发、制造、销售、服务，它们是公司赖以生存的根本，更不用说一定是一把手工程的重中之重。平台部门就要依公司的大小来定。麻雀虽小，五脏俱全，无论公司大小，一般都会有财务、人力、IT 和品牌等部门，稍大一点的会有自己的法务（或者与外部律师事务所合作）。在我工作过的公司，法务和财务都是公司最重要的部门，这些部门的领导在公司领导名单上的排序甚至比业务主管靠前。我在医药公司工作时，当时的首席法务官（CLO）后来直接当了 CEO，而且一当就是十几年。同时，CFO 对于上市公司至关重要，他们的地位和工作会自然而然地得到一把手的重视。

合规就不同了。二十多年前，有合规管理部门的公司本就不多（金融业公司除外），将合规管理部门作为一级部门的公司更少。公司其他职能部门，不论是一线部门还是平台部门，如果缺失了，损失肯定立即可见。而没有合规管理部门，损失却可能是滞后发现的。在当今复杂的世界经济贸易背景下，一个公司如果想要基业长青，健康发展，离开合规管理几乎是不可能的。可是，合规管理很可能给某一业务、某一组织带来挑战，从而使合规管理的推行有阻力。例如业务部门为了达成销售目标，会想各种办法销售产品，而合规管理部门需要确保业务在发展过程中不能违反《反不正当竞争法》等法律法规。这种阻力只有在公司董事会及一把手的支持下才能逐步排除。

- 风险评估

每个实体都面临来自外部和内部的各种风险。风险通常被定义为阻碍实现既定目标的事件发生的可能性。风险评估是一个动态的、迭代的过程，用于识别和评估实现目标的风险。每一个组织都要考虑对实现自己既定目标的风险的承受能力，因此，风险评估构成了确定如何管理风险的基础。风险评估的先决条件是建立和明确组织中不同层次的目标和目标的相互关系，评估实现这些目标的不确定事件。风险评估还要求管理层考虑外部环境和自身业务模式发生的变化对内部控制有效性的影响。

每个实体，因为所处的行业不同，面对的客户不同，采取的商业模式不同，所以面临的风险也就不同。每个实体对风险评估的方法是相似的，但得出的评估结果和通过风险评估后对风险管理的措施可能不一样。

- 控制活动

控制活动是内控管理得以实施的关键。公司的内控管理就是通过具体的行动得以实现的。COSO 对控制活动的解释是：控制活动是通过政策和流程制定的行动，以确保管理层实现目标的指令得到执行的风险通过这些行动而降低。控制活动在实体的各个层级、业务流程的各个阶段执行，并延伸至技术环境（组织生产在市场上交换的产品或服务的环境）。控制活动本质上可能是预防性或检测性的，并且可能包含一系列手动和自动活动，例如授权和批准、验证、对账和业务绩效审查。职责分离通常被纳入控制活动的选择和开发中。如果职责分离不切实际，管理层就会选择并开发替代的控制活动。这些不同的控制活动根据各公司的情况可以用不同的手段得以实现，可以利用自动化手段，必要时也可以人工操作。

控制活动的制定与风险评估的结果和风险处理的措施密切相关。控制活动是要落实到行动上的，即使控制活动设置得再好，没有落实到行动上，也没有意义。

- **信息和交流**

COSO 对信息和交流的解释是：信息是实体履行内部控制职责以支持实现其目标所必需的，管理层从内部和外部来源获取或生成及使用相关信息以支持内部控制其他组成部分的功能。交流是提供、分享和获取必要信息的持续、迭代的交互过程。内部交流是信息在整个组织中纵向和横向传播的方式，它使员工能够从高级管理人员那里收到明确的信息，即必须认真对待控制责任。外部交流是双向的：它使相关的外部信息传递给内部人员，它向外部各方提供信息以响应要求和期望。

信息和交流要求合规管理人员能持续及时地同各执法机构保持沟通，理解自己公司的合规义务。同时信息和交流也是合规管理人员同公司领导和全体员工的纽带。合规管理就是通过信息和交流让公司的每一个员工都理解合规的要求和自己在合规管理中的责任和职责。

● **监察**

监察是指对于内控的每一个要素进行持续的、单独的或者两者并用的方法进行审查，用于确定内控每个部分的完整性并正常运转和工作。持续的审查可内置于不同层级的业务流程中，达到及时提供内部控制信息的作用。定期进行的单独审查，根据风险评估的结果、持续审查的有效性和领导层的意见，所覆盖的范围和频率会有所不同。审查的结果应根据监管机构颁发的、公认的标准机构制定的、管理层和董事会要求的标准来评估。对于审查中发现的缺陷，应酌情向管理层和董事会汇报。

监察是内控五要素中受挑战最多的要素。监察的活动会使一些被监察到缺陷的人员感到不适，但是监察是必不可少的。没有监察，我们很难知道内控的执行效果和管理系统的不足。如同每一个人需要自省，一家实体、一家公司也需要自省，而监察就是自省的工具。

在我 2001 年开始学习建立合规机制时，业界还没有出台合规机制的统一标准，于是财务管理的内控方法论和管理方法就被用到合规管理。我认为内控五要素也是指导和评判合规机制的方法和标准。ISO于 2014 年 4 月才推出了合规标准 ISO 19600：2014《合规管理体系指南》。我们看看 ISO 19600 的内容，就会发现其合规要求和内控五要素相关甚密。

ISO 19600 的主要要求为以下六条。

（1）领导，其中包括三个要点：①领导和承诺；②合规政策；③组织角色、职责和授权（这一条的内容就是内控环境的建设）。

（2）规划，其中包括两个要点：①应对合规风险的行动；②知道合规目标并计划实现这些目标（这一条是不是类似风险评估？）。

㊀ 2021 年，ISO 发布了 ISO 37301：2021 并取代 ISO 19600：2014。

（3）支持，其中包括5个要点：① 资源；② 能力与培训；③ 信息传播；④ 沟通；⑤ 正式的合规政策和合规信息记录（这一点主要讲建立合规文化、信息和交流）。

（4）操作，其中包括三个要点：① 运营规划和控制；② 建立控制和流程；③ 外包流程（这一条就是控制活动的要求）。

（5）绩效评估，其中包括三个要点：① 监测、分析和评估；② 审计；③ 管理评审（这一条和监察的要求相同）。

（6）改进，其中包括两个要点：① 不合格、不合规和纠正措施；② 持续改进（这是监察的一部分）。

与内控五要素相比，虽然 ISO 的合规要求在字面上有一些不同，要求的顺序不同（但内控环境的建设和将内控环境放在第一条是相同的），但内容是非常相似的。

内控与合规管理的异同

我认为，内控和合规管理的主要不同之处在于管控范围、管控内容、管控深度和管控方法。

内控需要管理公司的各个组织，涉及方方面面。在做内控管理审计时，我们会了解每个部门所有关键的流程，了解每一个流程的风险点，对这些风险点的管控进行测试。可能因为内控的发起人都是财务管理出身，所以内控更侧重财务管理，保证财务报表的准确性以及对公司财产的管理和保护。我们在实际的执行过程中感到内控的管理范围应该比合规管理更大。合规管理只是所有公司管理中的一部分，几乎每一个部门都会有内控的流程，但不是每个流程都与合规管理有关。

在实际的执行中，内控的重点主要在财务的管控上，包括对财务报表的真实性、公司财物的管理。合规管理在很多情况下，是管理公司为实现战略目标所采取的措施可能存在的违反法律法规的风险。

　　合规管理的面虽然看起来不是很宽，但需要做深，做透，需要对相关合规领域的要求知其然，并知其所以然，理解公司的直接和间接风险，并采取必要的管控活动。

　　另外一个重要的区别是，合规管理牵涉的不光是知晓必须遵从哪些法律法规、规则制度、合同协议，还需要和业务部门一起建立对流程的遵从，也就是怎么管控的问题。合规的行动是需要每一个员工执行的，只要合规的领域牵涉到员工的工作领域，员工就必须要遵循具体的合规要求。内控的行动主要是领导层的行动，而合规的行动是全体员工的行动，也就是我们说的，人人合规，合规从我做起。

　　我自己在实践中的体会是，内控更重视有无管控，而合规管理不但要知道哪些必须管，还要知道怎么管，并发动全员一起管。因此对内控人员和合规管理人员的要求不同。对内控人员可以用基本统一的要求，而合规管理是多部门的，每一个合规机制对从业人员的要求都不尽相同。例如，国际贸易合规管理专家不一定能完全胜任个人隐私和信息安全保护合规的工作。即使在国际贸易合规机制内部，对进口合规非常了解的专家不一定对出口合规有同样的管理经验。

　　不过内控和合规管理又非常相似。内控五要素基本上就可以用来指导一个合规管理机制的建立、发展和提高，因此我也经常称内控五要素为合规管理五要素。在我合规管理的职业生涯中，我非常幸运地得到不同公司的董事会、CEO 的支持，帮助不同的公司建立了合规机制，针对每一个合规机制，我都是以内控五要素加上 IT 的应用，也可以说是合规六要素为基础而建立的。我做的第一个完整的合规机制是美国海关的进口商自检机制，而美国海关就是以内控五要素来要求和检查每一个加入自检机制的进口商的。后来不管是美国商务部工业和安全局（Bureau of Industry and Security，BIS）的出口管控合规机制、美国国务院国防贸易管制局（The Directorate of Defense Trade

Controls，DDTC）的管理指南、美国财政部海外资产控制办公室（The Office of Foreign Assets Control，OFAC）的合规管理机制，还是 ISO 的合规管理体系指南，仔细分析后发现都离不开内控五要素。

作为一家公司的管理者，我们将需要做的工作是，越简单地向公司各级领导和员工交流越好。出于我自己最初做合规机制的经历，也出于我一贯喜欢将复杂的事情简单化的习惯，我在过去多年都以根据内控五要素而得出的合规六要素同各级领导、同事、合规管理同人以及政府执法机关交流，往往都能取得不错的效果。我所用的合规六要素同内控五要素在文字上稍有区别，但本质和作用是相似的，如表 1-1 所示。

表 1-1　内控五要素与合规六要素

内控五要素	合规六要素
控制环境	合规环境
风险评估	风险评估
控制活动	合规行动
信息和交流	培训和交流
监察	审计和稽查
—	IT 的应用

合规管理的次序

内控五要素，或合规六要素，它们的顺序不是随便排列的。合规六要素的排序遵循怎样建立一个合规机制的逻辑。如果从无到有，从零到一建立一个合规机制，这六个要素的顺序说明了先干什么、后干什么的次序。

- **合规环境**

建立合规环境首先需要公司最高领导的支持，他们的支持是建立合规环境最重要的部分，没有之一。当然也不是说有了最高领导的支持，合规环境就建成了，路还长着呢！关于合规环境的建立以及每一要素的具体执行，后面我们会详细讨论，这里先讲讲一个好的合规环境应该包括哪些要点：

（1）公司董事会和高级管理层对合规予以重视，而且让全体干部和员工知道他们的重视；

（2）合规是公司的管理标准之一，当评价领导和员工的绩效时，不仅要看取得了什么，也要看是怎样取得的；

（3）公司有统一的行为准则，有一套政策、流程作为员工合规行动的要求。

当然，建立合规环境是长期的工作，可能需要几年的时间，这是一个漫长的过程。在我的合规管理工作中，我认识到合规环境的建立和完善是长期而细致的工作，真正需要滴水穿石、持之以恒的精神。

- 风险评估

当你被招聘或者被提拔到合规管理岗位后，第一个要做的工作就是风险评估。任何事情的发生都是事出有因的，所谓没有无缘无故的爱，也没有无缘无故的恨。公司不会无缘无故地新增人力资源来做合规管理工作，最大的可能就是遇到了合规风险，或预测到了合规风险。

作为一个建立公司合规管理机制的职业人，需要知道公司到底有哪些合规风险；风险存在于什么地方；风险的发生概率有多高；如果发生了，对公司既定目标造成的威胁有多大。在面试不同岗位时，我也会尽量了解公司的合规风险情况。我想知道这个岗位是现有岗位的空缺还是新增岗位。如果是空缺，上任主管为什么离开？如果是新的合规管理岗位，公司为什么在这个时候新增这个岗位？每个应聘的候选人可能都会被面试官问到，你为什么要离开你之前的公司。提问题不是面试官和面试单位的专利，被面试者同样可以问面试官自己关心的问题。当然，在正式成为这家公司的员工之前，是不可能得到公司合规风险的重要信息的，因为这是公司的机密。尽管在加入公司之前，公司无人可以向我透露公司的合规风险，但我从面试官的回复中还是可以拿到一些有价值的信息，帮助我做出是否加入这家公司的决定。

一旦成为公司合规管理的负责人，不论是新建一个合规机制，还是在现有基础上改善和提高原有合规机制，都必须对公司的合规风险有全面的了解。合规风险评估对于新建合规机制尤其重要，因此我在工作过程中的每一步都要考虑合规风险，包括合规机制的组织机构设置、人员配置和合规控制行动。

- **合规行动**

合规行动可以说是对合规风险的管理和最大限度降低合规风险对公司既定目标的影响所采取的行动。一个合规管理机制，它对合规风险的评估方法和过程是相同的。每一家公司，因为各方面的差异，如所处的行业不同、产品不同、规模大小不同、市场的覆盖面不同、商业模式不同，风险评估得出的结论就可能不同。因为风险的不同，所采取的合规行动就有差异。即使是相似的风险结论，因为公司的目标不同，对风险的容忍度不同，合规行动也可能各有差异。我在不同的行业做过合规管理工作，如电子行业、医药行业、科技行业等。有朋友会问，这些行业的跨度很大，各不相同，你是怎样在不同的行业做合规管理的？我必须承认，每到一个新行业，挑战都很大，特别是在到一家新公司的头几个月。但就是因为这些挑战，工作才充满了趣味和意义。一旦我对这些行业的产品、产品的制造过程、公司服务的主要客户、公司的业务模式有了比较多的了解，根据对公司合规风险的评估，就可以制定合规行动。合规行动包括必要的合规流程、合规风险管控点。

- **培训和交流**

要让合规管理部门和业务部门配合制定的合规行动变为所有员工参与的合规行动，离不开信息的培训和交流。借用一位领导的话就是要"规则前置，利剑高悬"。"规则前置"既包括制定必要的合规流程，也包括将这些合规流程通过各种交流方式，如培训，让员工理解、掌握。也要让员工知道，如果不按这些流程工作，就会给公司带来巨大的损失，给个人带来负面的结果——有可能被终止劳动合同，也有可能受到法律制裁。

- **审计和稽查**

公司的员工是否按合规的流程工作，合规机制是否有效，这需要合规审计和合规稽查来监察。我们都知道合规培训是合规机制不可或缺的重要因素，但不论怎样培训，怎样交流，总有一些同事因为各种原因置公司的规章制度而不顾，我行我素。也有同事因为对合规要求没有深入理解，而在行动时违规。要使所有的合规规章制度、计划得以实行，合规管理机制中必须有审计和稽查职能。审计和稽查除了让装睡的人无法继续装睡，还有一个重要的功能就是通过审计和稽查，对整个合规管理机制进行"体检"，发现机制的设计或执行的漏洞和弱点，让合规管理机制能不断完善和提高。

如果是从零开始组建团队，建立合规管理机制，我会从风险评估开始，根据风险评估结果制定管控风险的流程，然后对所有可能涉及这项合规工作的员工进行培训。当这几个因素基本得以实现时，添加合规管理部审计和稽查的能力和人员（如果是被招聘到一个已经开始运转的合规管理机制，我会首先查看风险评估报告和合规审计报告），然后再回到合规环境的建设。如前所说，合规环境的建设不是一朝一夕的工作，要在公司建立一个坚实、有价值、有贡献、能持久的合规管理机制，需要韧性和锲而不舍的精神。任何时候一个公司要改变原来已经保持了多年的习惯，就会面临抵触、不被接受、不被理解，并给员工带来焦虑和彷徨的情绪。要建立一个合规环境，建立一个有效的合规管理机制，公司可能需要改变原有的流程，需要经历公司推进任何变革所经历的一样的痛苦过程，可以说建立合规环境也是一个变化管理的过程。除了公司最高领导的支持和倡导，还需要公司其他各级领导以及所有员工的参与，使合规成为公司文化的重要组成部分和员工参与部分。

因此在合规是否需要全体员工的参与这个问题上，我的回复一定是肯定的。我们首先要区分的是合规还是合规管理。合规就是业务运营中或工作管理中要按政策执行的流程，而合规管理是对公司的每个员工在工作中是否合规的管理。合规管理也是商业管理的一部分。合规管理任务的执行应该由公司的合规管理部门和各级领导承担，而不是全体员工。公司每一级领导都要对他所领导的部门合规行动的执行负责，合规管理应该是这些管理人员工作职责的一部分，也是公司对这些管理人员考核内容的一部分。

公司的合规系统，也是有些专家所说的大合规，包括各个方面的合规管理，例如反腐败、国际贸易、个人信息、信息安全等。如果我们只讲合规系统或大合规中某一个方面，比如国际贸易，这应该就是合规中的一个领域，是合规管理系统的细分合规机制。在国际贸易合规管理的组织中，还会有不同的职责，例如进口合规、出口合规、供应链安全合规……不是每一个员工都会被要求了解并执行每一个细分的合规机制，如果这样，合规的成本就会大大提高。每一个员工被要求采取的合规行动，要按员工在公司的职责来划分。例如，国际贸易合规要求营销、供应链、财务、部分研发的员工执行合规行动。合规行动的流程应该嵌入他们日常的工作流程。其他支撑平台部门的员工需要对国际贸易合规的要求有所了解，也需要执行国际贸易合规的行动。人力资源部门的员工需要为合规部门选用人才，如果对国际贸易合规的要求不了解，就很难选用合适的人才。同时国际贸易合规的流程中还有人力资源部门需要执行的行动要求。IT 部门是所有合规机制执行过程中的重要参与者，几乎每一个合规管理的要求都离不开 IT 的应用。这就是我认为合规管理应该是六要素，即目前的内控五要素加上 IT 的应用要素的原因。

按照合规六要素的要求建立一个有效的、易操作和易实施的合规管理机制，可以保证业务的持续性，保护公司资产，提高公司的竞争力，降低公司的合规风险，助力公司实现既定的战略目标。这六个要素会牵涉到各个业务板块和公司所有的支撑平台，如图 1-3 所示。

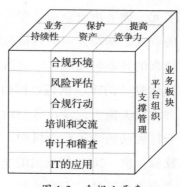

图 1-3　合规六要素

合规管理机制，不得不建立

一家公司要建立一个合规管理机制可能出于各种原因，其中有两个最重要的，也是最普遍的原因：一个是公司治理的需要，另一个是执法机构的强制要求。这两个原因在 2000 年后都表现得特别明显和突出。

2001 年对美国来说，特别是对美国的合规管理来说，的确是一个与往年非常不同的年份。从这个不平凡之年起，美国公司内部控制、合规管理、公司治理发生了决定性的变化。因为 2001 年的安然事件，2002 年 7 月，美国国会对公司治理提出了法律上的新要求。也因为 2001 年 "9·11" 事件的发生，美国对当时已有的进出口法律法规进行了修改，并且加大了执法力度。

从安然事件到萨班斯法案

先来说说安然事件对公司治理的影响。安然是在 1985 年成立的一家能源交易公司。1996 年，安然被《财富》杂志评为"美国最具创新力的公司"，而且安然连续六年获得该奖项。它开设了一系列子公司，还领头开始了能源的网上交易。到 2000 年，安然的股价飙升至 90.56 美元，创下历史新高，在《财富》排名为美国第七大公司。它财报上的收入是同类公司的两倍甚至三倍。如果这听起来好像不可能，那它就真的是不可能的。它之所以能有这么骄人的业绩，是因为它靠自己评估自己的市场估值，同时通过设立多个分公司，自己同自己交易，并将损失掩盖记录在分公司的账上。安然的领导层用虚假持股和账外会计做法愚弄了监管机构。这种瞒天过海的做法能欺骗一时，但不能欺骗一世。2001 年安然的宽带部门报告了 1.37 亿美元的巨额亏损。许多金融分析师对安然的业绩提出质疑，同时也质疑安然对市场的透明度，降低了对安然股票的评级。2001 年 8 月，安然的股价跌至 52 周低点 39.95 美元。2001 年 10 月，安然报告其亏损 6.18 亿美元，公司的股票进一步下跌至 33.84 美元。2001 年 12 月，安然申请破产保护，其股价降到 0.26 美元。安然的破产申请是当时美国历史上最大的破产申请，安然股东们损失的金额高达 740 亿美元，安然的破产也使成百上千的员工失去了工作。

安然出现这样的丑闻并不是没有审计。相反，安然雇用了知名会计师事务所安达信。安达信不光已经为安然审计了 16 年，而且为安然提供内部咨询。在这过去的 16 年中，直到安然财务造假的丑闻被曝光于世，安达信还在为安然提供审计合格的证明。

随着安然的倒闭，安达信，这家曾经是五大会计师事务所之一，与普华永道会计师事务所、德勤会计师事务所、安永会计师事务所和毕马威会计师事务所一道，为大公司提供审计、税务和咨询服务的老牌会计师事务所也名存实亡。安然的董事会于 2001 年 10 月要求对安达信进行调查，得出以下结论：我们现有的证据表明，安达信没有履行其与安然财务报表审计有关的专业责任，也没有尽到提请安然董事会（或审计与合规委员会）关注安然在关联方交易中的内部合同的义务。据传，安达信没有积极配合政府部门对于安然事件的调查，还因企图销毁与安然审计有关的文件而被判妨碍司法公正。安达信法务负责人和负责安然客户的主要合伙人差一点就被移交司法。尽管最高法院推翻了对安达信的定罪，但安然丑闻的影响加上安达信没起到一家会计师事务所该起到的作用，以及安达信与安然有刑事共谋的可能，最终摧毁了安达信。由于美国证券交易委员会不会接受被定重罪公司的审计，安达信同意于2002年8月31日向美国证券交易委员会交出其注册会计师执照和执业权利，这也实际上宣告了安达信的停业。

安然破产的原因，多年来引起业界和学术界的热烈讨论，大家都想知道为什么像安然这样一家庞然大物会突然倒下，为什么安然的领导层可以愚弄监管机构？为什么外部审计公司没有起到它应有的作用？为什么董事会在很长的时间都不知道公司发生了什么？人们可以从安然事件中汲取什么教训，从而避免这种情形的再发生？安然当时制定了以尊重、正直、沟通和卓越为基础的道德准则。公司的道德准则非常重要，因为它要求公司不从事违反规则的商业活动。然而，安然的领导层并没有遵循他们自己制定的道德准则，公司也没有有效的道德和合规管理机制约束这些领导者的行为。安然在一个专注于财务结果的激烈商业环境中运营，高层管理人员和董事会只关注数字并努力实现收益的提高。不论怎样分析，最后的结果都是安然的内控做得形同虚设，安然的合规管理完全缺失，这是安然破产的原因之一。

安然、安达信和世通公司类似的虚构利润的丑闻暴露了上市公司和证券监管的纰漏，这使许多公司都在加强内部控制和合规管理。对于没有自觉加强内部控制和合规管理的企业，政府的要求来了。2002年，美国国会通过，总统签署了《2002年公众公司会计改革和投资者保护法案》，简称萨班斯法案或 SOX 法案。颁布此法案的主要目的是提高公司信息披露的准确性和可靠性，从而保护投资者及公众的利益，对上市公司的合规起了极大的促进和推动作用。

SOX 法案的生效对业界影响巨大，因为严格的审计要求最初不光针对财务报表，还针对和财务报表有关的所有业务。想想公司哪一项工作与财务报表没有关联？虽然最初业界对于 SOX 法案的执行有很大的意见，认为 SOX 法案给公司的运营增加了太多的审计成本，但是 SOX 法案还是成了每个上市公司必须遵守的法案，不过 SOX 法案审计要求的范围比最初更加聚焦。SOX 法案让所有公司都对其内部控制和合规管理有了新的认识。安然事件促使各公司对合规管理给予重要关注和投入。

从"9·11"事件到进出口合规

就如安然事件令人无法置信一样，2001 年的"9·11"事件也是人们无法想象的突发事件。"9·11"事件使美国政府对进出口合规的态度发生明显的变化。

从美国商务部工业和安全局的年报中可以看到，在 1996 年它们提倡出口管制自由化。为了提高美国的竞争力，当时的美国出口管理局（Bureau of Export Administration，BXA）在有利于美国工业的关键领域开展了多项出口许可自由化的工作。1996 年 1 月，BXA 在联邦公报上公布了一项规则，以执行总统 1995 年 10 月 6 日关于重大计算机出口管制改革的公告。该规则放宽了对所有计算机的出口管制，并建立了四级计算机管制。此外，该规则建立了通用许可证 G-CTP，以帮助计算机出口管制的自由化。BXA 在 1996 年的年报中说这一新规则为美国计算机行业的国际竞争力提供了巨大的好处，并影响了大约 100 亿美元的出口。1997 年，"克林顿政府在消除不必要和无效的出口

管制以及简化出口管制流程方面继续取得重大进展。它加强了那些仍
然需要打击扩散和保护美国其他有关国家安全和外交政策利益的出口
管制的实施和执行，同时放松或取消了不必要的管制。这些行动大大
减少了出口商的障碍"。[⊖] 在 20 世纪末，BXA 延续了宽松的出口管制
政策。BXA 给自己制定的 21 世纪的出口管制议程，重点是通过减少
大规模杀伤性武器的扩散来维护国家安全，同时寻求提高美国在全球
市场上的竞争力。BXA 认为，如果出口管制系统不能反映最新的安全
环境，美国工业就无法在国际竞争中取得成功。经济全球化和冷战的
结束改变了美国国防采购的性质，增强了民用高科技部门在国防和情
报研究、开发和采购中的作用。BXA 认为"我们比以往任何时候都更
能在技术上领先于对手，取决于我们拥有使高科技公司健康发展的能
力。这越来越意味着促进更多的出口，反过来又支持更多的研发以及
新产品和技术的创造，以增强我们的国家安全"。多年来，BXA 一直
努力削减他们认为的不必要和无效的出口管制，简化出口管制流程这
方面的努力一直持续到 2001 年。2001 年的"9·11"事件终止了这种
出口管制的宽松政策，接下来的是出口管制执法的不断加强。

　　BXA 在美国政府对"9·11"事件的反应中发挥着重要的作用。
2002 年，BXA 改名为工业和安全局（BIS）。在执法领域，BIS 开展了
一项全面的执法人员培训计划，当年就办理了几起重要案件。这些案件
确立了重要的法律执法先例，并使 BIS 在出口执法上采取了迄今为止
的一些最严厉的民事处罚措施。另外，从 2002 年开始，BIS 开始派驻
合规执法官员至国外，加强美国出口管制法律法规的执行。

　　随着出口管制法律法规的强制执行，被处罚的公司越来越多。从
BIS 2002 年的年度报告可以看出，当年的罚款大幅增加（见图 1-4）。

⊖ BIS 1997 年年报第一页：https://www.bis.doc.gov/index.php/documents/policy-guidance/929-bis-annual-report-fy-1997/file。

2002 年，行政执法案件达到 25 起，包括 BIS 对麦克唐纳·道格拉斯公司（McDonnell Douglas）的 212 万美元罚款，这是截至 2002 年第二高的和解协议支付的罚款，以解决此公司违反出口管制的法律法规。

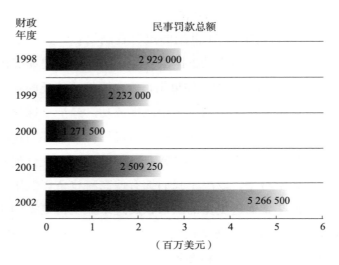

图 1-4　1998～2002 年 BIS 民事罚款总额

资料来源：BIS 2002 年度报告，第 12 页。

BIS 第一高额的处罚发生在 1995 年。在这一年，哈里伯顿公司（Halliburton Co.）接受处罚，缴纳 261 万美元的民事罚款，因为它违反了美国的贸易禁运法律法规，同利比亚进行交易。哈里伯顿公司是违反了美国禁运的法律法规，而麦克唐纳·道格拉斯公司是没有取得出口许可证。

BIS 对法律法规强制执行的趋势非常明显。2002 年 BIS 执行的民事和刑事案件一共 27 起，2003 年增加到 61 起，2004 年 91 起，2005 年 104 起。相应的罚款金额也逐年递增，从 2002 年的 500 多万美元，到 2003 年的 700 多万美元，到 2004 年的 900 多万美元，再到 2005 年超过 1400 万美元（见表 1-2）。

表 1-2　2002～2005 年被 BIS 处罚的案件数量和罚款

年份	2002	2003	2004	2005
民事案件（件）	21	34	63	73
民事罚款（万美元）	515	409.2	620	680
刑事案件（件）	6	27	28	31
刑事罚款（万美元）	9	341	290	770

除了案件和罚款金额的增多，还有两点引起各公司注意。第一是出口管制的处罚不光是对公司，而且会对个人。个人除了被罚款，还可能被处以监禁，失去人身自由。第二是公司的出口权可能被取消。进出口不是任何组织或个人的权利，而是被赋予的特权，这种特权可以被剥夺。

这些对于出口管制的民事和刑事案件的处罚，让公司的领导们不得不关注出口的法律法规合规管理。

在出口管制不断加强的同时，进口合规的要求也越来越多。比如对进口供应链安全的要求。"9·11"事件后为了保护美国国土安全，美国海关颁发了一系列供应链安全的机制和项目要求，有些要求是进口商可以选择执行的，而有些是进口商被强制要求执行的。进口商如果不执行，就无法让进口的货物按时到达进口口岸；即使货物到达，也无法按时清关。

从被处罚到建立合规机制

在公司治理要求、出口及进口合规要求不断提高的同时，还有一个非常有趣的现象就是美国《反海外腐败法》（Foreign Corrupt Practices Act，FCPA）的强化执行不断引起人们的注意。

《反海外腐败法》自 1977 年颁布，到 2000 年的 23 年中，一共只有 38 个处罚案例，其间 11 年没有一个处罚案例。而从 2001 年开始，每年都会有处罚案例，而且罚款的金额也越来越高。除了高额的罚款，在很多对公司处罚的案例中，执法部门将建立和提高公司合规管理机制作为处罚要求的一部分。这些司法要求让公司每一名员工在一段时间内都可以感到开始合规管理的迫切性。

　　美国司法部在反腐败处罚金额最高的西门子案件的发布文档中提到，在慕尼黑检察官开始搜查多个西门子办事处员工的家时，西门子及其子公司就发起了规模空前的FCPA内部调查并披露了这些违规行为，有效和持续地与执法部门分享调查结果。西门子对个别违法者予以适当的纪律处分，包括参与或了解违法行为的高级管理人员，并采取了补救措施，包括对西门子进行全面重组以及实施复杂的合规机制和合规组织的建立。

　　根据认罪协议的条款，西门子同意雇用一名为期四年的独立合规监督员，以监督公司合规系统的持续实施和维护，并向公司和司法部报告。西门子还同意继续与司法部充分合作，对公司员工和代理商的腐败交易进行持续调查。可以看出，司法部肯定了西门子对司法部刑事调查的配合和对公司内部调查工作的重视，西门子对于调查结果的披露和对于违规人员的处罚，以及对合规管理系统的全面提高，得到了司法部的认可，但是司法部还是要求西门子雇用一名第三方的独立的合规监督员。西门子雇用的可不是一般的合规监督员，他是德国前联邦财政部部长西奥·韦格尔（Theo Waigel）博士。西门子的合规体系，如西门子在其发布的文件《西门子合规体系》中所述是在2007~2008年开发的，最初是为了响应慕尼黑公共检察官办公室、美国证券交易委员会、美国司法部和全球其他调查机构进行的刑事调查。这就是外部对建立合规管理机制施加的压力。我想正是在这种外部的压力下，西门子这么大的公司能够在两年之内将合规管理体系建立起来并在所有的子公司推行。这两年内，为合规管理系统的建立，西门子一定不光在资源上投入了人力、物力，更让所有西门子人在思想上、精神面貌上经历了一次暴风骤雨般的洗礼。

违反了美国《反海外腐败法》的公司被要求建立合规系统，违反了美国出口管制的公司一样被要求建立合规机制。美国军用夜视设备的领先制造商 ITT 公司因为在没有获得美国国务院下设的国防贸易管制局的出口许可证的情况下，出口被管制的产品、技术，违反了《武器出口控制法》（Arms Export Control Act，AECA），于 2007 年被美国执法机构处罚 1 亿美元。[○]在司法部的发文中，司法部肯定了 ITT 公司同检方团队一起制定了认罪协议，纠正过去的违法行为，并确保未来的合规性。为了确保未来的合规性，ITT 公司重新审视内部原有的合规管理机制，配备了监督人员，对其内部合规管理系统进行独立的监察和审查。在 2008 年的一次合规会议上，我遇到了一位 ITT 公司的出口合规管理经理。她说 ITT 公司的国际贸易合规管理团队规模扩大了一倍，她就是因为合规管理团队规模扩大才被招聘进去的。ITT 公司各级领导，从上到下，都十分重视合规管理工作。用她的话说，现在进入合规管理部门非常幸运，工作一路绿灯。

从上面的例子中我们可以看到，每一个被处罚的公司，没有合规管理系统的会被要求建立有效的合规管理系统，而且会被要求从外部聘用进驻公司的独立的合规监督人员。这些监督人员往往会带一个团队，监督公司的合规管理建设和改善情况。时至今日，公司是否建立了有效的合规机制依然被执法部门作为是否处罚的标准，执法部门继续在对违规公司处以罚款的同时，要求违规公司建立和改进合规机制。2021 年 10 月 12 日，BIS 宣布一家越南国有电信公司的子公司 VTA

　　○　美国司法部 2007 年 3 月 27 日发布：https://www.justice.gov/archive/opa/pr/2007/March/07_nsd_192.html#:~:text=%2307%2D192%3A%2003%2D, Exporting%20Secret%20Military%20Data%20Overseas。

在没有获取出口许可证的情况下从美国采购并向其在越南的母公司出口受出口管制的物品，用来支持越南的国防建设。BIS 对其处以民事罚款 186.9 万美元，要求 VTA 建立其内部出口合规机制，并且要求其聘用一名贸易合规总监来监督出口活动。如果 VTA 做不到，VTA 可以解散或停止其在美国的运营。[⊖]

这种以加强合规管理机制作为最终公司同司法部门达成和解的条件，不光用在反腐败合规和国际贸易合规案例上，也用在其他合规案例上。2021 年，总部位于瑞士的全球金融机构瑞士信贷集团股份有限公司及其在英国的子公司瑞士信贷证券（欧洲）有限公司（二者统称为瑞士信贷）承认在为莫桑比克的一个金枪鱼捕捞项目提供 8.5 亿美元贷款中欺骗美国和国际投资者。作为与美国和英国刑事及民事当局协调解决的一部分，瑞士信贷将向美国和英国当局支付约 4.75 亿美元。除了美国和英国的执法行动，瑞士金融市场监管局也采取了执法行动，其中包括任命独立第三方审查瑞士信贷在金融管控薄弱和高风险国家开展业务的合规措施的实施情况和有效性。瑞士信贷同意继续同司法部合作，以改善和加强其合规管理机制和内部控制，并向司法部报告其采取的合规管理机制和合规补救措施。司法部要求瑞士信贷至少每季度向司法部实地汇报并提交年度报告，说明其改正措施的实施情况、合规管理机制的测试结果以及改进计划，以确保合规管理机制设计合理，并得到实施和执行，能够有效发现和阻止欺诈、洗钱、违反《反海外腐败法》和其他适用的反腐败法律的行为。

以上案例中的公司都是被强制要求建立或改善合规管理机制的，大多数公司是在执法力度加强后，自动建立或改善合规管理机制，但不能说这些公司就没有来自法律法规执行部门的合规压力。另一家公

⊖　BIS 2021 年 10 月 12 日发布：https://www.bis.doc.gov/index.php/documents/about-bis/news-room/press-releases/2853-bis-vta-telecom-press-release-10-12-2021/file。

司，特别是在同行业的另一家公司，或同地域的另一家公司被处罚后，这种处罚的冲击力和震慑力会让其他公司认识到合规管理的重要性而开始自己的合规管理建设。除了执法部门的压力，公司也会考虑合规对业务发展的影响。不建立合规管理机制，有可能影响到公司供应链的持续性；不建立合规管理机制，公司的业务有可能受到损害；不建立合规管理机制，公司的声誉有可能受到影响；不建立合规管理机制，合作伙伴有可能不愿意同自己合作。这些在我看来都是隐形的外部压力。公司能看到这种隐形的合规管理压力，应该源于其做了合规的风险分析。在这种情况下，公司可以有计划、有组织地建立合规管理机制，而且具有将合规管理机制不断优化、改进、提高的计划和动力。

规则前置：上医治未病

服务于被执法部门强制要求建立合规管理机制的公司的同人，在建立合规管理机制的最初阶段会有一定的优势，不会碰到太多的阻力。但在怎样建立合规管理机制和怎样使合规管理机制长期有效的问题上和其他公司还是相似的：同样可以利用合规六要素。

我没有经历过运动式的合规管理机制的建立，我服务过的公司都是自愿建立合规管理机制的，虽然有来自外部的压力，但内因仍是主要的动力，合规机制的建立也是有计划、有序地推进。前面说的运动式的合规管理机制的建立是指公司要按照司法部门的要求在特定的时间内完成特定的任务，建立合规管理机制就像开展一场轰轰烈烈的运动，有条件要上，没有条件，创造条件也要上，比如有些公司为了满足政府执法机构对合规管理机制建设的要求，在外部招聘遇到困难的情况下，将一些原来做文秘或者其他支撑平台的人员调到合规管理部。幸运的是，我就职过的公司都是有计划、有安排地推进合规机制和合规文化建设。这种推进的过程可能不是一年，而是多年。要让公司持续在合规管理方面做投入，作为合规管理的职业人需要让公司管理层看到公司对合规人力、物力的投入如同其他投资一样有超值的回报。这一点适用于被执法部门要求建立合规管理机制的公司，也适用于自愿建立合规管理机制的公司。

合规职业人的工作是一项不起眼的工作，工作做得越好，得到的关注可能越少。这常常让我想起神医扁鹊的故事。扁鹊医术高超，众所周知，扁鹊的两个哥哥也是行医之人。一日魏文王问扁鹊："你家兄弟三人都是学医的，那么你们三个人中谁的医术最高呢？"扁鹊回答说："我大哥的医术最高，二哥次之，我的医术最差。"魏文王不解。扁鹊解释说："之所以说我大哥的医术最好，是因为他能够在病人没有发病的时候就能看出他有病。那个时候，病人是不会觉得自己病了的，我大哥在病人发现之前就将病治好了，因此大哥的医术一直不被他人认可，也没有什么名气。我二哥是家中医术第二好的，因为他能够在病人发病初期就看出来，然后将病人治好，这样一来，人们都认为我二哥只擅长治疗一些小病。病人找我治病时，病情已经十分严重了。我将那些患了重病的病人治好后，我就更加出名了。但从根本上来讲，我的医术比不上我的两位哥哥。"魏文王听到扁鹊的解释后，豁然开朗。

这个典故对合规管理有非常好的借鉴作用。合规管理最好的情况是能预知合规风险，并及时采取管理措施降低风险，使公司远离新闻媒体和监管机构的关注。可是这样合规管理的价值似乎就体现不出来了。这听起来很矛盾，合规管理的价值怎样才能体现出来呢？投资合规的价值回报该怎样计算？

进口合规管理、保税区管理、各国互惠政策的应用，可以用省税的金额来计算，还可以用清关压缩的时间和库存降低的金额计算。其他的合规管理领域，比如反海外腐败法、出口管制，还有最近几年比较引人关注的信息安全，以及个人信息保护等，怎样体现投资合规的回报和价值呢？

在这里我们先不考虑不合规可能带来的执法处罚，这一点大家都是明白的。先看看反腐败合规管理在降低公司法律法规风险以外的价值所在。

如果你是一家分销商，你的上游供应商会非常关注你的反腐败合规管理。从斯坦福法学院的数据可以看到，从1977年到2022年FCPA起诉的317个案件中，涉及第三方中介机构，例如代理商、顾问或承包商的有284个，占比达到89.59%。[⊖]因此，供应商一般都会对下游的第三方机构进行尽职调查。尽职调查中一定会问到你是否有一个有效的合规管理机制。合规管理在这里的价值是能够通过尽职调查，帮助公司成为一家理想供应商的合作伙伴。这个价值的大小将取决于这项业务对公司的重要性。如果你是一家产品或者服务的供应商，你的客户也会更愿意同一家声誉良好、诚信经营的公司打交道。公司的合规合法会为公司赢得更多的客户和收入。

最近几年美国出口管制合规的重要性被越来越多的公司和组织认同。出口管制合规管理的价值和进口合规管理不同，很难直接计算。我们可以从两个方面来看待它的价值。第一，如果你的公司需要从美国进口产品或零部件，而进口的产品或零部件在两用物项管制清单上，那么你的供应商除了对你进行尽职调查，还有可能让你签署承诺函，保证你进口的产品或零部件不会用于有扩散风险的用途，也不会直接或间接再出口和转让给美国限制或禁止的用户。没有一个出口合规管理的机制，做到这一点几乎不可能。如果你没有一个有效的合规管理机制，你的供应商与你交易就会有顾虑，你可能错失采购的机会。这

⊖　斯坦福法学院反海外腐败法信息交换处：https://fcpa.stanford.edu/statistics-analytics.html?tab=4。

个损失可以根据业务的大小计算。第二，你的客户会非常关心你的供应链的持续性。如果你的供应链有依赖美国供应商的地方，且你没有一个有效的出口合规管理机制，你的客户可能对你的持续供货能力产生质疑。这可能直接导致你丢单，而这种丢单的损失是可以计算的。有了一个有效的出口合规管理机制，不可能完全没有以上两个挑战；但如果没有出口合规管理机制，这两方面的风险可能直接影响公司的生存，因此出口合规管理的价值不言而喻。

当今世界，竞争越来越激烈，对合规管理的要求也越来越多。除了人们经常关注到的反腐败、反洗钱、国际贸易、反垄断、反不正当竞争，信息安全和数据隐私保护等也成为合规管理的重要领域。根据公司所在的行业，如果与公司业务密切相关的合规管理缺失，公司可能会面临生死存亡的风险。例如，对于一家互联网公司来说，是否有一个数据安全、信息安全和个人隐私保护的合规管理机制，可能意味着赢得客户和失去客户的差异。保护敏感数据不仅是政府部门立法的要求，也是每个用户选择供应商、服务商的标准之一。数据安全和隐私保护的合规管理，就如同上面所说的反腐败合规、出口管制合规一样，根据公司的业务性质、业务大小、客户来源，对合规管理组织的大小和要求会有差异，但合规管理的价值是相同的。

首席合规官
工作手记

　　因一家公司所处的行业不同，产品、业务模式、发展阶段、对不同风险重要性的认定和容忍度等不同，每家公司合规系统下的合规机制都有不同的地方。我所服务过的办公电子信息化公司、医药公司、高科技公司对于各个合规机制的要求就有不同。进口业务复杂，而且进口是业务发展关键的公司，就会强调进口合规的重要性；高科技公司受美国出口管制的影响，就会强调对于出口合规风险的管控。即便在同一家公司，也会有各种不同的合规要求。作为公司的合规管理人员，不可能就每一个合规要求建一个合规管理团队，而是要充分利用已有的资源，满足新的合规管理要求。不论是新建一个合规管理体系，还是增加一项合规管理机制，都是越简单越好，越容易实施越好。越简单就越容易同公司的领导和同事沟通，合规的行动就越容易被同事们理解和执行。

我的方法是有了新的合规管理要求，先按合规六要素逐条对照，写出每一条必须要达到的目标，找出每一条需要采取的行动，和团队的同事讨论后，尽快采取行动。

在新华三集团，我们行动的一个关键部分就是落实公司领导提出的"规则前置"的要求。"规则前置"包括了以下行动：

（1）对于这个新的合规机制，我们需要降低和管理的风险是什么？

（2）为了降低这些风险，我们需要有哪些管控行动？

（3）对于这些管控行动，我们需要建立什么流程？

（4）与相关的公司员工用心地交流新建立的流程。

（5）确保这些员工懂得怎样去执行这些流程。

"规则前置"的工作是合规管理人员工作的一个重要部分。没有"规则前置"，很难做到公司领导要求的"利剑高悬"和"合规共赢"。而"规则前置"是能使同事们更容易地理解和接受合规要求的重要前提。

第二章

合规管理之组织建设

　　一家公司要建立有效的合规系统，离不开合规环境，而建立合规环境是合规管理所有组成部分中最难的。合规环境不是自己长成的，其形成需要公司对诚信的承诺，需要遵纪守法的道德价值观，也需要董事会对合规重要性的肯定和对合规管理的支持。董事会主席、公司CEO 可以用各种形式将他们对合规重要性的肯定传达给公司的每一个员工，可以在公司网站上发布阐述合规对公司的重要性的寄语，可以在全员大会上表达公司管理机构和领导层对员工的合规要求，还可以在公司的目标制定上凸显合规的不可或缺。公司可以建立商业行为准则，清晰表达公司的道德价值观，作为公司员工，上到 CEO，下到刚入职的新员工，都必须遵守这些准则。

建造一座花园需要很多的投资，比如良好的土壤，上乘的花种，还有高水平、勤勤恳恳、甘愿付出的园丁。建立合规环境与此相同，需要组织愿意为合规管理投资，有诚信的和做正确的事的意愿，有合格的合规管理人才。我服务的新华三集团董事会和CEO对建立道德与合规办公室就非常支持，董事长和CEO亲自为新华三集团商业行为准则写序，为出口管制合规书写承诺书，对每一个员工提出合规要求，在公司各种全体会议和高层会议中强调合规的重要性，并为道德与合规办公室提供必要的资源（人力、财力），吸引、发展和保留高质量的合规管理人才。为保证合规管理系统持续不断地运转，达到董事会定下的合规目标，公司专门成立两个合规组织，一个是合规委员会，另一个是合规管理办公室。

成立合规委员会

有些公司已经有了很多不同的委员会，当首席道德与合规官或公司支持合规管理的领导提出成立合规委员会时，会有其他领导质疑再增加一个委员会的必要性。的确，合规管理已经有了董事会的支持，为什么还要成立一个合规委员会？在合规管理的落实和日常工作中，合规管理团队需要公司高层的支持、指导和监督。合规委员会就是一个能采取必要的步骤和措施以保证落实董事会的合规目标，保证公司各级领导、员工、供应商、客户和其他商业合作伙伴遵守商业行为准则，监督所有和商业行为准则相关的活动，负责解决分支机构、公司其他部门与合规管理部门之间关于合规问题的争议，裁决合规稽查团队对违规个人的处罚建议，建立公司合规守法、风清气正环境的领导团队。

合规委员会应由公司高管组成，例如，首席合规官、首席人力资源官、总法律顾问、首席财务官等。在合规委员会是否应该有业务部门高管加入这个问题上，不同的公司会有不同的意见。有些公司的合规委员会是没有业务部门的高管加入的。理由是合规委员会在合规的具体执行过程中，业务部门遇到的挑战最大，业务部门员工违规的概率也最高。如果有业务部门的高管参与到合规委员会，一旦要对业务部门违规员工进行处罚，阻力会非常大。而另一些公司是欢迎业务部门的高管加入合规委员会的，既然这些领导都是公司的高管，相信他们能以大局为重，以公司的基业长青为重，不会让"病毒"破坏公司的合规环境。

合规委员会的成立对于合规管理系统的建立至关重要，因此，每一名首席合规官都应该将建立合规委员会列入入职后需要做的重要事项清单，并且尽快付诸行动。为了能够得到董事会的支持，首席合规官应做好下列功课：

（1）起草合规委员会章程，说明：

1）为什么要成立合规委员会；

2）合规委员会的职责；

3）合规委员会的运作流程。

（2）建议参加合规委员会的成员名单，说明需要这些成员参加合规委员会的理由。

（3）建议合规委员会的成立时间，进行宣布合规委员会成立的全员正式通告。

在与董事会沟通成立合规委员会的过程中，也可以让董事会了解，一个有合规委员会的合规管理系统更容易被执法部门认可。成立合规委员会本身就是企业对合规管理重视的一个具体体现。

新华三集团道德与合规委员会由首席道德与合规官、总法律顾问、首席人力资源官、首席财务官和一些关键的业务部门主管组成。他们每个季度都会在一起讨论公司的重大合规问题，对道德与合规管理工作的发展起到了非常重要的指导作用。

组建合规管理团队

合规委员会的职能是对企业合规管理工作进行指导和监督。企业合规管理的具体实施则需要一个合格的合规管理团队。组建一个高质量的合规管理团队是每一名首席合规官必须要做的，而且是比建议董事会成立合规委员会更具挑战性的工作。能否招聘到合格的合规管理人才，是决定企业合规管理是否有效的关键。

美国司法部在其 2017 年 2 月颁布的《企业合规体系评估》（Evaluation of Corporate Compliance Programs）中指出：因为必须在特定环境下评估公司的合规管理机制，司法部不使用任何死板的公式来评估其有效性。[⊖] 每家公司的风险状况以及降低其风险的方案都需要进行具体评估。据此，美国司法部考虑了各种因素，包括但不限于公司的规模、所在行业、地理位置、监管环境，以及其他可能影响公司运营的内部和外部因素，最终在《司法手册》中指出了检察官应该考虑到的三个"基本问题"：

- ❏ 公司的合规管理机制设计得好吗？
- ❏ 该机制是否被确实认真地应用？换句话说，该机制是否有足够的资源和授权以支持其有效运作？
- ❏ 在实践中公司的合规管理机制是否有效？

如果以上三个问题的回答都是肯定的，而且有事实来证明，这个合规管理机制就会被确认是有效的机制。而关于这三个问题，对任何

⊖　参见 https://www.justice.gov/criminal-fraud/page/file/937501/download。

一个的肯定回答都离不开合格的合规管理团队。无论合规管理机制的设计、应用，还是合规管理机制的有效性，都需要具有合规管理能力并且愿意为合规管理付出的团队发挥作用。

合规管理职业人的自我修养

在 20 多年的合规职业生涯中，在服务过的多家公司中，我引以为荣的是我的团队和同我一起工作过的团队成员。我一直努力做一个合格的合规管理职业人。不管你现在是一名将要毕业的学生，还是已经在职场纵横的职业人；不管你的教育背景是法律，还是其他学科，只要你愿意，你就可以成为一名合格的合规管理职业人。不过这个"合格"是需要一直努力的。今天可能合格，但如果不努力，明天可能就不合格了。我从来不敢松懈，把每一天都当成上班的第一天，忐忑、紧张、好奇、认真，用心学习法律法规，虚心向领导、同事和团队学习，用心做好自己的工作。

什么样的合规管理职业人算是合格的呢？各种考试和证书或许可以证实。我也努力获得过不同的证书，但这些证书主要是为了充实知识。证书只是对一个人能力的一部分反映，并不能完全判定他就是合格的。两个有同样证书的人在实践中差别可能很大。一个合格的合规管理职业人需要什么样的特点和能力呢？在组建合规团队时都注重应聘者哪些方面呢？

第一，诚实正直。这一点是每一个职场人应该做到的，对于合规管理人员尤其重要。如果我收到一份非常打动我的简历，候选人有着很强的专业能力和管理能力，面试的表现也非常不错，但如果背景调查的结果与简历不符，我很难接受这样一个能力强但不诚实的人。

第二，公平公正。我们在审计和稽查的过程中一旦发现瑕疵和缺陷，就需要立即采取纠错措施，包括根据公司的人事管理条例处罚负有责任的同事。合规管理职业人有责任向合规委员会或上级领导提出处罚建议。合规管理职业人必须做到一碗水端平，公平公正地对待每一名员工。

第三，严于律己，虚心好学。合规管理部门的员工需要帮助其他同事按照公司的政策流程正确地做好每一份工作，合规管理部门的每一个人都需要用高标准要求自己，不论在合规管理部门中担任什么职位，都需要成为公司员工可以参照的合规榜样，必须以身作则，并且虚心学习各业务流程，了解业务可能遇到的困难和挑战。合规管理部门应该是一个学习型组织，除了跟进了解公司业务部门的变化，还要时刻关注法律法规的变化，对于法律法规的学习和理解是合规管理部门的员工每天都要做的功课。虽然在合规管理的岗位上工作了 20 多年，我不敢说自己是任何领域的合规管理专家，因为合规管理的变化太快。有些国家一年颁发的法律法规超过千个，许多对企业有直接的影响。今天某一领域的资深专家，明天就可能因为没有跟上各种变化又成为一个菜鸟。因此，合规管理职业人要有好奇心，不断地学习。

第四，营销能力。我们能到一家公司去做合规管理的工作，这家公司的高层一定是对合规管理重视的（或者是执法部门强制要求要做的），但这并不表示公司每一位领导对合规管理都理解和支持。好的营销能力能让更多的领导与同事支持和帮助你。我在 MBA 的学习过程中，学习的重点之一就是国际营销。营销合规管理机制与营销公司产品和解决方案不同的是，一个对内营销，另一个对外营销。营销能力在合规管理工作的推进上给予我很大的帮助。各条道路都是相通的，学习的任何专业对我们的职业都会有益并提供助力。

第五，交流能力和影响力。培训和交流是合规六要素的第四要素，也是执法部门要求的合规机制和合规管理制度的一部分。交流能力是对每个合规管理职业人不可或缺的要求。除了交流能力，合规管理职业人还必须具有影响力。其他部门几乎所有的员工都和合规管理部门的员工没有直接汇报关系，更不要说公司的领导。合规管理职业人需要在没有管理权限的情况下，让同事能够接受并践行合规的要求，这需要很强的影响力。

第六，积极阳光的心态和抗压能力。合规管理的工作过程中可能有不被业务部门理解的时候，特别是合规管理部门给出的不仅仅是建议，有时候还会阻止某些业务的继续推进，虽然阻止业务推进对公司可能有非常高的价值，但这个价值是隐性价值，不可能体现在公司的财务报表上，也不可能成为业务部门的业绩，这时压力就来了。有时这些压力来自其他部门的同事，甚至来自高管。不管这种压力来自何方，合规管理职业人都应该有抗压能力，不要觉得自己委屈，而要把每一种压力都当成一种动力，用积极阳光的心态去思考为什么这些领导和同事对于合规管理部门做出的决定有这么大的反应？合规管理部门的培训和交流工作是否做得到位？自我反思，从自身找问题，把每一次承受的压力作为一个提高工作水平的新起点。与此同时，要相信自己的工作给公司带来的价值，给公司做的贡献，不管其他人信不信，自己一定要相信自己在做正确的事、有价值的事！

第七，激情和勇气。这一条和第六条是相互联结的。在合规管理的工作过程中遇到困难和挑战是正常情况，受委屈是困难的一种。有激情、有勇气的人，即使遇到困难也不退缩、不屈服，相信再大的困难都会被克服，相信办法总比困难多。而且，当我们克服困难，让公司降低合规风险，为公司创造价值后，即使是隐性价值，合规管理成果带来的喜悦也会成为激情的源泉，激情使我们更有勇气挑战困难。我遇到的每一个我认为合格的合规管理职业人都是有激情、有勇气的人。

上面说的七条，好像都是软实力，而不是业务能力。当然根据不同职级和岗位，我们对候选人的业务能力也是有要求的。作为一个团队的领导者，你应该知道这个团队需要什么样的能力，已经有了哪些能力，还有哪些能力是需要补缺的。比如，在招聘一名高级个人信息保护合规专员的过程中，你遇到一名对个人信息保护不甚了解，但对美国出口法律法规非常了解，也非常有实操经验的候选人，你有一种相见恨晚的感觉，但可能不会聘用他，因为你的团队这方面的能力已经很强，而你目前所需要的是个人信息保护方面的专家。我经常会把我部门的各个职位想象成拼成一幅画的每块拼图，每块拼图都非常重要，少了一块拼图，这幅画就不完整了。不过每块拼图也不能重复，毕竟我们的资源是有限的，公司的管理者有责任将每一项资源用到极致。

合规管理部门的位置

当团队的成员陆续到位后，特别是当合规管理工作正式开始后，你可能会注意到你所在的部门处于公司的什么位置。合规管理部门处于什么位置对于合规管理机制的有效性起着很大的作用。在我工作过的几家公司中，合规管理部门所在的位置都不一样。

合规管理部门放在公司的什么位置最有利于公司建立有效的合规管理机制呢？美国司法部在《企业合规体系评估》中提到，检察官应关注合规职能内人员和资源的充足性，特别是要关注负责合规的人员是否具备以下条件：①在组织中有足够的资历；②有充足的资源，即有足够的承担必要合规审计、记录和分析工作的工作人员；③有足够的管理自主权，例如能直接接触董事会或董事会审计委员会。合规管理职能应具有权威性和独立性，能为董事会提供合规性的专业知识。

作为公司聘用的管理人员，最初你可能没有将合规管理部门放在公司什么位置的话语权，但随着你对公司的了解，对合规管理工作的宣传，对合规管理影响力的推广，你也是有可能改变合规管理部门在公司组织架构中的位置的。

很多公司的合规管理部门设在法务部门中，首席合规官直接向公司的首席法务官汇报工作，也有公司的首席法务官直接担任首席合规官。越来越多的美国公司根据司法部的指引，在公司设立道德与合规部，首席道德与合规官直接向公司的董事会和 CEO 汇报工作（增加的"道德"二字，极大地扩大了合规管理部门的职责）。这种直接向公司最高领导汇报的模式除了能避免合规管理部门与公司其他部门产生利益冲突，也让合规管理部门有了更大的话语权，让合规管理部门的员工能够更好地开展工作。合规管理部门的员工没有公司最高领导的撑腰，有些工作是很难执行下去的。因此，不论合规管理部门放在公司组织的哪个位置，首席合规官需要有能够直达董事长和 CEO 的汇报通道。

新华三集团将道德与合规办公室设立为一级管理部门，首席道德与合规官直接向 CEO 和董事会主席汇报。除了同 CEO 经常一对一汇报，首席道德与合规官也会每个季度向董事会审计委员会汇报合规、稽查和审计的工作进展，遇到的挑战和下个季度的工作计划，以得到 CEO 和董事会的具体、及时指导。

合规管理与法务

目前为止，合规管理部门隶属于法务部门的公司不在少数。公司已经有了法务部门，为什么还要有合规管理部门？合规管理与法务有何不同？作为一个非法律专业背景的合规管理职业人，我经常被问到这个问题，因为合规管理和法务有相似之处，而许多从事合规管理的职业人员又是律师出身。实际上，这两个职业是存在差异的，主要体现在两个方面。

第一，二者的责任不同。

法务负责公司员工、供应商、客户和公司各类合同的拟订和审核；参与维护公司利益的各项谈判；承担诉讼辩护和起诉的工作；保护公司知识产权和专利；对提交给政府部门的正式文档（例如，公司在发现合规缺陷后的自动披露报告）进行审阅。许多上市公司的董事会秘书（简称"董秘"）也由公司的总法律顾问承担。法务部门也要了解公司的业务，以便了解公司的法律风险，帮助公司从法务的视角管理法律风险。

合规管理人员对公司业务流程的了解需要比法务同事更加清晰。合规管理人员的主要职责包括：需要在董事会和 CEO 的支持下，在公司建立合规管理组织；了解法律法规对公司的影响和公司所面临的合规法律风险（这一点和法务部门的职能相似）；指导和帮助公司建立合规政策和流程，使业务部门在运营的过程中，能依据法律法规的要求去做正确的决定；将法律法规以及公司的政策流程及时同每一名员工交流，并开展培训，让每一名员工能够清楚地知道公司的行为规范。合规管理部门需要开展审计和监督工作，及时发现违规风险并采取措施予以纠正。

从我和法务人员一起工作的经验来看，他们主要是基于外部的合作伙伴和客户提出的需求，对公司所承担的业务进行评判和裁定。许多公司的合规管理人员都从事过法务工作，因为合规管理人员需要对适用的法律法规有深刻的理解。当这些法务人员成为合规管理人员时，他们的职责就发生了转变，主要是要求公司的员工怎么做，包括符合法律法规的要求和公司所要承担的合同义务。

第二，公司对于法务人员和合规管理人员的资历与背景要求不同。

我虽然学习过合规管理中必须了解的法律法规，比如美国的《海关法》《出口管制行政条例》《反海外腐败法》等，也在中国政法大学进修学习，但我是没有受过大学专业的法律学科教育的人，因此知道自己的长处和短处。我的长处是在许多业务运营的岗位实践过，对业务部门的流程有比较深刻的了解，也知道业务流程风险的管理节点，可以很容易地同业务部门的同事沟通。短处是没有受过正规的大学法律专业教育，在法律法规的理解上很可能出现偏差，因此我也必须虚心地向法务部门的同事请教。

当我们谈到合规管理时，脑子里首先出现的是法律合规，这也是人们经常质疑法务人员和合规管理人员是否有区别的最大原因。**实际上合规管理的范围远不只法律法规的合规，还有行业组织标准的合规、公司行为准则的合规、公司政策和流程的合规等。**

以公司政策为例，不少公司都有利益冲突政策，这些政策一般会要求员工识别利益冲突关系，及时披露这种冲突，并在公司领导的指导下处理冲突。例如，你是公司的采购人员，并不是公司的管理人员，可是你可以决定从哪一家公司采购公司所需物品，手中有了权力，而这个权力是公司赋予你的，应该用来保护公司的利益，在合法的前提下，让公司利益最大化。这时你的亲戚一听说你有采购权在手，马上找到你，让你"肥水不流外人田"。一家管理有序的公司在采购时会有严格的流程管理，从供应商入围到采购询价、比价（如果是大额采购，还须通过招标），到最后确定供应商签订合同。如果你利用自己手中的权力将自己的亲戚纳入供应商名单，并从他处采购，而且这种利益冲突的信息没有主动向上级领导披露，一旦被公司发现，无论你是否拿过好处，都已经触犯了公司的利益冲突政策，公司就可以处分你，甚至终止同你的劳动合同。

　　还是以利益冲突政策为例，如果在人事招聘中，你将自己的亲戚招到麾下，虽然我们常说举贤不避亲，但如果你没有向公司披露你和招聘对象的关系，也可能违反了公司的利益冲突政策。从法律的角度出发，没有法律规定你不可以从同你有利益关系的公司采购，也没有法律规定你不可以招聘有利益关系的人和你一起工作，你并没有违法，但如果公司有利益冲突政策，你就是违规了。合规管理部门有责任调查事情的真相，根据公司的政策对违规人员提出处罚建议。当然这些事法务人员也可以执行，但如果法务人员做这件事，他就是在做合规管理的工作。

　　虽然法务和合规管理有许多不同的地方，但在公司的治理构架中，这两个部门是工作联系最密切的。在合规管理过程中，合规管理人员对于采取的合规管理措施也会同法务人员讨论，避免采取的措施在降低某方面法律风险的同时，却违反了另外一些法律法规。每一个合规管理机制都有对本机制进行审计和稽查的职能，在这个过程中有可能发现公司在某些方面有违规的现象。在发现了这些问题后，是否有义务、有责任向政府部门主动披露，什么时候披露，怎样披露，合规管理部门都会同法务部门讨论并听取法务部门的指导。现在越来越多的合规管理人员具有法律专业背景，这对他们了解法律法规的风险有非常大的帮助。这些法律背景的合规管理人员也必须了解业务流程和其他员工的语言，让公司的每一名员工都认识到合规的重要性和自己的合规责任。合规行为是每名员工都必须实践的，合规管理人员就是要使公司的每一名员工都能合规地开展工作。

　　要成为一名法务人员，对于教育背景的要求非常严格，你需要成为法律各个方面的专家。真正能代表他人执行法律事务，需要经过严格的考试，拿到政府颁发的法律资格证书。这一要求已经实行多年，在多个国家都是如此。而做一名合规管理人员，并没有这么严格的要求。成为某一特定领域——比如出口贸易、进口贸易、反腐败、个人信息保护、反不正当竞争、反垄断、知识产权保护等——合规专家，同时了解你所在合规领域的业务管理流程，就可以开始你的合规管理职业生涯。打个比方，要成为一名医生，你需要学习医学的基本知识，在你完成基础学习后，还需要选择一个具体方向，比如心血管科、皮肤科、耳鼻喉科，在这个具体的方向上再进一步学习，才能成为一名医生。法务人员同医生相似，需要先学习法律的基本知识，然后选择法律主攻方向，再进行多年学习、积累。但合规不一样，你可以从一个合规管理领域开始，然后扩大到其他领域。

有一点值得注意的是，既然是合规管理，我们不应忘了"管理"的要求。不论是合规管理，还是业务管理、财务管理，有许多管理知识和技能是相通的。如果要列举合规管理与其他管理不同和特别重要的管理技能，我个人认为是影响力。作为合规管理人员，工作对象中绝大多数的人和我们是没有汇报关系的，况且许多人的职级比我们高，而我们还需要这些同事认同我们的观点，执行合规的要求，这不光需要交流能力、营销能力，还需要很强的影响力。

如果你已经是一名律师，你比起那些没有法律背景的同事有更多法律法规知识的优势，但合格的律师不一定能成为合格的合规管理人员。那些没有法律法规背景的同事可能对公司的流程和业务管理有着更好的理解。有些法务人员作为合规管理人员最大的问题是怎样将法律的文字和内涵应用到实际工作中。

不过作为一名合规管理人员，一定要好好学习和理解你所承担的合规管理事项所涉及的法律法规。我从业务管理走上合规管理的职业道路，这个过程中有不少的坎坷和不易。不过我感到非常的幸运，也非常感恩，因为无论我服务于哪家公司，都遇到了尽力给我指导和让我试错的领导，无限宽容我和配合我的同事，极力理解我和支持我的团队，耐心帮助我和指导我的法务同事，他们让一个对合规管理陌生的业务人员在合规管理这条道路上不断成长，迎接一个又一个的挑战，成为一名合规管理职业人。

我在这里用了不少笔墨讲述法务和合规的不同之处，旨在告诉你，不管你是否有法律教育背景或法律工作经验，只要你愿意，我相信你都可以成为一个合格的合规管理职业人。

IT 与智慧合规

当我们讲到内控时，我们会想到内控五要素，而讲合规管理时，我认为必须加上 IT 的应用这个第六要素。IT 在合规管理中的地位太重要，它是落实其他每一个要素的工具。越来越多的公司认识到合规可以创造价值，合规可以成为一家公司的竞争力和生产力，而合规管理就是在公司董事会和高层领导的授权下促使和保证公司合规要求变为员工行动的管理活动。在法律法规对业界的管控与日俱增的今天，虽然我们更能看到合规管理的价值，但公司对合规管理的投入也不是无止境的，不是无限地投入人力，而是要在当今数字化的时代建立有效的智慧型合规管理机制——智慧合规！

一提到智慧，我们可能会想到智慧城市、智慧交通、智慧教育，这里的智慧是利用大数据等数字化手段来管理城市、交通、教育。合规管理也需要采取数字化手段，实现智慧合规。建立合规的数字化管理系统需要时间和资金的投入，但这种投入相对于人力资源投入有三大优势：一是虽然前期投资较大，但一旦系统建成，后期就只是维护和改进提高，相比持续的人力投资，成本要小得多（这可以通过模型测算）；二是数字化管理系统有人力做不到的优势，系统持续运营，不会犯人容易犯的错误，比如遗漏信息；三是系统一旦建立，企业就不必担心某个职位突然空缺了（合规专业人才在未来的几年可能都会比较抢手）。

要实现合规的数字化管理，我们首先需要实现合规的信息化管理。即使没有数字化，信息化也能为合规管理提供以下帮助：

（1）合规政策和要求的下发；

（2）合规法律法规和信息的交流；

（3）合规培训的实施；

（4）合规风险库的建立；

（5）针对合规审计发现的问题的整改情况进行跟踪；

（6）合规文档的记录；

（7）第三方尽职调查的开展；

（8）出口管制受限名单的审核；

（9）出口、再出口物项许可证的管理。

信息化手段已经可以起到人力所不能及的作用。例如，如果一家跨国公司需要在一定时间内给全球的员工进行合规培训，不同时区、不同语言，以及员工工作时间的安排，都会给公司的合规培训带来挑战。通过信息化手段，可以将培训的内容用不同语言录制，用不同的信息沟通方式传递给每一位员工，并要求员工在规定的时间内完成。此时合规管理的任务就是检查培训的完成情况。又如，你的公司每天要处理成百上千的订单，如果完全依靠人工审核出口管制受限名单将是一件难以达成的合规任务，即使多派人手，也难免会有遗漏和错误。在这种情况下，信息化的筛查手段比人工准确。出口许可证的管理也同理。

信息化是数字化的基础，数字化是智慧合规得以实现的手段。在一个理想的智慧型合规管理机制中，IT 系统可以自动检查各业务部门的工作流程和工作合规性，发现违规的问题并及时通报给合规管理部门。合规管理部门可以根据法律法规的变化以及对新风险的预测，对 IT 系统进行改变和提高，在不干扰业务运营的情况下，提高合规的程度。很多公司利用数字化手段来加速业务发展，简化业务运营，提高公司利润。因此，在数字化转型中，首先被考虑的是销售、供应链管理、研发、财务和其他影响利润的业务和服务部门。如果这些部门的数字化水平提高了，部门墙被推倒了，数据就可以相互关联、相互印证了，这对合规管理来说就是数字化转型的极好开端。如果业务部门没有这些数字化的进步，合规管理是没有能力去推动其他部门进行数字化转型的。

合规管理的数字化程度取决于公司的数字化程度。有了各业务部门、各支撑平台部门数字化的良好基础，可以根据合规的需要策划怎样利用这些已经数字化的信息来服务于合规管理，怎样将合规六要素和各个执法机构的具体要求植入数字化管理的整个过程。智慧合规不但能够降低合规管理的成本，自动化的合规监察和检测也会让员工有更好的合规体验，减少人工在合规事项检查和审批的时间，让各业务流程运作更流畅。

每一个合规管理人员在工作中，在设计合规管理数字化的过程中，要充分考虑合规管理对于业务的正面和负面的影响，充分理解每一个员工，特别是基层员工的体验，充分考虑每一个流程的可行性，这样合规管理机制的有效性就有了扎实的员工基础。只有每一个员工都重视合规管理，每一个层级的领导都支持合规管理，假以时日，这个合规管理机制才会有效，合规文化才会在公司形成。

首席合规官
工作手记

🖊

　　成为全球贸易合规管理总监后，先做什么，后做什么，我开始也有一些纠结。就像做任何项目一样，首先需要的是组织，是人！组织有两个重点，一是需要组建一个有能力的合规管理团队，二是需要有一个支持这个团队的合规委员会。我向我的领导求助，是否能先建立起国际贸易合规委员会。领导原来是学化学的，做任何事情都讲究三思而后行，都要有非常仔细的安排、很严谨的逻辑推理思路和令人信服的理由。他每次和我谈话的氛围都是非常平等的，从来没有给我一种他高高在上的感觉。他很少向我发指令，而是不停地问问题，直到我自己找到答案，知道下一步如何做。他支持我组建合规委员会，但他告诉我，对于申请成立委员会，公司是有流程和要求的。在提议成立委员会时，公司需要知道这个委员会的职能、作用及如何操作。我们需要告诉每一位领导，公司最大的贸易合规风险点和这个合规委员会能为我们的合规机制提供什么样的帮助，这样才能知道哪位领导最合适加入这个委员会，而且我们能让这些领导认为参加这个委员会所花的时间是有效投资，而不是说需要一个这样的组织，我们就拉上他们成立一个。我同意领导的意见，我需要很清晰地阐述我们面临的风险和合规委员会的价值，而不是发一封邮件就可以成立一个委员会。虽然我认为合规的重要性和合规的风险可能是人尽皆知的事实，但要让每位领导都知道合规和合规管理的重要性，用心交流和沟通是重要的一步。为了师出有名，更好地开展下一步的工作，我的第一个行动就是努力让所有的领导对合规和合规管理有一致的认识，促使国际贸易合规委员会尽快成立。

　　要做的第二件事是组建国际贸易合规团队。虽然公司以前没有专门的国际贸易合规管理的部门，但合规的工作一直都在做。各个业务部门都有同事全职或兼职做合规工作，而且进口合规的工作做得很不错，为公司加入美国海关的自检机制打下了很好的基础。一家公司如果有进口业务，即使公司内部没有专职的进口产品分类岗位，也会聘用报关公司来做这件事，内部也会有同事与报关公司联系。既然这样，还需要进口合规管理部门吗？答案是肯定的。如果没有合规管理部门，产品分类出现错误，产品原产国申报不准确，产品价值漏报等问题发生时，公司可能无法察觉，而这可能成为公司的合规风险。公司可能因为这些风险而承担直接的经济损失和名誉伤害。我到公司时，公司总部有两位同事做国际贸易合规工作，一位是在公司工作了十多年的女同事，她负责确定产品的进口编码；另一位是在公司工作了二十多年的男同事，他负责公司三个保税区的业务。这两位同事自然成为国际贸易合规部的第一批员工。我急需的是各个合规机制的经理。HR帮助我同时进行内部和外部招聘。后来，我们所有的第一任经理都是从内部招的。这些新招过来的经理中有在公司彩虹计划（准备被优化掉）中的同事，更有其他部门的同事。

　　一个组织能否成功，决定因素之一是团队的人员。先介绍让我感到骄傲的团队同事。第一位招聘进来的是宾夕法尼亚大学沃顿商学院毕业，后又在威德恩大学法学院学习，并取得美国律师资格的同事。从她的学历不难看出她是一位有着很强的教育背景的学霸，她也在公司工作了十来年，但她正面临着被裁员的风险。是她能力不行吗？其实不然。一个有能力的人需要一个能施展能力的平台。她的理想是成为公司法务部的一员，但是公司法务部的同事都是在知名律师事务所工作过五年以上的律师。她没有这样的经历，就一直干着财务分析员的工作，可以说是大材小用。大材小用的结果就是不开心，而不开心会导致工作成绩的下降。我知道了她的情况后和她沟通了几次，我认为虽然她没有做过贸易合规，但她有很强的法律专业背景，学习能力强，对公司的各个方面都了解，这点对我是一个很好的补充，而且她非常诚实，是那种眼睛里揉不得沙子的人。就在公司考虑让她离职时，她成为我们部门的第一个进口贸易合规经理。这个工作既能让她的法律背景得到完全的应用，也让她成为我了解公司的老师。事实证明，让她来当进口贸易合规经理是个不错的选择。多年后，她也成为一家国际医药公司贸易合规管理部的总监。

外部送来的简历符合要求的太少，原来公司的同事我又不敢挖！最初的其他三位经理也是从内部招聘的，其中一位就是在公司负责保税区合规管理的同事，提拔他当保税区合规经理应该是水到渠成的事，我开始也不理解为什么没有人向我推荐他，而是等我来提名。后来知晓他的确是一位有能力的员工，但不适合当经理。一年多后，他无法适应经理的工作，自己主动离开了工作了27年的公司，这也是我招聘中的一个遗憾！另外两位经理是我在领导的帮助下从其他部门挖过来的。这两位同事当时已经是经理了，来到国际贸易合规管理部只是平级变换工作。他们一位有着战略部署和信息系统规划的经验，另一位有着危险化学品合规管理和危险化学品审计的经验。这些从内部招聘的同事虽然没有贸易合规管理的经验，但他们对公司熟悉，对公司文化认同，而且都有着非常强的学习能力和求知欲。危险化学品合规管理后来也成为我们部门责任的一部分。我非常欣慰我能在很短的时间内将国际贸易合规部的经理招齐，将贸易合规部的团队建立起来。

第三章

合规管理之风险评估

　　有很长一段时间，我不能完全理解风险评估的重要性。我当时认为既然要合规，就不要花那么多的时间和精力去做风险评估，合规管理的要素中还有审计和稽查，把风险评估的工作交给这两个部门干就行了，不如把花在风险评估上的时间和精力用来采取合规管理行动。我自己对风险评估的误解，导致我在电子设备公司海关进口商自检机制的建立过程中对风险评估流程建设滞后。虽然这个滞后没有影响到公司进口商自检机制的通过，但对我的教训是深刻的。后来通过实践，我慢慢认识到了磨刀不误砍柴工，认识到风险评估的重要性，也理解了风险评估与审计和稽查的区别。没有风险评估，就不可能制定出正确的合规管理的行动。风险评估需要在所有合规行动之前进行，而审计和稽查是对合规行动强制落实的必要措施。

风险评估的关键要素

　　风险评估和风险管理不一样，前者只是后者的一部分。如图 3-1 所示，风险评估包括风险识别、风险分析和风险评定。而风险管理包括我们在做完风险评估后根据风险的不同等级，提出管理这些风险的建议和需要采取的行动，以及对风险管控执行情况的监察和回顾。

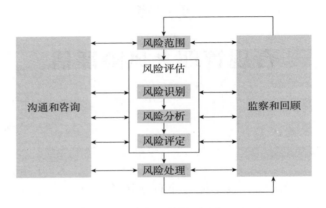

图 3-1　风险管理流程

　　作为合规管理人员，我会将合规风险评估的结果，以及根据这些结果需要采取的风险管理行动建议提交给公司董事会和最高领导层，在开展风险管理行动之前得到公司董事会和最高领导层包括合规委员会的批准。一般我会在得到批准后启动风险管理行动。如果不立即采取行动会给公司带来违法违规的风险，我也会先斩后奏。

　　每一种风险对公司实现战略目标的影响不同，需要采取的风险管理行动也不同；同一种风险也有多种程度不一的管理行动。作为合规管理部门，有义务将各种风险管理建议和风险管理方法提供给公司最高领导参考。我们需要指出每一种管理方法的优势和劣势，同时明确地向领导汇报自己的选择。

图 3-1 中的"风险处理"对应到合规六要素中就是合规行动了，这个合规行动包括合规管理部门同相关部门的培训沟通，将要采取的行动详细地介绍给每个员工。有些行动可能会直接对业务产生影响，在要求相关部门员工采取行动前，还需要同这些部门的领导沟通，取得他们的支持和理解。图 3-1 中的"监察和回顾"对应到合规管理的六要素中，就是审计和稽查工作的一部分。

下面我们看看风险评估涉及的关键要素。

风险范围

在图 3-1 中，风险范围并不是风险评估三个要点之一，但风险范围是风险评估不可缺少的前提。不确定风险范围，风险评估也就无从展开。风险范围，要依据企业的产品、业务模式、客户等来确定。比如一家互联网公司的风险范围中数据管理可能是一个重点，而一家传统的生产制造商不一定会将数据管理纳入其主要风险的范围。新颁布的法律法规对于合规管理风险范围的确定也起着重大的作用。如某国颁布了新的进口要求法律条文，如果一家企业有对该国的出口业务，就应采取行动将这个新的进口要求法律条文列入风险评估的范围。不同的风险范围需要经过不同的风险评估过程。

风险识别

一旦风险范围确定了，在开始风险识别的过程中，我们需要识别在这个范围中有哪些风险，这些风险会涉及的业务、部门和人员。例如，我们确定风险的范围是违反美国《反海外腐败法》的行为，在风险识别的过程中，我们会列出与之相关的风险：利用第三方行贿，设立账外资金；过度地宴请公务人员，以开会的名义请公务人员去景区度假，等等。

风险分析

风险分析需要定性地识别风险的原因和潜在影响。例如，你在一家分销美国产品的公司做合规管理工作，分销产品有直接从美国进口的，也有在中国采购的。在采购的过程中，采购人员有可能产生贪腐行为。产生该行为的原因有多种，但主要原因是公司没有很好的供应商认证流程、完整的采购管理流程以防范采购人员贪腐行为的发生。这种行为一旦发生，不但会给公司造成经济损失，也会给员工带来伤害，同时会影响到公司的合规氛围。风险分析可以进一步分析不同供应商在贪腐行为方面可能对采购人员造成的伤害。

在风险分析的过程中，有许多可以利用的工具。基础工具包括图表分析：流程图、检查表、因果图（即鱼骨图）。这些工具通常用于收集和组织数据、构建风险管理流程和分析事物的因果关系。

风险评定

风险评定是要认定这种风险与其他类似风险的严重性。它是风险评估定性、定量的部分（灾难性的、非常严重、严重、重要、轻微）。同样是采购的风险，如果一家在美国有业务的公司，在采购过程中与一家被美国列入特别指定国民清单的公司进行交易，这个风险的严重性就比员工的贪腐行为要高得多。这也是没有对供应商进行认证和尽职调查所引起的风险。这个交易直接违反了美国财政部海外资产控制办公室的法律法规，对公司有直接的法律风险。发生这种情况的概率很低，但一旦发生对公司的打击和危害是极大的。风险评定有助于我们在管控风险时有效地划分优先级别和分配资源。

在风险评定过程中，我们同样可以借助一些工具来帮助我们更好地评定风险的大小和高低。比如风险比较和排序的方法，根据每种风险的多种定量和定性因素以及权重因素进行评分。

在经过风险识别、风险分析和风险评定后，可以得出一张风险严重程度概率表（见表 3-1），以便一目了然地向公司领导汇报。

表 3-1　风险严重程度概率表

根据潜在的严重性及其出现不良结果的概率来评估风险级别（即高、中、低）。

严重性	出现不良结果的概率				
	100%	75%	50%	25%	0
5. 灾难性的	高风险				
4. 非常严重					
3. 严重		中风险			
2. 重要					
1. 轻微			低风险		

对组织合规和合规管理有效性的风险评估

在多个合规风险评估的项目中，我印象最为深刻的还有对组织合规和合规管理有效性的风险评估。作为合规管理团队的一员，我们需要警惕"灯下黑"，因为用手电筒照别人总比照自己容易。在许多业务的合规风险评估中，合规管理部门主要在用手电筒照其他部门，但对合规管理有效性的风险评估主要是对合规管理部门自身。

第一步是确定评估范围。以美国公司为例，所用评估范围是美国司法部为各组织提供建立有效合规系统的指导方针。这个指导方针意在通过提供合规结构基础，激励组织减少并最终消除犯罪行为，使组织可以通过有效的合规与道德管理系统进行自我监督。在有效的合规与道德管理系统的推动下，预防和侦查犯罪行为将有助于组织鼓励员工的道德行为和守法行为。美国司法部在《美国联邦量刑指南》第八章中指出，一个组织的合规系统最起码要具备以下七点，使合规流程能起到防止和发现公司人员的违法行为的作用；起到促进公司合规文化的兴建和维持鼓励道德行为，使合规行为成为公司的自然行动的作用。[⊖]

（1）建立标准和流程，防止违规犯罪行为。

（2）对组织管理者的要求：

（A）组织管理者应该对本组织合规流程的内容和执行情况，以及合规与道德管理系统的实施和有效性进行合理监督。

（B）组织的高层管理人员应确保组织具有如本指南所述的有效的合规与道德机制。高级管理层中的特定个人应承担合规与道德机制的总体责任。

（C）组织内的特定个人应承担合规与道德管理系统的日常运营责任。负有运营责任的个人应定期向组织高层报告，并酌情向监管机构或监管机构下属部门报告合规与道德管理系统的有效性。为履行此类运营责任，应为此类个人提供足够的资源、适当的权限以及直接访问监管机构或监管机构下属部门的权限。

（3）组织要通过尽职调查，尽可能地努力阻止有违规犯罪或违反组织合规与道德机制的人员加入组织高层。

（4）对培训的要求：

（A）组织应采取必要的步骤，以一定的方式定期向下列人员传达、培训组织合规与道德机制的标准、流程和其他要求。

（B）这些人员包括组织的领导、管理人员、雇员及组织第三方代

⊖　参见§8B2.1. Effective Compliance and Ethcs Program（https://www.ussc.gov/guide-lines/2018-guidelines-manual/2018-chapter-8）。

理人员。

（5）组织需要采取下列必需的步骤：

（A）确保遵守组织的合规与道德机制，包括监察和审计，以发现违规行为。

（B）定期评估组织合规与道德机制的有效性。

（C）拥有公开的系统，可以让员工和其他相关人员以实名或匿名的方式举报有关的潜在或实际犯罪行为，而不必担心遭到打击报复。

（6）组织的合规与道德机制应通过以下途径得到落实：

（A）采取适当的激励措施在整个组织内促进合规与道德机制的发展，执行合规与道德机制的要求。

（B）针对违法行为，以及未采取适当的行为阻止和发现违法行为的人和事，予以适当的处罚。

（7）发现犯罪行为后，组织应采取合理措施，对犯罪行为进行处理，并防止进一步的类似犯罪行为，包括对组织的合规与道德机制进行任何必要的修改。

美国司法部提出的这七点要求就是对组织合规和合规管理有效性进行风险评估的范围。公司之所以要做这个评估，是因为美国司法部在量刑时会考虑到两个减轻处罚的因素：存在有效的合规与道德机制，自我披露、与司法部门合作或承担责任。这里的第一个因素是这个组织已经有一个有效的合规与道德机制存在，而不是在犯罪行为、违法行为发生后，承诺要建立一个有效的合规机制。比如我们买了一辆新车，会立即购买保险，而不是发生事故后再去购买保险。如果平时没有合规机制，而是到出现违规违法行为，而且被政府执法机关逮住了才去开始建立合规机制，就不能作为量刑上的减轻情节。作为量刑的附加条件，必须要建立有效的合规机制，否则就会加重处罚，或者要求终止营业。只有这样，更多的组织才有建立有效的合规与道德机制的动力，而不是抱着侥幸心理，认为自己的违规行为不会被发现，这也经常是个人违法违规的一个原因。事实是，要想人不知，除非己莫为。第二个因素和第一个因素是密切相关的。没有有效的合规机制，组织很难发现自己的问题，也就无法和政府执法机构合作并承担自己的责任。

第二步是风险识别。为了识别风险范围中的每一个要点，我们将其拆分成若干部分。例如，将"建立标准和流程，防止违规犯罪行为"的要求分为两个部分：合规标准和合规流程，然后每一部分又分成五个小点。

第一部分，合规标准（政策、指南等）。

（1）学习和审查了所有适用的要求（法律法规、机构指南、行为准则手册、价值声明和其他控制文件，如许可证、同意令），并建立了与这些要求一致的合规标准。

（2）建立了良好的合规文件管控的标准（例如，正式的维护记录、批准人的签名、版本控制、文件生效日期等）。

（3）建立了交流和培训系统，让员工可以方便地了解这些标准，包括总公司、业务公司和各部门的标准。

（4）建立了通过跟踪法律法规变化，及时更新内部标准的系统，以呈现合规标准的最新状态，包括规定对标准的最小审查周期。

（5）建立了检查、验证、审查关键操作／活动的系统，以确保合规标准准确和完整地执行。

第二部分，合规流程（操作员／员工级别说明书）。

（1）建立了将公司合规标准转换为"车间级别"的指导／说明，以适当／必要地执行公司标准的系统。

（2）为所有操作员／员工建立了与公司和部门系统／标准保持一致的合规流程。

（3）操作员 / 员工级别的流程可供所有相关人员随时获取和使用。

（4）建立了用于管控合规流程的系统（例如，可以查询流程的发布和生效日期、流程的修改记录，以及制定流程的负责人等）。

（5）建立了合规流程保持更新的系统，包括规定对流程的最小审查周期。

以上各点中没有做的就是风险。当我们开始进行这项合规管理有效性的风险评估时，我们不确定任何一点是否做得好。

第三步是对这些识别出来的风险进行分析和评定。

在此过程中，每一个要点都被要求归类于五种状态中的一种：已做到，部分做到，部分做到和有部分记录，完全做到和有部分记录，完全做到和有所有记录。"做到"说明这个要点已经在执行，"记录"说明有正式文档，也有执行的记录。

根据分析和评定的结果，各部门按照管控风险的优先级制订行动计划，提交领导审批。

对于美国司法部要求的有效合规管理必须做到的其他六条要求，每一条都经历了这个过程。通过风险分析和风险评定的过程，公司对合规系统有了更清晰的了解，并根据风险评估的结果采取了一系列的风险管理措施，从而使公司的合规管理有效性上升到一个新的高度。

在新华三集团任职时，我又一次体会到，不同公司有着不同的合规风险，同一公司不同的业务模式有着不同的合规风险。新华三集团有多家海外直属子公司和国内独创的 To B 、To G 全栈式线上商城。这些业务模式给新华三集团带来了与其他公司不同的合规风险。新华三集团合规管理部门的同事用心学习不同国家的法律法规，用心分析业务中的风险和采取合规措施后的剩余风险。信息通信（Information and Communication Technology，ICT）行业厂家自营的网上商城与新华三集团其他的业务模式不同，合规风险也不一样。合规管理部在评估风险后，提出风险管控措施，并和业务部门、IT 部门一起实施这些风险管控措施。风险评估工作做得好与坏，对我们要采取的合规行动有重要影响。

首席合规官
工作手记

　　在做医药公司国际贸易风险管理时，ISO 31000：2009《风险管理　原则和指导方针》还没有正式颁发。不过我们基本上也是按照明确状况、风险识别、风险分析、风险评定和风险处理来做的。为了做好风险评估工作，我们利用了所有可以利用的资源。我的直接主管帮我们明确了目标，公司法务部的同事为我们提供了她认为的公司风险的关注点，HRBP 为我们提供了公司的组织结构信息，运输总监让我们知道了公司每个分部的运输量以及不同的产品，我们得到了不同部门同事的大力支持。基于这些基本情况，我们做了一份合规问卷。这份问卷不但是用来了解不同部门国际贸易业务的，更能根据回复大致评判这些部门的合规情况。

　　做问卷不是一件非常困难的事，但问卷由谁来填写，他是否会如期提交可不是一件容易预判的事。我们通过 HRBP 的帮助找到每一家分公司、每一个事业部管理进出口和运输仓储的负责人，建立了一张不但这次问卷调查用得上，而且将来我们提高合规管理也必须依靠的联系人清单。为了让问卷得到大多数人的及时填写和提交，我在发送问卷时在抄送一栏中，不但列了我的直接主管，还有国际贸易合规管理委员会的主席。我们给所有接受问卷的同事两周的时间来填写问卷。

在这两周中，我们也不是坐等回复。这是公司第一次做国际贸易风险评估。风险评估的过程也是让公司不同层级的领导认识合规风险的过程，同时也让大家知道我们公司有这样一个做合规管理工作的部门。在可能的情况下，我们组织一些领导和同事对问卷进行线上线下讨论和交流。因为问卷是英文的，我们担心有些不是以英文为母语的同事会有理解上的困难，或者是因为我们表达得不清楚而引起同事不必要的误解，我和我的同事每天都会与不同国家、不同办公地点的领导发送邮件或电话联系。功夫不负有心人，在全体同事的努力下，我们在预定的时间内回收了全部问卷。我的领导很高兴地肯定了我们部门第一项重要工作的成果。

收到问卷回复只是风险分析的开始。我们总结了所有的问卷后，评估出在我们需要管理的进口、保税区、出口、危险化学品和供应链安全中每一个领域的风险，分析风险发生的可能性和一旦发生会产生的影响，给每一个领域的每一个风险事件打分，例如对于进口合规管理有以下几个风险事件：

- 发票中没有详细的产品描述；
- 错误的产品描述；
- 错误的进口关税税号；
- 不准确的进口数量；
- 不准确的货物价值；
- 遗漏报告免费提供给出口商的辅料价值；
- 漏报版税金额；
- 不准确的原产国（Country of Original）标记和申报；

- 不能按时提供进口记录文档；
- 不符合其他政府机构进口要求；
- 没有获取要求的进口许可证；
- 在无必要证书时发货。

另外进口主要的合规风险还涉及保税区的管理、互惠进口关税政策的应用、关联交易的产品定价、免税物项的进口等。

对于出口合规管理有以下几个风险事件：

- 错误的出口商品控制编号分类；
- 出口到禁运国；
- 出口发票价值错误；
- 不能按时提供出口记录文档；
- 遗漏出口报关要求；
- 出口报关单数据错误；
- 没有获取必要的出口许可证。

另外出口主要的合规风险还包括向国外输出受控和受监管的技术或数据和无出口许可证的类似出口。

对于我们部门其他有合规管理职责的领域，例如危险化学品管理合规风险、供应链安全风险以及保税区合规管理风险，我们都依次做了风险问卷调查。

从收到的问卷中，我对公司业务又有了进一步的了解，意识到医药公司的出口管制风险比之前任职过的电子设备公司要大很多。公司的药品卖到世界各地，出于人文的关怀，药品可以卖到禁运国家，但必须有美国财政部海外资产控制办公室出具的出口许可证。医药公司的出口管制不光需要遵守 BIS 的《出口管理条例》（Export Administration Regulations，EAR），也必须遵守财政部海外资产控制办公室的法律法规，因为公司的一些药品会在取得出口许可证后销往禁运国。在医药公司工作之前我没有同海外资产控制办公室打过任何交道，其前身叫作外国资产控制司，成立于 1950 年抗美援朝战争后。当年的杜鲁门政府宣布国家进入紧急状态，并封锁了受美国管辖的所有中国和朝鲜资产，所以这个部门最开始是为管制中国和朝鲜而成立的。1962 年根据美国财政部的命令，外国资产控制司更名为海外资产控制办公室，这个部门的权力很大，它列有各种不同的名单，规定美国公司、美国人与这些不同名单上的国家、组织或个人交易的法律法规。

两用物项的管控也是一个特别值得关注的问题。首先是它的技术，特别是疫苗的制造技术，还有生产这些疫苗的设备和生产药品的设备，有些就在 BIS 出口行政法规的两用物项清单上。生产疫苗和药品的材料也可能是在两用物项清单上的。经常会有国外的药监部门官员访问检查我们的生产环节，我们并不知道其中是否有被美国列入禁止或限制的交流人员。每年都会有实习生来公司实习，他们可能来自不同国家，如果公司的技术出口到这些学生的国家需要出口许可证，那这些国家的学生来到公司实习，有可能接触这些技术，公司也需要取得出口许可证。

我在以前工作的公司遇到过两用物项的出口合规管理问题。在那家公司接触到出口合规管理工作是因为两件事。第一件事是我们的设备出现在了不该出现的国家。一天到办公室不久，我的主管给我打电话，让我去他的办公室，这不是经常发生的事，主管神情严肃，问我："你听说过禁运国这个词吗？"

"听说过。"

"有哪些国家是禁运国？"

当时我对出口管制的法律法规没有学习和研究，但对出口禁运国和出口黑名单的管制还是知道的，而且公司也有专门的要求不能将产品卖到禁运国和黑名单上的实体。"出口禁运国里有古巴、伊朗……"

没等我说完，他接着说："对，古巴就是禁运国之一。我刚刚得到消息，我们有设备出现在古巴。"

我的心怦怦乱跳，这可不是进口时不小心填错了进口代码，可能被认为是行政错误。这可是直接违法的事情！"9·11"事件后，BIS加强了对美国出口行政法规的执行，我多次听到BIS对违反了出口行政法规的公司给予刑事或行政处罚，还有两者并用处罚的。

我们的设备是怎么被销售到古巴的呢？怎么查呢？到底是谁的责任？当时公司还没有出口管制的IT系统，追根溯源的工作就比较难做。

公司花费了很多人力物力，对整个事件进行了详细的调查，了解到这台出口到古巴的设备是我们在拉丁美洲的某个代理商卖给另一个分销商的。这台设备又被这个分销商卖给了一家古巴的公司。这起出口事故让我们意识到下游渠道和分销商合规管理的重要性。

第二件与两用物项出口管制有关的事，是一家供应商联系我们，要求我们保证不会将他们提供给我们的加密部件和技术销售给特定的客户。加密产品在20世纪80年代前都算作军事产品，直到20世纪90年代后大多数加密产品才归到两用物项的管制范围。对于加密产品的管理可是一个非常复杂的技术活。当时我连什么是加密产品、什么是加密技术都不懂，公司的法务也不能给我提供任何的帮助，因为进出口管制不是他们关注的主题。赶鸭子上架，我开始自学《出口管理条例》，学习出口管制法律法规对加密产品的要求。虽然通过学习对出口管制法律法规有了一定的了解，但我对于出口管制法律法规的掌握远没有对海关法了解，也没有好好学习过海外资产控制办公室的法律法规。我们团队内部的同事对于出口合规管理的知识也比较匮乏。因此，在进行风险评估的过程中，我深知我们对出口管制法律法规理解不深，本身就是一个最大的风险，这是我们需要尽快降低风险的地方之一。

如公司负责质量管理的资深副总裁所说，我们要参加世界游戏，就需要了解世界游戏规则，遵守世界游戏规则。我需要给自己恶补出口管制的法律法规知识，加深对这方面要求的认知和理解，于是我报名参加了一个网上远程专门学习出口管制的培训班。每天晚上一切工作干完后，学习的时间就开始啦！部门的出口合规经理也和我一起学习。经过一年多的学习，我通过了这所学校出口合规管理经理的认证考试。

我和我的同事们一边学习，一边工作。根据我们回收的问卷，我们总结出最大的风险和造成风险的根源，例如：

（1）缺乏贸易合规监管意识；

（2）没有标准化的贸易合规管理制度；

（3）过时的贸易合规管理流程；

（4）没有必要的IT信息系统支持；

（5）没有必要的培训；

（6）没有审计和稽查。

我们的风险评估不都是在内部评估，也需要外部的专家从他们的角度评估我们的风险。我任职的电子设备公司在获得海关的进口商自检资格后，作为海关自检进口商的福利，海关专门配备了一名合规专家来指导和帮助我们的工作。

她是一位在海关工作了多年的高级专员，用她自己的话说，她已经工作超过 35 年，任何时候都可以退休领取全额退休金。她和我们团队一起工作得很开心。我会定期咨询她有关进出口的问题，即使是我认为我们知道答案的一些问题，我也会同她一起讨论，对于我们遇到的困难毫无隐瞒。她也会主动提醒我们合规管理上需要关注的主要问题。我要离开电子设备公司到医药公司工作时，她几乎和我团队的同事一样不舍。在她服务的几家进口商中，这家电子设备公司是她最大的客户，她也和我们工作得最开心。她甚至说如果我一直在这家公司，她可能多干几年。我知道这是她的玩笑话，不过听到后，心里还是甜甜的。我进入医药公司后，想请她来给我们一些指导。我把计划邀请海关专员来公司指导的想法告诉我的领导，请示他批准。如果还是在那家电子设备公司，海关专员来访问已经是常态，我不需要每次都请领导批准。但在一家我还没有建立信用的公司，请政府的官员访问，一定要得到领导的首肯。一个人在一家公司的信用就如同我们在银行存款一样，要一笔一笔地存进去，我们每一次在克服困难、取得成功的同时也在增加我们的信用。当然我们也会因为自己的失误而丧失这些信用。积累信用是一个长时间的过程，而丧失信用只需分分秒秒。幸运的是，领导同意了我的计划。

我打电话给这位海关专员，告诉她我来医药公司工作的情况，并且让她知晓这家医药公司也在申请进口商自检资格，我期望她来对我们进行一些指导。我信心满满地以为她会兴高采烈地接受我的邀请，可是出乎意料，她犹豫了。不是她不想帮我，也不是不想来医药公司，她说她特别想来看看这个在医药界首屈一指的公司是什么样子，可是她坦诚地对我说，她一直同电子和电子化办公用品的公司打交道，对于医药公司并不熟悉。她说"让我想想再回复你"。

　　第二天她就联系了我。她在海关内部咨询了一下，说她不光自己要来，还会带一位专门做医疗行业的同事来。这真是一个好消息！

　　我的领导非常重视这次海关官员的访问。他同我们部门的几个主管，还有支持我们工作的法务同事一起开会讨论准备工作，包括谁参加会议、会议目的、会议议程、会议地点等。讨论的结果是，除了我们部门的主管，我部门的其他成员和法务部的同事都会参加会议。我们要通过这次会议让海关的官员了解到公司对于合规管理的工作非常重视和认真，也希望海关的官员给予我们帮助，提醒我们需要关注的风险。会议的议程除了我的直属领导和法务的讲话，大部分时间是要我准备胶片，向第一次访问我们公司的海关官员汇报我们的合规管理工作。这个胶片反复修改了好几次！

　　这次的访问非常成功。那位专管医疗行业的专家对于医疗行业在进口合规、供应链安全上有着丰富的经验，她同我们交流了当时在这些方面的风险，并提出了她认为的能够降低风险的建议。在她的帮助和公司合规委员会的支持，以及我们团队全体同事的努力下，很快这家医药公司也成为 ISA 的一员，而这位专家就是我们的海关联系人！

　　通过内外部的信息输入，我们得出了一个简单易懂，且涵盖各个风险点的风险指标控制图（见图 3-2），来及时监控我们的合规风险，以便及时采取行动降低风险。

　　我们也对合规管理部自身的工作进行了风险分析，以便合规管理部优先安排自己的工作计划。

　　例如，自贸区的合规管理系统已经基本建立，但需要完善，因此它的风险等级是中，但是如果没有合规管理系统，风险就会提高。而供应链安全因为有其自身的运营管理系统，使没有合规管理系统的影响相对小一些，但风险等级也是中。我当时的主要任务就是招聘，特别是对于出口、自贸区和危险化学品合规管理人员的招聘。

风险点	合规管理系统		培训		审计		人员		对业务的支持	
	等级	影响	等级	影响	等级	影响	等级	影响	等级	影响
出口	8	10	6	7	8	8	8	10	10	10
自贸区	6	10	5	7	6	8	8	10	8	8
危险化学品	4	10	2	9	2	8	8	10	2	5
进口	9	10	8	7	9	10	7	10	5	9
供应链安全	5	7	6	9	3	6	3	7	3	3

合规风险等级和影响

高	8~10
中	4~7
低	1~3

图 3-2　风险指标控制图

第四章

合规管理之执行与行动

建立规章制度与流程

　　合规政策是合规的指导和要求，是公司对政府各种法律法规解读后，根据公司制度制定出的要求每一个员工必须做什么和不能做什么的内部正式文件。流程则是根据公司的政策告诉员工怎样去实践和落实合规政策的要求。有时政策的一句话、一个要求，就需要一个流程去对应满足这个要求。

　　每一个流程都包含起草人、审批人、目的、范围、执行人责任、过程、版本控制等，但最大的部分是过程。有些流程和其他流程有关联，我们会加上参考的部分。如果在流程中应用的一些术语比较难懂，就会加上定义。有些流程比较复杂，为了便于员工理解和应用还会配有流程图。

举一个所有的合规管理都需要的培训和交流简易版流程的例子。

1. 目的

该流程的目的是确保对相关法律法规以及合规政策、流程和过程进行适当的培训和沟通。

2. 范围

此流程的范围适用于公司所有参与合规活动的员工。

3. 责任

（1）业务主管/现场经理。

1）负责确保所有从事合规活动的员工都经过适当的培训；

2）负责建立一个流程，以确保进行员工初始和后续的培训。

（2）合规管理负责人。

1）负责识别并传达给业务主管/现场经理合规培训要求；

2）创建合规培训材料，并在可能和合适时将培训材料上传到公司网上学习系统或提供现场培训；

3）负责通过电子邮件与业务主管/现场经理进行沟通，让其了解新的或不断变化的法律法规以及所需的任何新培训；

4）负责及时向业务主管/现场经理提供新的或更改的公司内部合规相关政策、流程和指南；负责及时及定期向业务主管/现场经理或全体员工提供合规动态信息和合规风险。

4. 过程

（1）强制性培训。

1）合规管理团队将确定年度强制性培训。有两种类型的强制性培训：针对所有员工的合规培训（比如公司的商业行为准则）和针对某些领域的合规培训（比如供应链的员工需要学习供应链安全）；

2）员工必须完成年度的强制性培训，并保留完成培训的记录。

（2）一般培训。

1）员工根据各自的合规领域在公司网上学习系统自行学习；

2）业务主管／现场经理根据业务需要，向合规管理部申请培训；

3）合规管理部根据审计发现，为业务部门提供必需的培训。

（3）外部培训。

1）合规管理人员每年需要参加外部培训，或组织内部学习，补充、优化自己的知识；

2）公司员工参加外部合规培训，需要获取外部培训的记录或证书。

（4）合规交流。

1）合规管理部定期为员工发布法律法规更新信息；

2）合规管理部及时发布公司合规政策修订信息；

3）合规管理部及时为公司领导提供合规风险预警。

（5）合规审计审核培训记录。

在建立流程时，我们需要注意流程的必要性和可执行性。每个管理者都懂得流程不是越多越好。多一个流程，在业务环节中就多一个或多个步骤，就可能降低工作效率。我在前公司管理采购、OEM 客户和国际运输工作时，就专门组织同事一起讨论如何减少流程和不必要的审批环节。为了节省员工手工输入订单的时间，我们还一起重新设计采购订单的页面，检验信息的输入先后对效率的影响，哪怕能节省一分钟也值得去争取。合规管理是业务发展和运营中不可或缺的职能，增加合规管理的流程有时会对效率产生影响，但缺乏必要的管控和流程，产生的违反法律法规的后果，就不只是效率的问题了。如果提高效率是正确地做事，那么按照合规的政策和流程做事就是做正确的事。

即便如此，非必要的流程也一定不能加。每一个合规流程都应当是为了降低合规风险而必须设立的，我们不想过度管控，但也不想让公司冒违反法律法规的风险。当然，也有些流程不光能降低风险，还能提高工作效率。比如，我们设立的同外部报关商和运输商的交流流程，通过梳理必须交流的内容、方式、节点，统一交流的方式，降低交流成本，缩短交流时间，就提高了工作效率。

合规政策和流程的设计可能直接影响政策和流程的可执行性。我担任首席道德与合规官的新华三集团是一家中美合资公司。新华三集团刚成立时，沿用了跨国公司的许多政策和流程。任何一家公司都不能完全照搬其他公司的政策和流程，合规政策和流程需要针对自己公司的实际情况，而且要让政策和流程容易执行和落地。如 CEO 所说，如果建立的流程不能落地，那这个流程就是一张废纸；如果政策不能在公司执行，那它就是形同虚设。因此合规部的同事对所有的合规政策和流程都进行了审视，有些进行了修改，有些重新设立，特别是对于内部反腐败政策的设立。例如，新华三集团颁发了内部管理的"红九条"，这九条就是高压线，任何人不得触碰。"红九条"中包括严禁公司任何人受贿或行贿，严禁公司任何人违反公司利益冲突政策等。公司员工触犯了任何一条红线，公司将依法解除员工的劳动合同；如果员工违反了法律法规，还会被检举至公安司法部门处理。这些严格的、能落地的合规政策既接地气，又容易让员工理解和铭记于心，对公司树清风、立正气起到了很大的推进作用。

合规管理人员的职责所在

美国司法部对一家公司的合规机制是否有效给出了一个重要评价标准，美国的很多部委也对合规提出各种要求。对合规管理人员来说，不同公司虽对各种必须强制执行的法律法规有不同的做法，但对怎样建立一个有效的合规系统基本上是相同的。合规管理人员在建立合规系统中的职责是什么？他们怎样在建立有效的合规机制、合规系统中发挥作用？

一个有效的合规机制包括制定、实施和遵守统一的、可以执行的合规政策、流程、行为标准、保障措施和书面指导，包括每一个员工的合规责任、义务和要求。在建立合规机制的过程中，合规管理人员的具体行动是整个合规行动的关键部分。让我们一起看看在合规的每一个关键步骤中，合规管理人员需要担当的职责和必须采取的行动。

合规环境和公司高层的承诺

一个有效的合规机制的核心是公司董事会和高层的态度。没有他们对合规的承诺，就无法建立一个有效的合规机制。公司高层的承诺需要行动来体现，例如为合规管理提供合理的人力和物力资源，给员工提供充分的合规培训，明确表明公司对合规的遵从；对员工的合规行为提出要求和责任，将合规的行为与人力资源的奖惩规定相关联；在公司内部设立开诚布公的制度，鼓励举报违规行为；提倡合规从我做起，建立合规文化。

合规管理人员的职责和行动：合规环境和公司高层承诺的主要行动者是公司高层，但合规管理人员在这一要素中的职责也非常重要。在公司高层有千头万绪要处理时，合规管理人员要能够适时将他们的承诺提上议事日程，可以帮助起草合规承诺函，提供承诺函发布的渠道，可以在公司的行为准则上用高层的合规承诺作为行为准则的开篇；积极联系人力资源部门，陈述合规管理部门的人员需求，提供违反合规要求的处罚和对合规贡献的嘉奖之建议；设立公司举报电话、举报邮箱和其他举报方式，让员工相信公司绝不会对善意的举报打击报复，并且会对任何打击报复的行为零容忍；提供员工培训教材，并实施培训，让每一个员工了解必须遵从的法律法规，为建立合规文化打好基础。

合规风险评估

合规风险评估是对公司在其法律合规、内部政策和流程以及其他合规相关事项方面可能面临的风险的识别。公司必须评估合规风险的重要性、可能发生的频率和一旦发生对公司产生的影响。

合规管理人员的职责和行动：合规管理人员在合规风险的评估中起到主导的作用，可以联系公司其他部门一起做风险评估，法务部门、审计部门、财务管理部门、供应链管理部门和业务部门的负责人都应是合规评估团队的成员。风险评估应至少每年一次，可以请大家一起开会讨论，也可以用问卷的形式收集每个负责人的反馈。最后将风险评估的结果和建议采取的风险管理措施提交公司高层审阅批准。风险评估的结果可以成为年度审计计划指导的一个重要部分。

法律法规变化和合规监察

有效合规系统的一个关键组成部分是，对所有与公司业务相关的法律法规的变化持续监控。公司应安排专人负责将相关立法变更信息通知公司领导，并提供措施建议，确保公司的相关部门采取行动以遵守这些变更条款。

合规管理人员的职责和行动：跟踪不断变化的法律法规是合规管理部门的职责。在得知法律法规的变化后，合规管理人员应该及时预警法律风险，让公司领导做出降低风险的决定。

正式的合规指南和流程

一个有效的合规管理机制必须包括完整、清晰、简洁、易执行的符合法律法规最新要求的合规指南和流程，也包括举报的流程，供所有员工使用。

合规管理人员的职责和行动：这一部分的主要执行人是合规管理部门的同事和各业务部门的负责人。涉及寥寥几人，却是在执行中最复杂、挑战最大的一环，是合规行动的关键。要使正式的合规指南和流程完整、清晰、简洁、易执行，合规管理人员必须了解业务，熟悉法律因素可能导致的公司风险，和业务部门的负责人一起制定既合规又能实施的书面文档，否则这些文档就只是一个幌子。合规流程最好可以嵌入日常业务的流程中，成为员工需要执行工作的一部分，让每个员工都成为合规的执行人。合规管理人员要在流程制定后，对员工进行培训，让每一个员工都知道自己应该做什么，不应该做什么，将执行这些合规流程变成工作中的一种习惯。

合规审计和合规稽查

合规审计是一个有效的合规机制必不可少的要素，是对组织遵守监管准则的全面审查，也是对全体员工执行合规流程的检查。合规稽查是对举报的调查，这个举报可以来自公司内部，也可以来自外部。

合规管理人员的职责和行动：合规审计和合规稽查主要是合规管理部门的职责。不仅要审查员工是否准确全面地执行了要求的合规流程，也要对合规管理部门进行考核。通过审计了解公司的合规政策和流程是否完整，流程是否清晰与容易执行，对流程的培训是否到位。合规审计和合规稽查不光是要查出已经发生的违规行为，更重要的是要找出违规的根源，采取相应的整改行动。合规管理部门可以建议每隔两三年请外部审计机构审查公司的内控和合规机制的运营情况。

合规管理部门的职责应该是很清晰的。合规管理部门可以根据自己公司的大小、业务的复杂度（覆盖的国家、地区，所处行业等）、产品的特殊性等，来制定自己在每一要素需要采取的具体行动和需要的工作时间，制定对合规管理人员的需求和工作要求，让合规管理部门在公司建立有效合规机制的过程中发挥应有的作用。

对合规管理人员的考核：在一家公司或一个机构，无论你的工作职责是什么，你所在的组织都会对你进行考核。有些组织是每季度都考核，有些半年考核一次，有些一年一考。组织中有些职位的考核相对容易，比如，销售要看销售的业绩，采购要看成本的控制，人力资源要看组织员工的离职率，等等。对于合规管理人员怎么考核，每年怎样给合规管理人员订立"SMART"（Specific，Measurable，Achievable，Relevant and Time-bound；具体的、可衡量的、可实现的、相关的和有时限的）考核目标也是合规管理部门的领导必须要面对的问题。其中一个很大的挑战是合规管理做的很多工作难以量化，也就是我们常说的主观的评判往往多于客观的评判。除了许多具体需要采取的合规行动会成为合规管理部门的目标外，下面所列的标准我在不同的组织、在不同的时段都尝试用过。

合规管理部门：

（1）创建了多少培训课程资料？

（2）创建了多少在线课程？

（3）现场培训次数有多少？

（4）如果某些科目（如商业行为标准）有强制性培训，培训完成率是否为100%？

（5）合规管理人员回答员工提问的速度有多快（如4小时内、8小时内或公司可定得更长）？

（6）提出过多少降低合规风险的建议和采取合规管理的建议？

（7）公司领导和员工对于部门工作问卷的反馈（公司其他部门对合规管理部门的评价）情况如何？

审计：

（1）审计计划是否按时制定？

（2）审计项目是否按时完成？

（3）审计发现了多少问题？估计这些问题对公司战略目标的影响有多大？

（4）根据审计采取了多少次纠正措施，纠正措施是否按时完成？

（5）被审计对象对审计团队的反馈如何？

调查：

（1）在一定时间范围内（6个月或一年）收到多少报告（举报）？

（2）调查了多少个案件？

（3）所有案件的调查是否在规定的时间范围内完成（应设定不同类型案件的调查时间）？

（4）通过调查提出过多少对于公司管理的改进措施？

（5）调查工作对公司战略目标的实现做出了多少贡献？

公司管理层也会对合规管理部门有具体的要求，这些要求会被纳入合规管理部门的目标。

有了明确的目标，可以进一步调动合规管理部门员工的积极性，从而将合规管理工作做到实处。

执行合规控制行动

在合规六要素中，最重要的是合规环境，因为只有公司的董事会和 CEO 对合规重视、支持和鼓励，公司才可能有一个合规管理系统，员工根据行为准则做正确的事。合规控制行动是合规六要素中最复杂和最难执行的一个。这里所说的合规控制行动是指公司各级部门根据董事会制定的合规目标、合规委员会颁发的合规政策、合规管理部门同业务部门一起制定的合规管理流程而在日常工作中所必须采取的行动。

执行的挑战

在我的合规管理职业生涯中，我在电子设备公司、医药公司和高科技公司工作过。我常被问到，这些业务上相差甚远的处于不同行业的公司在合规管理上有什么不同？最大的挑战是什么？

如果合规环境一样，风险评估、培训和交流、审计和稽查，这几个要素的思维、计划和执行的方法论没有太大区别，而合规控制行动却会因为行业的不同而不同，即使是同行业也会因为公司的不同而有比较大的差异，这是因为：

❑　不同的行业对于具体的合规控制行动要求不同；

❑　各公司对于合规控制行动的分工不同；

❑　公司业务模式不同，合规控制行动也不同。

不同行业要管理的物项不同（在讲到管理的对象时，"物项"是一个比较恰当的表述，因为在合规管理中，管理的对象既包括实物，也包括技术、软件、数据等无形的非实物品类；既包括我们称之为商品的交易品类，也包括免费的品类）。进出口合规管理的一个重要合规控制行动就是对物项的管理，对于物项的管理要从对物项的分类编码开始。我们以对物项的分类编码为例来说明不同物项管理面临的挑战。

在美国的出口管制中，对于每一个出口的物项，不管是实物，还是技术、软件，都需要进行出口管制的分类。出口的物项可以分为四大类：不属于出口管制（既不属于BIS《出口管理条例》的管制，也

不属于其他政府部门的管制）；属于《出口管理条例》的管制，但不
在《出口管理条例》管制的两用物项清单上；在两用物项清单上；属
于其他政府部门的管制，比如军事物项就由美国国务院的国防贸易管
制局管控。作为公司的一名新员工，我首先要知道公司的产品、技术
是否受到出口管制（作为一家商业公司，公司的产品一般是受 BIS《出
口管理条例》的管控，当然也有例外，这种例外的情况需要特殊处
理）。为了了解公司物项的情况，我会：

❑ 直接用 BIS《出口管理条例》中的商业管制清单（CCL）索引；

❑ 用查找功能输入有代表性的关键词，检索这个物项是否在管制
清单中，比如输入生物系统（biological system）；

❑ 看到可能的出口管制分类编码（ECCN）；

❑ 在商业管制清单中找到这个编码——这里有非常详细的技术、
产品描述；

❑ 要看懂这些描述，有时需要技术背景——很多情况下要求助研
发的同事；

❑ 最后确定这个物项是否受两用物品的管控。

不同的行业有不同的关键词，因此初到一个新行业，需要对公司
的物项、生产物项的设备、测试仪器、生产流程等有比较彻底的了解。
当然这种了解也不是一个星期、一个月能够完成的，是循序渐进的过
程，而这个学习过程也使工作非常有趣和有吸引力！根据物项不同的
ECCN，管控的行动不同，这个管控要求在每一个 ECCN 里都有很清
晰的陈述。

进口物品的进口税号分类更加复杂。根据美国海关法，"与海关有
关的交易活动，涉及商品的入境和准入、分类和估价、关税、税款"
属于"海关业务"，一般需要由对美国海关法了解的人员进行。在海
关业务中，产品的分类是最复杂的。美国每年海关的认证考试有 80 道

考试题目，分类就会占 20% 左右。不同于《出口管理条例》中商业管制清单的分类为 10 章，进口分类则有 99 章，还有许多的说明和解释，这些说明和解释也是法规的一部分。进口物品的分类太复杂，我自学了一年，还专门上过这门课，这里就不详述了。进入一个新的行业，就需要重新学习与这个行业物项有关的法律。比如，在医药公司要管理的物项与原来在电子设备公司要管理的物项就有两大不同：物项本身不同——从办公电子信息化产品到医药疫苗产品；物项用途不同——进口的物项除了作为商品，还有许多是自用的科研品。

对于物项的分类，可以说是合规控制行动的一部分，是业务部门每天都要做的事情，也是合规管理的职责。毕竟物项的分类决定着合规管理的下一步行动。

不同行业，不同公司，对于哪些事情需要业务部门执行，哪些需要合规管理部门执行，会有一些不同的看法。在实践中每家公司也可能采取不同的方式。

再讲一个合规行动到底应该谁来管理和如何管理的问题。公司的出口管制政策规定：任何员工不得将公司的物项在没有出口许可证的情况下，出口至被美国政府列入禁止或限制交易的国家、组织和个人。为了严格执行这一政策，公司必须有严谨的流程，以确保每一次的出口交易都符合这一要求。出口流程可能规定：每添加一位新客户，公司就要对新客户和黑名单进行对比、筛选；如果筛选后，该客户有被列入黑名单的可能性，则停止一切与该客户有关的活动，并进一步对比该客户的全名、地址及其他信息；只有确认该客户并非黑名单上的组织或个人，才可放行该客户进入下一步活动，并记录放行该客户员工的姓名、工号及放行原因；在物项出口之前再与黑名单进行对比。

公司的运作模式不同，流程的具体过程也不同。比如，谁来维护、更新各国各政府部门颁布的各种类型的黑名单，用什么方法筛选，谁可以决定让公司放心地继续同这个客户交易？如果在一家交易额大、交易量大、交易覆盖的区域和国家多，而且与公司合作的供应商、服务商和客户众多的大公司，对于黑名单的维护，对客户的筛选，在有疑问的时候立即停止的任何交易，公司的优选可能是通过信息系统来完成。因为各类黑名单变化非常快，每月、每星期，甚至每天都有变化，而且要筛选的各种禁运、限制的名单很多，列在这些名单上的公司和个人更是成百上千，用人工筛选不仅需要很大的人力成本，而且不能保证筛选的全面性、准确性和及时性。一旦信息系统筛选出可疑的合作伙伴，信息系统可以立即暂停与这个合作伙伴的任何交易，并将问题上报给合规管理部门。最终对这个客户的进一步筛查或采取额外的尽职调查和是否继续交易，是需要人工来决定的。由于这一风险控制的要求，有一定国际业务规模的公司，都会选用信息系统来管控。因为这个客户群体的需求，美国出现了很多软件公司，专门为其他公司提供黑名单更新、维护和筛选的服务。

如果使用信息系统，就需要投资。这种投资的回报是否划算，财务人员可以和合规管理部门共同分析：如果不用信息系统，用人工来完成这些任务，就要考量需要多少人力资源，人工的工作结果能否满足合规的要求。在综合考虑各方面的要求和投入后，答案就出来了。然而，如果一家公司的交易额巨大，但是和公司发生交易的合作伙伴和客户数量很少，而且公司的合作伙伴和客户都比较固定，这样的公司就可能选择人工来关注黑名单、合作伙伴和客户的变化，筛选可疑的交易。这份工作责任重大，而且需要天天有人执行，因此这个岗位需要公司有人有能力，以随时准备顶替在岗的同事。

在一家有大量进口业务的公司，对于每一个进口产品的关税税号的认定是必不可少的。这是一个合规控制行动，但这个合规控制行动是由业务部门来完成还是由进口合规管理部门来完成，不同的公司可能有不同的答案。

　　一家跨国公司除了达到国际贸易的合规要求，遵守当地的法律法规，还要遵守《反海外腐败法》。大多数违规行为都是通过第三方行贿产生的，为了降低这个风险，大多数的公司都会有对第三方的尽职调查。那么对第三方的尽职调查是由业务部门来做，由合规管理部门来做，还是请第三方服务商来做？这个决定还是要根据公司的实际情况。让第三方做，费用比较高，尽职调查的时间比较长，但好处是调查的结论更能让政府部门信服。

　　有时这些看似简单的决定，在实际执行中却会出现各种想不到的结果。作为业务部门，有怕合规知识不够工作做不好的，有怕增加工作量的，有怕承担责任的，有怕对业务造成不良影响的。作为合规管理部门，担心这些工作的安排不当，会增加公司的合规风险，同时也会担心增加合规管理的工作量。到底这些合规行动应该由谁来负责执行，没有一个统一的模板。个人认为，初具规模的公司可以在合规管理部门专门设立一个合规业务中心，对合规知识要求比较高的合规控制行动可以由这个合规业务中心承担。比如，两用物项ECCN的认定和统一进口税则表（HTS）的认定，这些工作需要比较长时间的学习来掌握，需要对进出口法律法规要有比较深入的理解。另外，对物项和产品编码的认定，大多数情况下，一旦做了认定，就不会轻易改变，可以交由业务部门具体执行。还有重要的一点是公司的业务部门很多，如果没有统一的分类编码，公司内部就会出现分歧，合规风险也会提高，所以一家公司对于同一物项只有一个编码才是正确的。

相似的问题，不同的答案

　　由于公司业务模式的差异，人员安排的不一致，合规控制行动也会不同。在一个公司可以执行的合规控制行动，在另一个公司可能是违规的。

美国有一家经营一美元店（店里的商品都只有一美元）的公司叫美元树公司（Dollar Tree，Inc.），是美元树商店（Dollar Tree Stores Inc.）、美元树分销公司（Dollar Tree Distribution，Inc.）、美元树采购公司（Dollar Tree Sourcing Co.，LLC）和绿蔷薇国际公司（Greenbriar International，Inc.）的母公司。美元树采购公司和绿蔷薇国际公司是代表美元树商店的进口商，而美元树商店是商品的接受方。商品通过多个海关港口进口，美元树分销公司负责进口产品的国际运输和物流交付。海关合规经理是美元树分销公司的全职员工，并且是海关认证的报关员。然而，美元树分销公司本身并未获得开展海关业务的许可。这位海关合规经理还担任美元树采购公司和绿蔷薇国际公司的助理董秘一职，与拥有这两家公司授权书的外部报关行合作。海关合规经理会向外部报关行提供有关进口商品分类和估价的信息和建议、向海关申报入境所需的信息以及其他信息。美元树公司要求海关裁决，海关合规经理是否可以代表美元树采购公司和绿蔷薇国际公司开展海关业务（海关的裁决就是法规，不但申请裁决的公司要执行，其他公司也要执行）。

这个裁决涉及一家公司的员工是否可以代表三个相关公司实体开展海关业务。海关认为，没有法律法规禁止一个人担任多个实体的高管并代表每个实体开展海关业务。因此，一位被正式任命为其他公司高管的海关合规经理，与他在美元树分销公司任职工作时间不冲突的情况下，可以代表美元树采购公司和绿蔷薇国际公司开展海关业务。海关裁决的结论是，美元树分销公司海关合规经理可以代表美元树商店及其姊妹公司开展海关合规活动。⊖

　　⊖　美国海关裁决 HQH135698。

在美元树公司之前,保时捷汽车北美公司(Porsche Cars North America, Inc., PCNA)就其雇用的海关认证的报关员是否可以向其他相关保时捷公司提供海关业务的问题请美国海关做出裁决。保时捷(Porsche AG)是位于德国的设计和制造保时捷汽车的公司,是保时捷企业(Porsche Enterprises)的母公司。保时捷企业是 PCNA、保时捷赛车和保时捷工程的母公司。PCNA 拥有全资子公司加拿大保时捷汽车,主要通过一个港口进口保时捷汽车和零部件,但有时也和其他相关的保时捷公司通过美国其他港口进口。根据法律要求,保时捷需要采取合理的谨慎措施执行海关的合规行动,保时捷赛车和保时捷工程建议向 PCNA 的海关经理寻求专业意见,因为 PCNA 的海关经理是一名海关认证的报关员,也是 PCNA 的全职员工。这个裁决的要求听起来和美元树公司的要求差不多,但海关的裁决是 PCNA 的海关经理不可以向其他相关保时捷公司提供海关业务问题的咨询意见,因为海关认证每一家子公司都是一个独立的法人实体,报关员要么成为每个子公司的员工,要么建立自己的海关经纪业务,否则,一家公司的雇员不能代表另一家公司开展"海关业务"。[⊖]

两家公司请求海关做出裁决的问题听起来似乎相同,却因两家公司对于员工的雇用安排不同而得出两个不同的结论。这就是合规行动在执行中需要认真规划的问题。我猜测美元树就是从保时捷的裁决中学习到他们必须满足海关的要求,而使自己的申请得到理想的裁决。

如图 4-1 所示,美元树分销公司的海关合规经理同绿蔷薇国际公司和美元树采购公司助理董秘是同一人。

如图 4-2 所示,保时捷汽车北美公司的海关合规经理不是保时捷赛车或保时捷工程的员工。

⊖ 美国海关裁决 HQ115278。

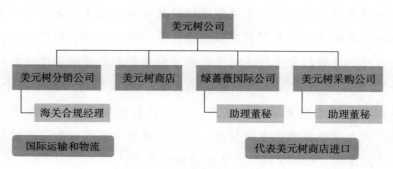

图 4-1 美元树公司的雇用安排

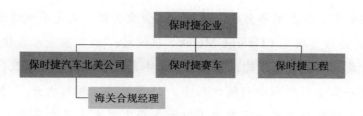

图 4-2 保时捷企业的雇用安排

首席合规官
工作手记

在过去二十多年建立和维护合规管理机制的过程中，我非常幸运，受到了不少领导的支持、鼓励和指导，当然也遇到了不少困难和挑战。最难解决的主要是：如何落实合规行动，如何让合规管理被整个组织接受，如何充分显示合规管理的价值。

合规管理的同人们在一起经常会谈论到的一个问题是合规管

理组织在公司中的位置，也就是说，合规管理组织向谁汇报。许多合规管理人员认为，合规管理组织放在公司的位置会直接影响合规行动的落实。美国司法部的意见是一个有效的合规管理组织应该有"足够的自主权，例如直接接触董事会或董事会审计委员会"，但没有指出其应该放在什么位置。在实际的组织安排中，各个公司的安排都可能有差异。不论将合规管理的职能放于何处，只有合规管理体现出价值，它才能被整个组织接受，合规行动才能落实，合规管理工作才能更好地开展。

提到价值，我们最先想到的可能就是如何服务客户，为企业创造利润（或者降低成本）。为企业创造利润是无可厚非的。著名实业家、哲学家稻盛和夫就说过"企业必须正大光明地追求利润"。乔治·默克（George Merck）也说过："我们应当永远铭记：药物是为人类而生产的，不是为追求利润而制造的，只要我们坚守这一信念，利润必将随之而来。记得越牢，利润越大。"我们看到公司的存在是为了客户（对于医药公司来说还有患者），而利润是对这个目的是否实现的检验。我工作过的公司的核心价值观中都离不开客户，同时也会在服务客户的同时创造利润。合规管理作为公司职能的一部分也需要体现这两个最基础的价值。如果不能为公司创造价值，合规管理就很难被公司的各层级接受。这里就有一个先体现合规价值，还是先让合规管理被组织接受的问题。我最初认为这似乎又是一个鸡生蛋、蛋生鸡的问题。其实不然。合规管理组织一成立，就有了自己的价值。合规管理人员的职责就是让所有的领导和员工看到并理解这种价值，让公司所有人拥抱合规。

的确，合规管理组织放在公司什么位置也会影响合规管理行动被接受的速度和广度。每一名职场人可能对于自己所处的组织在公司的位置都有所关注，特别是支撑平台部门。这不是说这些部门的同事有多势利，而是因为支撑平台部门的位置对于他们开展工作有着直接的影响，特别是合规管理部门。合规管理部门通常对其他部门没有直接领导权，却需要其按照自己的要求去开展本职工作。然而，把合规管理部门放在公司什么位置却不是合规管理部门可以左右的，起码在开始阶段几乎不可能。要每一个组织对合规管理部门都重视和配合，合规管理部门需要首先从自身开始采取合规管理行动。如果合规管理部门能通过合规控制行动体现自己的价值，能让其他领导看到合规管理对他的帮助，这些领导就会将合规管理列入他们必须重视的主要事件中，合规管理组织就有更多向董事会或董事会审计委员会汇报的机会。

合规管理的显性价值

我在医药公司工作时，国际贸易合规管理组织最开始放在供应链管理中的运输仓储部，是公司的四级部门。四级部门让一级部门、二级部门领导关注国际贸易合规是有挑战的。每一个合规管理部门的领导都是一个合规管理的营销人，需要不断宣传合规管理，给合规管理做"广告"，这就是合规管理第一阶段的推进——将合规管理推进一个组织中去。要完成从将合规管理推进一个组织，到这个组织自愿拉动——将合规管理拉入这个组织的第二阶段，光叫喊"合规管理重要"是不行的，还需要合规管理呈现对这个组织的价值。合规管理为客户服务的隐性价值需要比较长的时间来实现，而直接经济效益是有可能立竿见影的。合规管理能有什么经济效益？这可能也是有些领导问的问题，而且是一个无须回答的反问句。我们合规管理部门就是要将这个反问句变成真正的问句，并给出公司满意的答复！

　　当时我工作的医药公司主要生产两大类产品：药品和疫苗。药品的制造过程是非常复杂的。最简单的描述也要经过如下过程：关键药物成分的研制，辅料的生产／采购，药品的合成，药品内包装，药品外包装，等等。对于一家跨国公司来说，药品生产的每一步都可以在不同的国家发生，有时有些步骤因为各国法律法规的要求还必须在不同国家发生。根据药品服务病人的分布情况、进口国的关税税率，每一步骤在什么国家进行影响到公司的利润和收益。药品生产部门进口业务很多，这些同事需要国际贸易合规帮助其更好地通关，需要我们部门为他们提供服务，压缩供应链的时长。我们进口合规管理部的同事在解决一些通关问题时，了解到药品生产的供应链和价值链。他们积极采取行动，了解各个国家的进口关税政策，分析国与国之间的贸易关系，做出供应链优化的建议。进口合规管理部指出，如果有些步骤在不同的国家进行，会更好地利用美国和其他国家／地区、其他国家和地区之间的自由贸易优惠政策，从而减免进口关税。进口合规管理的实际价值很快体现出来。药品生产部门不光很快接纳我们，而且将合规管理部作为新药生产的最初战略规划小组的一员，提出在新药生产规划的过程中一定要有合规管理部提出的意见，并为此制定了流程，在新药的供应链确认过程中增加了合规管理部门的签字。

　　疫苗生产部门对我们的态度就不一样了。首先我们部门和药品生产部门的汇报线靠得近，但与疫苗生产部门离得远。另外，疫苗生产部门认为贸易合规管理对于他们来说价值不大。疫苗的生产主要都在美国，因此涉及进口不多。他们也没错，在业务过程中能少一项管理的流程，少一个管控点，业务的执行就更便利。直到有一天，疫苗生产部门遇到一件直接影响到他们利润的问题：他们生产了一种适用于9～45岁的女性，用于预防由人乳头瘤病毒引起的宫颈癌、外阴癌、阴道癌、肛门癌、口咽癌和其他头颈癌的疫苗。当时这在全球都是医学上的突破。这种疫苗被销售到很多国家，包括墨西哥。美国和墨西哥是有《北美自由贸易协定》（NAFTA）的（这个贸易协定在特朗普执政时期被改为USMCA，名字改了，实质的改变并不大）。按当时的贸易协定，这种疫苗从美国出口到墨西哥是不需要缴纳进口税的。但是，这种疫苗并没有直接从美国出口，因为疫苗的包装在欧洲，而欧盟与墨西哥也是有自由贸易协定的。管理疫苗供应链的同事认为，无论疫苗是从美国出口到墨西哥，还是从欧盟出口到墨西哥都应该是零关税。让他们大失所望的是，这种在美国生产、在欧盟包装的疫苗出口到墨西哥需要按一般的国家缴税。所有的自由贸易协定除了有非常严格的原产地要求外，还可能有其特殊的要求。一个美国原产地的物品要出口至墨西哥，除了要证明原产地是美国，还必须是直接从美国出口至墨西哥的。这家医药公司的疫苗虽然是产于美国，但不是从美国直接出口，因此没办法享受美国同墨西哥的自由贸易协定的优惠。虽然这个疫苗在欧盟包装，但并没有在欧盟改变疫苗的产品性质，不能被证明为欧盟产品，因此也不能享受欧盟与墨西哥自由贸易协定的优惠。各项税率加在一起高达18%。这时合规管理部门助力药品生产部门降低进口关税的案例也传到了疫苗生产部门。疫苗生产部门供应链管理部的同事找到负责进口合规管理的同事，寻求他们的帮助，降低出口到墨西哥的各种税费。我们同事和疫苗供应链管理部的同事一起，对疫苗的供应链管理做了相应的改变，合规合法地让从欧盟出口的疫苗被认证为欧盟产品，拿到欧盟一国出具的原产地证书，疫苗零关税出口到墨西哥，每年创造千万美元的利润，合规管理的价值人人可见，从此，合规管理部门也被疫苗生产部门产品战略规划小组所接纳。

在合规管理的过程中，也不乏因为合规管理发挥作用，有些合规事件化险为夷，有些业务项目提高经济效益的案例。有一天同事们在茶水间一起聊自己目前的业务，其中一位总监正在就一种即将超过专利期的药品变为非原厂生产的仿制药的问题和一家公司谈判。这是一家工厂在美国的公司，而我们公司的药品关键成分在国外，所以这家公司必须进口这批药品的关键成分。这家公司认为，如果要将所有的药品关键成分进口到美国，他们要缴纳的关税太高，他们在买了我们公司的材料和独家仿制药生产权后，拿不出额外的钱来付关税，他们的报关商告诉他们这种产品的进口税是6%。这位总监问我有没有办法将产品放置在保税仓库，分期付进口关税。这是这家公司的报关商给他们出的主意，当然是可行的，就是需要采取不少额外的合规行动。但我记得我们在进口这种产品时是零关税。

在关税及贸易总协定乌拉圭回合谈判期间（1986～1994年），美国和其他几个主要贸易伙伴同意互惠关税，取消针对药品和用于药品生产的化学中间体的"零换零倡议"。当时占全球相关医药化学品产量约90%的医药生产国加入了该协定。同是化学产品，如果是医药化学品就可以免除关税，但是在报关时需要特殊加注，而且能够经得起将来海关的审计。每一个被列入这个医药化学品免除关税清单的产品都是由各个医药公司申报的。我们一直很认真地做着这项工作。我又核实了这种医药化学品的名称，并且在海关进口关税的医药附录清单上得到了确认。

当我把这个零关税的消息告诉这位总监时，他非常高兴，完全没想到有这么好的事情。解决了合作伙伴资金最后一公里的问题，他的项目也进行得非常顺利。从那以后，他会现身说法，告诉其他同事合规管理的的确确是可以创造价值的。其实我们一直这么做，只是他不知道而已。这也说明我们的交流做得不到位。通过多方面的交流和培训，越来越多的同事主动找我们为他们的项目出主意。

我认为这种价值是合规管理的显性价值，但合规管理的隐性价值更难体现。因为我自己从业务部门出来，最开始的一段时间，我也认为只有进口合规管理是对公司有价值的，而其他各项合规管理主要是满足法律法规的要求，本身不但不能给业务带来价值，而且会给业务部门增添很多麻烦和阻力。虽然也知道合规管理不只是进口合规管理，但自己在做规划和工作部署时，重点都是放在进口合规管理上，因为进口合规管理的价值显而易见，可以用数字来衡量。这只能说明自己当时目光短浅，对于深层次的价值并没有足够的认知。我这个做合规管理主管的人都会觉得如果不能直接产生经济价值，合规管理就难以体现它的价值，更何况其他的同事呢？我对合规管理的价值认知也是一步步提升的。

有一位同样在医药行业做国际贸易合规管理的朋友，有一年我们遇到了一个同样的问题。海关颁布了一个新的入关要求：每一家医药进口公司都必须把需要进口的每一个产品列到海关的系统上。这是一个必要的合规行动。合规管理部门及时将这一要求告知公司各个需要进口的部门，提醒它们在特定的时间内完成这个任务。这应该不是一个很难的合规任务，但是业务部门就是没有按时完成。第一次，海关的官员联系了我的朋友，也就是这家公司的国际贸易合规总监。我的朋友用她的影响力让海关将这次进口放行。这样的事情又发生了一次。每一次，我的朋友都提醒业务部门需要马上将合规任务完成，但似乎都没有起到作用。第三次，当海关跟她联系时，她直接回复海关，按你们的要求执行——这批货物就被拒绝入关了。她说，只有这样，这些业务领导才知道合规行动的重要，才会知道合规管理的重要，因为前两次都是在她的努力下进口产品才得以通关的。我在和她讨论这个问题时，我们两人的意见是不一致的。我没有办法说服自己让海关拒绝公司的产品入关，这对公司的损失太大，而且真正受影响的是需要这些药品的病人。我的处理方法是将我同海关的所有交流分享给业务部门的同事，让业务部门的同事认识到合规管理的价值，也让他们知道没有按时采取合规行动可能造成的后果。在这件事情的处理上，的确没有经济收入，但可能带来经济损失。

合规管理的隐性价值

虽然让隐性的合规管理价值呈现出来有难度，是一个挑战，但只要我们想办法，还是可以战胜这个挑战，让合规管理的价值体现出来。比如利用其他公司被处罚的案例来体现合规管理的价值。2008 年，美国一家有名的机械制造商英格索兰公司（Ingersoll Rand）被 BIS 处罚。原因是在 2003 年 11 月至 2007 年 1 月之间，英格索兰公司在没有取得 BIS 出口许可证的情况下，让印度人和意大利人在英格索兰公司美国工厂从事与垂直纤维贴片机技术和五轴铣削生产技术有关的开发和生产工作。这些技术因为国家安全和导弹技术的原因出口到印度和意大利是需要出口许可证的。根据出口管制行政条例 734.2（b）（ii）节中的类似出口规则，让美国境内的外国人接触受控的技术被视为将该技术出口到该外国人的国家，如果没有获得出口许可证，就是违规。英格索兰公司同意支付 126 000 美元的民事罚款，以解决将敏感技术暴露给未经许可的外国人的指控。英格索兰公司不光是付出了金钱，更重要的是这件事影响了公司的声誉、股东的信心和自己在客户心中的形象。

我工作的公司中也有不少外国人，公司内部也有受控的技术，因此我们根据这样的案例，制定出口管制的流程，如果一项技术出口到一个国家需要出口许可证，我们就不会在没有出口许可证的情况下让这个国家的在美外国人接触这项技术。合规管理的隐性价值体现在提前管理类似的出口违规风险上。

出口申报风险处理

1998 年 3 月 2 日，美国商务部对马萨诸塞州 C. H. 鲍威尔公司罚款 30 000 美元，因为这家公司在出口的运输文件中申报虚假信息。同年，商务部对佐治亚州的 LEP 利润国际有限公司处以60 000 美元的民事罚款，同样是因为它在出口运输文件中提供虚假信息。2008 年以前，美国的出口商在出口时，如果出口的产品涉及出口许可证，或者 HST 相同的物品出口价值超过 2500 美元，就需要提交纸质出口申报表。2008 年后电子出口申报取代了纸质出口申报表。出口申报为三家美国政府机构所用。美国海关和边境保护局（CBP）使用这些数据确保出口商遵守美国出口法规；商务部利用它跟踪出口许可产品的出口状态；统计局使用这些文件计算美国贸易统计数据。如果 CBP 发现出口商没有如期提交出口申报，就会对这些出口商予以处罚。逾期的罚款为每天 1100美元，最高可达 10 000 美元，并可能处以长达 5 年的监禁。

从上面的两则案例和海关对出口申报的处罚中可以看到，出口申报是一个非常严肃的合规要求，每个出口商都需要认真对待。在出口合规审计中，我们发现公司有系统性的在出口申报中提供不准确信息的问题。这些问题存在了很多年，而且每年发生多次。虽然我们并不是有意去掩盖任何不正当的出口行为，但出口申报中的信息不准确是不争的事实。我们发现这个问题后，同公司的领导、法务人员共同讨论如何应对。我们达成一致的意见是主动披露。合规管理上的透明，包括主动披露在实际操作过程中存在的不合规的问题。我先电话联系了统计局一位我熟悉的官员，请问他如果我们理论上遇到了这种情况该如何处理。他的回复是赶紧主动披露，越快越好，这和我们内部讨论的意见也完全相同。因为出口申报牵涉到工业与安全局，我们的披露应该提交给谁？针对这个问题他告诉我，可以直接传真给他（传真的文档可以作为正式提交的文档，但当时邮件是不可以作为正式提交的文档的），在披露信中写上"抄送工业与安全局"，并通过邮局邮寄一份给工业与安全局。我们和法务一起写了一封自我披露的检讨书，附上所有出错的出口申报表，厚厚的一摞，忐忑地传真给了这位统计局的官员。一个星期后，我们收到这位官员发回的信件，他肯定了我们对出口申报审计的内部监管行动，也对我们主动披露给予赞扬。因为合规管理，我们将一件可能会使公司经济受损（被罚款）、名誉受损（被处罚的通告）的事件变为一件得到政府执法机构肯定的好事。这就是我们的价值！

各国法律法规不一致的困难

合规管理的价值也能体现在处理国与国之间法律法规不一致的问题上。在一家跨国公司做合规管理，有时会遇到两个国家或多个国家法律法规不一致的问题。有时两个国家的法律法规还有可能相互矛盾，在这种情况下，如何采取合规行动，体现合规管理价值，是一个更大的挑战。

当年欧洲发生了疯牛病（牛海绵状脑病），美国农业部颁发了非常严格的法规，禁止所有与牛有联系的产品的进口，不光是所有的牛肉及牛肉类产品被禁止进口，而且包括牛奶、奶粉等。值得注意的是"禁止"而不是"限制"。与牛有关的其他产品也被限制进口，包括药品。我当时感到不解，为什么药品被限制。后来才知道，我们吃的药丸、药片，主要的成分是辅料，而辅料里面最多的是奶制品。辅料不用奶制品而用其他的替代品不是不可以，但是药品任何原料的变化，都可能引发药品的质量、药效、对人体的影响的变化。对于这种辅料的变化，美国食品药品监督管理局（Food and Drug Administration，FDA）也会要求药品的重新临床试验和审批，因此代替奶制品的辅料在药品中的应用一时是行不通的。农业部对于这一点也是清楚的，所以他们出了一个规定：所有进口到美国的药品，如果辅料含奶制品，都需要具备出口国农业部专家认定的兽医签字的证明，并且需要原始证明，复印件无效，以证实所用的奶制品是经过高温消毒的。药品在制作过程中已经通过了高温处理，看起来拿到这样一个证明是不难的，可是我们没有想到的是，这是一个非常不容易实现的要求。

　　我所在的公司当时有一款治疗骨质疏松的药品，这款药品是在西班牙合成的。我们遇到的第一个困难是西班牙没有农业部专家认定的兽医，这是美国自己才有的一个职位。第二个困难是西班牙农业部说这是医药品，与农业部无关，你们需要任何证明都应该去找医药局，而不是来找农业部。我们在美国得知了这个情况后，就同美国农业部主管进口的部门交流，申请是否可以由出口国家的医药局来出这个证明。这个申请得到了批准，我可高兴啦，认为这个问题已经得到解决。但当我们西班牙的同事找到医药局后，又遇到了第三个困难，这个困难是西班牙医药局只出一个总体的原始证明，而不是对每一个批次的药品都出一个原始证明。而美国农业部的要求不光是每一个生产批次的药品需要一个原始证明，而且是每一次进口到美国，即使是同一个生产批次的药品，也需要原始证明。怎么办呢？我们又一次去同美国农业部主管进口的部门交流，提出了一个折中的方法：是否可以用出具的证书复印件，并且请西班牙医药局在这个复印件上盖上章，签上名和日期。当时的确找不到一个比这更好的解决方案了，我们的提议也得到了美国农业部主管进口的官员的同意。我们很高兴地把这个解决方案同西班牙的同事进行交流，他们非常为难，因为我们还必须得到西班牙医药局的同意和帮助，这个方案才能实现。西班牙子公司的领导，上至总经理，下至合规人员，都为西班牙医药局的配合做出了努力。最终在两国同事的努力下，这个方案得到两个国家主管部门的配合和批准。为了让这个来之不易的解决方案得以实行而不出错，我们同运输服务商、报关代理商和自己内部的同事也进行了交流，根据农业部进口官员的要求和达成的协议，我们制定了下列流程：

- 西班牙子公司出口部接到总部订单后准备药品的出口；
- 西班牙子公司出口专员复印一份药品审批的证明；
- 西班牙子公司出口专员拿着这份复印的药品审批证明，去医药局申请在上面盖章，官员签字并写上日期；
- 西班牙子公司出口专员将有医药局官员签字的证明复印四份，一份留底，其他两份随运单和票据及货物一同出口；
- 一份复印件和原件随运单及票据寄给我们的报关代理商；
- 报关代理商收到文档后，将证明原始件随所有报关所必需的文件提供给海关，将复印件和其他票据寄一份给我们的进口合规管理部。

这个流程看起来无任何漏洞，但在之后的执行过程中其实也遇到了很多麻烦，但我们终究解决了美国和西班牙两国之间法律法规差异引起的诸多问题，让药品能按时进口到美国，让患者能得到他们需要的药品。

两国法律法规截然相反的挑战

上面那种国家与国家之间的法律法规不一致，我们可以通过想办法，在不违反不同国家法律法规的情况下解决实际问题，但如果两个国家的法律法规是截然相反的，合规管理人员就很难处理这种合规问题。

在一次美国进出口商协会的年度会议上，一位飞机发动机制造商的国际贸易合规总监在会上请求大家的帮助，让大家帮他出出点子解决一个让他非常头疼的问题。他们公司在加拿大有一家全资子公司。从 1962 年开始，美国就将古巴列入了禁运国，对古巴的禁运阻止美国人（包括：①任何个人，无论身在何处，只要是美国公民或居民；②美国境内的任何人；③根据美国或美国任何州、领地、属地或地区的法律组建的任何公司、合伙企业、协会或其他组织；④由第①～③类中的任何人拥有或控制的任何公司、合伙企业、协会或其他组织，无论其在何处成立或开展业务）与古巴进行贸易。对古巴的禁运令由美国财政部的海外资产控制办公室和商务部的工业与安全局颁发和执行。这家美国在加拿大注册的全资子公司是否也需要在加拿大执行对古巴的禁运，不能同古巴的企业做生意？回答是肯定的。海外资产控制办公室专门回答过类似这样的问题：谁必须遵守海外资产控制办公室的规定？答复是：美国人必须遵守海外资产控制办公室的规定，包括所有美国公民和永久居民外国人（无论他们身在何处）、美国境内的所有个人和实体、所有在美国注册的实体及其外国分支机构。

　　根据美国法律法规，这家飞机发动机制造商不能与古巴交易，可是他们接到了古巴一家公司要求他们报价的邀约。这家古巴公司想买他们的飞机发动机。按照美国的法律法规，这家飞机发动机制造商可以不理会这个邀约。麻烦的是加拿大有规定，任何加拿大公司以及任何担任加拿大公司权威职位的董事、高级职员、经理或雇员均不得在加拿大与古巴之间的任何贸易或商业方面遵守美国的域外措施或任何指令。如果把发动机卖给古巴的公司，就会违反美国的禁运法律法规；如果拒绝把发动机卖给古巴，就会违反加拿大的法律法规。这让这位国际贸易合规总监夹在两个国家的法律之间，做不出一个两全其美的决定。

　　参加这次年会的与会者都非常积极地参与讨论，因为这个问题可能随时发生在他们自己身上。一位经验丰富的合规领导给出了一个不是办法的办法。他说，公司所做的应该是在法律法规管制下的商业行为，既然是商业行为，那我们还是通过商业行为来处理。你们照样给古巴公司报价，但在你们的报价中除了正常的产品价钱，还要加上如果你们被美国政府处罚，带来的经济损失和声誉损失，虽然声誉损失很难用货币计算，你们还是要有一个评判。如果在这样的情况下，古巴的公司还是要买你的产品，你虽然要面对因为违规可能被制裁的风险，但起码你对这种风险已经做了你可以做的工作。与会的合规管理人员都认为这是个不错的方法，高昂的价格可能让买家自己终止购买。

　　我也想不出比这更好的合规管理办法。随着国际形势的变化，越来越多的国家利用经济、贸易和技术来实现一些政治目的，这加深了合规管理的难度和挑战。对于合规管理人员来说，这也可能是更好的磨炼。

第五章

合规管理之培训与交流

　　内控五要素中的第四要素叫信息和交流。在合规六要素中，我更愿意叫第四要素为培训和交流。培训和交流在合规管理工作中占有很高的地位和很大的工作量。我们所说的合规管理"规则前置"的主要部分就是通过培训和交流来完成的。部分合规政策和流程可以由合规管理组织，或者合规管理组织与运作管理人员一同设立。合规政策和流程做得再好，再完备，如果不能做到公司内人人知晓，也就不会有什么实际效果。新华三集团在其领航者文化的行为导向中对员工提出"四个用心"，其中一个就是"用心交流"，可见交流，特别是用心交流的重要性。

　　合规的交流包括合规管理人员同内部和外部的交流。内部交流是

公司各级管理团队和员工同合规管理部门成为合作伙伴的途径。外部
交流中除了同合作伙伴的交流，还有同政府部门的交流，使公司能及
时了解各种合规的要求。

　　培训和交流是有效的合规机制不可缺失的一部分，是将公司的合
规要求、合规政策、合规流程的文档变为合规行动的桥梁。

培训

　　培训和交流都传递合规信息，但还是有不同的地方。我们先看看
培训。

　　培训往往有多种：公司强制性的培训，例如公司一年一度（也可
以分多次）全员的商业行为准则培训；全员信息安全培训；特定部门
的出口贸易合规培训等。对于强制性的培训，有三点必须做到：

　　一是所有人员都需要完成培训。这个听起来很容易的工作在实践
操作中总会遇到这样或那样的困难，合规管理部门不得不和各级领导
联系，通过领导督促员工的方式，做到人人完成培训。我们的目标是
100%，而不是99%。不过，这个100%完成强制培训的任务可以交给
各级领导负责，作为他们考核的一部分。

　　二是强制要求培训的课程需要考试。只有通过了考试的员工才算
真正完成了培训。

　　三是每一个完成培训的员工都需要签字，承诺完成了培训，并会
按培训的要求去践行。

　　强制性的培训一般都是线上培训，应该在系统中生成了培训的记
录，为什么还要有员工签字？员工签字能激励员工践行培训中提出的
合规要求，让员工更有责任心，理解违反了这些合规要求而被处罚的
后果，也可以让公司在必要的时候向执法机构证明对员工培训的尽职。

（如果公司没有线上培训系统，采用线下培训，一定要保存好员工签字承诺的纸质记录。）

培训的形式有多种：线下课堂培训、线上电脑端培训、线上手机端培训等。

讲到培训的形式，线下课堂培训的效果比线上要好，这不但因为线下可以让学员聚精会神地听课，也因为线下有更好的互动条件，便于让员工掌握培训的内容。在线下培训的课堂中，员工更愿意提问，而合规管理人员也可以根据这些提问了解员工对培训内容的困惑而给出有的放矢的解答。但线上培训也有优势。现在职场上"90后""00后"越来越多，这些在互联网时代长大的员工更热衷于手机端的短视频学习。把枯燥的合规要求做成能引人入胜的培训课件，是一件挑战但有意义的事情。虽然合规非常严肃，但如果培训课程全是理论和条条框框，就很难让员工理解合规的要求。我经常听到的培训改进意见是，你能否用案例来说明合规的要求。"以案说法"是一种很好的培训手段。无论是做线上还是线下培训课件，都要注意到年轻员工的喜好和保持注意力的时长。

培训的内容有多种：法律法规的要求、公司的规章制度要求和对于各个不同部门合规流程执行的要求，也包括对合作伙伴的要求。在新华三集团，道德与合规办公室同新华三人才研学中心相互帮助，相互成就，充分利用新华三大讲堂的教学平台，让公司的员工不论是在国内、国外、白天、晚上，都能充电学习。员工还可以在新华三大讲堂上学习，通过考试，拿到公司合规管理的资格证书。规则前置不光是针对公司员工，也针对合规生态中的合作伙伴。要认证为新华三集团的代理商，就需要通过对代理商要求的合规线上培训。

不管是哪一种培训，我们都要明确知道培训的目的、对象和需要达到的效果。对于任何培训都要保存培训记录。另外，在所有的培训中有一条是我们需要特别注意的，就是对合规管理人员的培训。只有合规管理人员自身的能力提高了，才有可能培训公司其他员工。如果公司这方面的能力缺乏，就需要借助外力。新华三人才研学中心关注到道德与合规办公室员工的学习情况，会采取走出去、请进来的方式提高他们的能力。

交流

内部交流

交流看起来不像培训那么有计划、有安排，也没有强制的要求。因此，交流要达到预期的合规信息传递目标，挑战更大。其实有些内部的交流也是有计划、有安排的，例如我们会定时给员工发送最新的合规信息，在每个重大的节日前发送提醒员工反腐败的邮件，给公司领导随时或定时发送合规风险预警。不过给员工的合规交流信息要注意发送频率，也要注意交流内容的呈现。太多的合规交流邮件可能造成员工的视觉疲劳，合规管理部门也很难知道这些邮件是否被学习过。就像合规培训要注意到"90后""00后"的兴趣，合规交流也要用能吸引人的方法，例如利用短视频做好合规的内部交流。

在公司内部建立合规网站是一个交流的好方法。在公司领导的支持下，道德与合规办公室第一个在新华三集团建立了部门的内部网站。这个网站有道德与合规办公室的使命，有对办公室各部门的职能介绍，有每个职能的联系人，有公司内部的合规故事，还有举报联系电话、邮箱等。交流不是单向的。在合规机制建立之初，可能更多的是合规管理部门同各个部门的领导和员工交流，但随着合规机制的成熟，合规要求被越来越多的员工所接受，员工也会主动联系合规管理部门。员工可以在这个网站上找到需要的合规信息，也能在上面提问和向合规管理部门反映合规问题和疑虑，让它成为合规交流的工具。

　　还有一种很多公司用到的合规双向交流的方法就是办合规文化周，或者合规文化月，是办合规文化周还是文化月是由合规管理部门根据公司规模、办公场地和合规文化成熟度来安排的。合规管理部门会选取一个特定的时间作为合规文化周／月，让全公司的领导和员工一起参与到合规的活动中。通过合规文化周／月，可以展示公司合规管理和合规文化建设的效果，用轻松和有趣的方法让员工了解合规的要求，鼓励员工积极参与合规管理活动，和员工一起建立和优化公司的合规文化。想成功办好合规文化周／月，合规管理部门的领导和同事做的努力和花费的心思要比制作一个课件多得多。而且，合规管理部门的同事也要积极寻求公司人力资源、法务的同事和各级领导，以及各办事处、分公司秘书们的配合。

　　根据公司合规机制的成熟度、公司的战略部署，每年合规文化周／月的主题也会不一样。记得在新华三集团的第一个合规文化周，合规机制还在开始建立的阶段，我们选择的主题是"你眼中的合规管理"，让员工来决定合规管理人员扮演什么角色，如咨询师、医生、警察、法官等。我们之所以让员工做这些决定，是因为有员工给予合规管理部门的同事这些头衔。合规管理部门在活动现场准备了各个行业的标准服装，让员工自选自穿，来表示他们认为合规管理部门在公司所起的作用。员工也会讨论为什么他们认为合规管理部门能起到他们认为的作用。员工愿意参与其中，并乐在其中。

　　第二年，合规文化周就变为了合规文化月，主题就是公司CEO在全体员工大会上的演讲主题：在正确的道路上加速前进。合规管理部门将公司的战略主题通过"胜之有道"表述出来。第三年的主题是"正气华三"，而到了第四年合规文化月的主题是"合规从我做起"，到了第五年"合规创造价值"成为主题。

从第二年的合规文化月开始，合规管理部门组织了许多员工参与的活动，例如合规知识考题、用一句话表达你对合规的认识、合规三行诗、合规小视频等。虽然从 2020 年开始，受新冠疫情影响，线下活动的安排遇到一定的困难，但合规管理部门的同事用创新的方法做好线上活动，调动员工参加合规文化月的积极性。参加合规文化月的员工不但没有减少，还日益增加，连海外的十几个分公司的员工也积极参加活动。这也非常得益于公司领导的支持。公司 CEO 会为合规文化月启动致辞，公司的核心领导团队成员，如总法律顾问、首席人力资源官、首席财务官、首席信息官、供应链管理部领导和各个业务板块的领导都会为合规文化月站台：能出席现场活动的都会出席，不能来到现场的也通过视频的方式鼓励员工积极参加合规文化月。在宣传合规文化的同时，道德与合规办公室也利用合规文化月的机会表彰对合规工作支持的员工。

要让规则前置，需要一整套合规培训课程的实施；要完善合规环境，需要有创意、能够吸引员工的有效合规培训和合规交流。

外部交流

外部交流在整个合规管理中也是不可忽视的重要环节。外部交流主要可以分为两大部分：提高合规的风险管理能力和处理合规问题。提高合规风险管理能力的交流至少包括同政府部门的交流、同合作伙伴的交流及同第三方咨询机构的交流。而在处理合规问题的过程中，合规管理部门在公司内部需要同本机构的法务和管理团队交流，同时根据公司制定的合规问题处理计划，极有可能需要同外部的律所或外部咨询机构交流与合作。根据发现的合规问题的大小、涉及的范围、严重程度，也可能需要同政府执法部门交流，甚至做自我问题披露。

同政府执法部门的交流能让我们直接了解政府对合规的具体要求，

对法律法规更准确的解读，让我们的合规管理工作更有效。

　　记得我在电子设备公司工作时，与海关官员的交流不但解决了我们的合规问题，还为公司直接增加了利润。当时公司每年要进口大量的碳粉满足客户打印机、复印机，以及自动数据处理（ADP）打印机碳粉的要求。这些碳粉在最初都装在一个袋子里，要加碳粉时需要技术人员打开机器将碳粉倒进墨盒。到了 20 世纪八九十年代，越来越多的打印机中墨盒和碳粉成为一体，碳粉用完了就要换墨盒。1992 年、1997 年美国海关分别对墨盒的进口编码作出裁决，这种带碳粉的墨盒被认定为属于机器设备的一部分。因为办公室设备都是零关税，这些设备上必备的器件也是零关税。[⊖]虽然海关的进口编码裁决是给一家公司的，但对于其他公司，产品相同，这些裁决同样适用。因此我当时工作的公司的进口合规部也将我们的墨盒用了同样的进口编码，以享受零关税优惠。但是海关认为这是不合规的，并提出我们进口的墨盒要按化工类产品报进口税，大约是进口价值的 6%。

　　我和进口合规经理都想不通其中的原因，最后我们决定去同对我们的进口关税编码做出决定的在加利福尼亚州（以下简称"加州"）长滩的海关官员交流。我们随身带着办公设备的介绍和一个墨盒样品。海关的官员看了我们带的介绍和样品，同意我们这款墨盒按设备的配件报关，进口税率为零。可是我们有多款设备，而墨盒使用的方式是一样的。这位官员并不同意我们的观点。他让我们看一页图片，图片上一行行文字都是讲的不同型号的墨盒和价格。这不就是公司产品销售的截图吗？这个没有问题呀！

　　这位官员微笑中带一点得意地说，这就是你们公司的销售网页截图，你们在这上面说的是每一袋碳粉的价格，这说明你们进口的就是

袋装的碳粉，你们当然就要按碳粉的进口关税编码缴税。我和同事恍然大悟，这是因为营销部门的同事没有修改网页上的产品描述。我们向海关官员承认了网页上的错误，并答应回到公司后立即修改。

回到公司我们马上联系营销部门的同事，与他们交流了他们在网页上的疏忽给公司带来额外的进口税负担。他们解释道：这不是一个工作上的疏忽，而是觉得这样更容易让客户理解产品价格。他们并不知道这会给进口带来巨大影响。当他们知道这让公司的成本直接增加6%后，马上修改网页，并和客户交流这些修改。

因为同海关的官员有了直接的交流，我们知道了造成我们不合规并且多缴进口税的原因，将修改后的网页截图发给了海关官员，同时发起了进口税退税的流程。最后缴纳的所有墨盒关税都被退还。这是合规管理为公司挽回的损失。

合规行动是牵涉到每个员工的行为，因此合规管理部门在监察的过程中也会发现不合规的现象。一旦发现不合规的现象，特别是严重不合规的事件，合规管理部门会和法务部门一起制订同政府、外部律所交流的计划。一旦这个计划得到领导的批准，合规管理部门和法务部门就会按制订好的计划去执行。我工作过的医药公司在多个保税区设有工厂。在一次常规的内部审计中，我们发现一个保税区的工厂在申报给海关的报表中存在非常严重的错误，而且这个错误发生了多次。

在和法务部门交流讨论后，我们聘用了一家非常小，但是对保税区合规有着丰富经验的律所。这家律所的创始人也是海关保税区法规的起草人之一。我们同他的交流非常顺畅。我们把问题一展开，他几乎就能准确地指出问题的根源所在。在他的指导下，我们的整改行动很快完成。我们也主动向当地海关披露，承认错误，汇报整改措施和结果。这件非常严重的合规事件，通过和外部律所的交流、我们实际的纠错行动和同海关的坦诚交流，最终得到了妥善的解决。从此以后，我们对保税区的合规管理达到一个新的水平。保税区是每年都有可能被海关审计的项目，即使公司已经是海关自检机制中的一员，也被审计过多次，除了一次中有一个非常小的错误，并且马上被纠正，我们基本上每次都圆满通过审计！

培训和交流是比较耗费精力和资源的合规管理要素，但做好了会让你非常高兴，体会到合规管理是一项非常有趣、有意义的工作。

从"彼得森案"看合规培训的价值

从培训和交流的要求来讲，有强制性的，也有自愿的。从培训和交流的形式来讲，有实地的、远程的、线上的、线下的。不论是哪一种要求或哪一种形式，一定要有员工培训的记录。这个记录不但能体现员工学习的知识，也能在必要时保护公司。

2012 年，摩根士丹利房地产基金前中国区负责人加思·彼得森（Garth Peterson）因贿赂、规避内部控制以及舞弊，遭美国证券监管机构起诉。彼得森承认了违反证券监管规定和规避内部控制的相关指控，同意缴纳近 370 万美元的罚款，并接受永久禁业的处罚。彼得森还被判处 9 个月监禁。司法部将"彼得森案"作为严厉执行《反海外腐败法》的一个例子。通常，当司法部对公司高管提出违反《反海外腐败法》的指控时，也会对公司进行指控。但是"彼得森案"后，司法部并没有处罚摩根士丹利。这得益于摩根士丹利有一个被证券监管机构和司法部认可的公司内部控制合规系统。摩根士丹利可以证明他们经常对其员工进行内部政策、《反海外腐败法》和其他反腐败法律法规方面的培训。2002～2008 年，摩根士丹利就反腐败政策对多组亚洲人员进行了 54 次培训。同一时期，摩根士丹利至少对彼得森进行了 7 次《反海外腐败法》的培训。

"彼得森案"进一步说明了内控管理与培训和交流的重要性。而这些培训和交流都需要有记录证明。在"彼得森案"中，我们也能看到合规管理的价值。如果摩根士丹利没有很好的内控机制和合规管理，那么在彼得森被处罚的同时，摩根士丹利本身也会被执法机构处罚。像摩根士丹利这么大的公司，如果被处罚，一定会被重重地处罚。从该案例可以看出，如果一个公司没有合规管理，那么它损失的可能不光是金钱，如公司的声誉、因违规而被制裁的风险、因公司风气不正而引起的内部腐败等，这些方面的损失难以用金钱衡量，却会让公司"元气大伤"。

现在各公司年轻人越来越多，公司交流和培训的手段也更丰富多彩。针对员工的特点，可以多采取年轻人喜欢的方式进行培训和交流。同时要留下员工接受强制性培训的记录。

虽然有人不管公司对其进行怎样的培训，也不管公司有着怎样的合规管理系统，还是会犯错，但通过培训和交流，绝大多数员工都会认识到合规的重要性，并渐渐地使合规成为一种习惯。一旦合规成为一种习惯，加上不断地呵护和培养，合规就会成为公司文化的一部分。而一个好的合规管理系统对于公司非常重要，会对公司起到很好的保护作用，是建立和维护公司合规文化的必要条件。

首席合规官
工作手记

培训和交流，如同其他合规机制的组成部分一样，是一项需要知识和技能的工作。

吃一堑，长一智

我在培训和交流上是吃过亏的。

在加入电子设备公司之前，我在一家小公司工作。这是一家年营业额不到 1000 万美元，但是是从设计、生产到销售全覆盖的机械零配件公司。当时我是第一个，也是唯一一个来这家公司工作的 MBA 毕业生，可以说我得到了公司老板的重用。每当公司的某个职位缺人，不论是品牌营销、财务会计、薪酬发放、IT 支持，还是材料管理，都会让我去干。别看这是一家很小的生产机械零配件的公司，它生产的产品可是会用在波音飞机的起落架上的，也有大量的产品用在汽车的离合器上。为了满足波音公司的要求，公司决定申请 ISO 9000 认证。后来为了满足汽车行业的要求还申请了 QS-9000 的认证。公司聘请了第三方咨询公司帮助公司实现 ISO 认证的目标，公司也需要有人懂得 ISO 9000。我就被公司送去参加 ISO 9000 的培训，一方面帮助公司做 ISO 认证的工作，另一方面，公司计划对我们主要的材料供应商提出更高的要求，即使他们不申请 ISO 认证，也要用 ISO 的标准去要求和审计他们。

通过学习考试和 ISO 审计，我成为 ISO 9000 首席审计师。为了满足申请 ISO 9000 的要求，公司需要建立各个部门的正式工作过程和流程。所有的部门，不论是磨具设计、车床加工、热处理，还是采购、仓储、销售，每一个部门都需要完整记录自己的流程。当时公司没有任何相关的政策、过程和流程，当然也没有具体的工作说明书，一切都是从零开始。为了让每个部门把他们的实际工作流程记录下来，形成书面材料，当时我对所有员工说，你们要完整记录你们的所有工作，需要记录每一步，不要有任何遗漏。当有人问我需要详细到什么程度时，我回答："要做到即使我们现在从街上拉一个人进入公司，这个人根据你所记录的流程就可以完成你的工作。"我说的这句话就像是一颗炸弹，在公司引起了地震般的震动。员工们认为公司要解雇他们，特别是年龄大、工龄长、工资高的员工。他们都非常担心自己会被解雇，认为公司要重新招工资低的员工。他们把流程做好，以便这些新人一进来就取代他们。员工们都在担心自己的工作，只要有时间在一起，就会讨论自己工作的问题，没有人有心思来写工作的流程。我们原计划一个月能在一部分车间拿出流程初稿，但根本无法实现。

造成这个局面的主要原因就是我们没有很用心地同员工交流，告诉他们我们要做什么、为什么要这样做。我们只想到应该告诉员工我们的要求，完全没有考虑到员工听到这个要求后的反应。其实如果公司取得了 ISO 9000 认证，公司的业务会有更好的发展，员工的工作会更加稳定。开始没有交流好，造成不好影响后再去交流，花费了更多的时间才使员工相信我们说的原因和目的是真实的。即便如此，员工还是担忧和焦虑，因为这意味着公司要发生多年来没有发生过的改变，他们不知道这种工作中的改变对于他们意味着什么。这家公司的员工是没有参加工会的，有几次有员工提议要参加当地的工会也没有成功。这次又有人提议要参加工会，使员工的利益能得到保障。公司的领导层做了很多工作安抚员工。不管公司的大小，也不管改变的大小，每一次的变化都能对组织造成冲击，也会引起员工的不安。公司的领导团队经过几乎一年的时间，才改变了所有员工的思想，让 ISO 管理的方式方法得到了认同，不少岗位上的员工也按照 ISO 管理的要求改变多年的工作习惯。各个部门都建立了正式的书面流程，并且按照流程的要求完成工作任务。公司最终成功地获得 ISO 9000 和 QS-9000 认证。

这次痛苦的经历与同公司同事交流吃过的亏让我懂得变化的不易，更懂得正确交流的重要性。当我后来加入一些几乎百年的老公司时，清晰地认识到建立一个增加工作量而让员工不能立即看到投入回报的机制需要认真计划，用心交流。在交流的过程中，可能会有人直接反驳，也有人会消极接受，我们需要耐心细致地做好工作。合规管理的交流对于一般的员工重要，对于公司各级领导同样重要，甚至更重要，只有各级领导都来支持我们的工作，合规管理在公司才有可能做好。公司的董事会、高层领导对于合规管理是重视和支持的，但下面的每一级领导就不一定了，因为合规管理可能会给他们的工作增加负担。要改变每个层级的领导和每个员工的态度，光靠我们合规管理部门也不行，需要借助外力。这个外力可能是政府部门，可能是某些非政府机构，也可能是咨询公司。在公司内部也要借助其他部门的力量，可以请业务部门中因为合规管理增加了明显经济价值的部门领导帮助宣传。

从 "YOU" 到 "US"

合规管理的同人说，合规管理的培训和交流要用好两件物品：胡萝卜和大棒。既要让大家知道合规管理的价值，也要让大家知道违规的后果。这个说法有一定的道理！有一年的平安夜，我想给公司每个与国际贸易合规有紧密联系的领导送贺卡和礼物，以起到对合规管理工作的宣传和推动作用。我给 BIS 专管合规的总监写了一封邮件，请他帮忙给我寄二十本 BIS 的宣传册 *Don't Let This Happen to You*（不要让它发生在你们身上）。这是一本记录了 BIS 处罚案例的宣传册，我收到过一本，印刷得很不错，封面还是彩色的。我们都可以从 BIS 的官网上下载，但是如果我把这个链接发给每一位领导，可能起不到很大的作用。我同 BIS 的合规总监开过几次会议，他是一个很平易近人的政府官员，对我们的工作非常支持。只过了一天，我就收到了他通过快递寄来的宣传册。我给每位领导写了感谢支持和恭祝节日快乐的问候短信，然后用彩笔将 "*Don't Let This Happen to You*" 中的 "*You*" 划掉，改为 "*Us*"，这样就成了 *Don't Let This Happen to Us*（不要让它发生在我们身上）。将问候短信和宣传册一起通过内部邮件形式寄给这些同国际贸易合规管理有密切联系的领导起到了很好的作用。有几个还专门给我回信，告诉我宣传册中的案例给予他们很大震动。这个宣传册就是一根法律法规强制执行的大棒。

　　为了能够更好地将合规的要求传递给所有员工，我们在公司内部设立了一个国际贸易合规网站，上面有美国国际贸易合规每一个领域的要求，还有公司有业务的主要国家当地的贸易合规要求。为了能够加快合规内网的建设，也为了我们可以自己更换、修改网页的内容，我利用周末的时间到我的母校去学习 Java。在我们团队组建的时候，我也特别留意组织的能力，会招聘具备 IT 信息基础能力的员工。这个内网建成后，起到了人工所起不到的合规交流功能。

　　在内网上，除了合规信息的交流，也有培训的课程。合规培训非常重要。由于合规管理和内部管控的需要，很多公司设立了商业行为准则（Standards of Business Conduct，SBC），而且规定公司所有员工必须通过 SBC 培训。新员工到公司的第一课，通常被要求通过 SBC 培训，老员工每年需要重新接受 SBC 培训，这个培训一般都是线上自行学习，电脑系统会保存你完成培训的记录。对于从事的工作与国际贸易相关的同事，我们也会准备他们必须学习的国际贸易课程。

由于培训的需要，美国还产生了一批专门从事合规培训的公司，这些公司提供的服务包括：

- 撰写培训资料；
- 提供电脑培训课程；
- 提供现场培训资料和培训师。

我们有时也会利用这些资源。美国政府部门也非常注重合规信息的传播和合规的培训，BIS 也在他们的网站上提供了许多出口管制合规方面的课程。这些课程都是免费的，适合从零基础做出口管制的新员工，也适合有经验的出口合规员工。我们充分利用这些培训课程提高我们同事的合规管理能力。国土安全部海关与边境保护局也出版了各种适用的进口法律法规解读。我们充分利用这些政府部门提供的免费资源，不仅组织合规管理部门的同事认真学习，也将一些必要的文档作为培训的教材，培训业务部门的同事。

第六章

合规管理之审计与稽查

　　审计和稽查是监察活动中两个互相关联又各自有独特的工作任务的职能，它们可能在同一部门，也可能由两个不同的部门共同负责。如果合规管理的前面四个要素都是规则前置，或者规则前置中要求的行动的话，第五要素"审计和稽查"就是利剑高悬了。在绝大多数公司，不论公司的大小，是否上市，审计都是必不可少的职能。公司的审计部门会对公司的财务及各个职能进行内部审计，如果是上市公司，还有外部审计。这些审计本身是专业性极强的职能。而只要公司有一个有效的合规管理系统，这家公司的合规管理就会有员工和合作伙伴以及客户举报的途径和稽查的职能。

　　我们在建立任何一个合规机制、制度、程序、流程时都希望它们能够快速、完全、准确地落实下去，变为每一个员工的行动，但有时现实比理想残酷。在现实中我们有时会发现，有些员工的行动偏离了合规政策，有些合规流程没有被完全执行，有些合规步骤被遗漏，有些合规要求被篡改。合规审计和稽查的主要任务就是要去发现这些和公司合规政策、合规流程不一致的行为，对这些行为发现得越早越好。所谓"小洞不补，大洞叫苦"，这些不合规的行为需要及时纠正。大家可能都知道亡羊补牢的故事，但修补羊圈的行动是发生在羊圈破了之后的。及时发现羊圈的破损和修补羊圈一样重要，甚至更重要。审计和稽查的任务就是及时发现这些破损和漏洞。

公司出现不合规现象的原因有多种：

❑ 员工对于公司所设立的规章制度没有完全理解。

❑ 员工为了便捷，在执行过程中跳过规定的步骤。

❑ 有些人为了加快业务进展，弯道超车而出轨。

❑ 有些人打擦边球，结果球出界。

❑ 在极少数的情况下，有些人明知故犯，抱有侥幸心理。

在所有以上情况中，最后这种装睡的人最不容易叫醒，而且这些人对公司合规文化、公司声誉和利益产生的破坏也最大。

为了尽量确保合规机制的有效性，每一个合规系统都需要建立审计和稽查功能。审计和稽查是验证员工是否遵守所有适用的法律法规以及公司的政策和流程的手段，也是对合规管理机制自身的考评。

风险评估与监察

当我刚刚接触内控和合规管理时，对监察是不理解的。我有一个很大的困惑：为什么内控五要素第二条是风险评估，又有了第五条监察？不怕读者笑话，为了弄懂这两个要素的差异，我花了不少时间，也问过很多专家。内控管理和合规管理的专家们都耐心地给我解释，但我还是似懂非懂。很多事情只有融会贯通了，理解了，才可以来指导自己的实践。作为一个从业务运营转行的合规管理人员，我特别担心做重复的工作，也抵触做无用功。通过实践，我终于懂得了风险评估与监察的差异以及它们之间的联系。我的理解是，风险评估是在事前了解到哪些问题可能影响公司战略目标的实现，比如，哪些问题有发生的最大可能，而这些问题的发生对公司战略目标的实现有最大的影响；哪些问题有发生的最大可能，但对公司目标实现的影响不是太大；哪些问题发生的可能性不大，但一旦发生，就会对公司目标的实现影响巨大。而监察的任务是首先要关注这些评估的风险是否发生，如果发生了，需要采取什么行动。通过实践，我体会到其实合规六要素的每一个要素之间都有着密切的联系，缺一不可。

风险评估和监察有着相互依存的密切联系。风险评估是一个合规机制建立的开始。风险评估的结果是合规行动的输入项，应及时汇报给公司领导层，并对风险评估中发现的风险提出必要的管控措施。同时风险评估的结果也是监察的输入项，是审计方案制订的重要依据。公司的审计部应该建有风险库，而风险库中记录的风险主要就是通过风险评估发现的，是公司每年做审计方案时的重要参考依据。反之，我们也需要通过监察中的审计和稽查来确认风险评估过程是否覆盖所有必须评估的风险（包括风险范围的界定是否正确，范围内的风险是否完全识别），特别是风险评估是否包括对公司战略目标实现有重大阻碍的风险。如果在监察过程中发现同样性质的问题多次出现，原因之一可能是这些问题没有被包括在风险评估过程中。监察到的问题可能是对风险评估做得好与坏的检查，同时也成为风险评估范围的输入项。这些需要做好但做得不好的地方，就是公司的风险。许多审计的发现和稽查到的不合规行为就是下一次做风险评估时的参考。风险评估和监察互相成就，就像我们在日常工作中，每一个职能、每一项工作、每一个部门都相互依赖、相互成就一样。合规管理中监察的利剑对于公司的每一位员工都适用，合规管理部门同事的工作是否合格同样在合规监察之中。

审计与稽查

审计和稽查，关注的合规重点有区别，所用的方法和手段也有所不同。新华三集团道德与合规办公室里既有审计团队也有稽查团队，这两个团队对公司业务和合规监督进行了全覆盖。董事长和 CEO 专门分别签署了审计章程和稽查章程，要求审计和稽查保证独立性和客观性，赋予审计和稽查团队相应的权限和职责。有领导、员工和合作伙伴问到我，审计和稽查都是监察手段，为什么分成两个团队，它们有什么不一样吗？

合规审计关注组织对合规政策、合规流程的执行，因此，合规审计会主动了解公司各组织、各部门关注的合规风险，对高风险领域有计划、不定期地抽查、审查。合规稽查关注组织中每个员工的行为，通过颁布开诚布公的政策，开通各种便利的举报机制，如设立举报电话，收集员工、供应商、客户对违规个人和事件的信息，并对举报的个人或事件进行稽查。

合规审计是每个合规机制中自我检查常用的工具，不光要对各个业务部门合规工作进行审计，也要对合规管理本身进行审计。合规审计同其他审计一样，要对审计人员、审计过程、审计后的工作有严格的要求。合规审计人员需要具备其他审计人员的技能，还需要理解和熟悉所审计领域的法律法规。合规审计人员必须具备下列基本条件：

❑ 掌握公司审计流程（包括审计的目的、审计的范围、审计的步骤、审计报告的发表，以及对审计中发现的问题提出解决建议和针对解决方案实施跟踪）。

- □ 熟悉了解合规审计范围的法律法规要求。
- □ 熟悉了解公司相应的合规政策和流程。

审计出口管制合规的同事，如果不清楚进口的法律法规，他不一定能够执行进口审计的任务；对进口法律法规熟悉的同事如果没有掌握反腐败的要点，不一定能够执行反腐败的审计任务。由此可见，如果一个合规审计人员需要审计一家公司的多个合规领域，他需要学习各个领域的法律法规，并且对每一个领域的风险有所了解。

公司内部审计除了财务审计，还有运营审计、IT 审计、合规审计以及内控审计等。合规审计是合规管理重要的一部分，合规管理部门的员工也需要了解审计的要求。如果你在合规管理部门的工作是合规审计，那你还需要能制定审计计划和实施审计项目。

审计的特点如下：

- □ 审计是有计划、有部署地进行的。审计每年会有审计计划，而审计计划是根据公司的战略发展规划和公司所面临的最大风险而制订的。审计计划需要得到董事会审计委员会的批准。审计部门需要根据审计计划的时间，按时完成审计项目，并向董事会审计委员会汇报。
- □ 审计的对象是一个部门或一个项目。
- □ 审计有基本固定的流程，比如发送审计通知、决定审计范围、审计前期分析、进场会议、抽样通知、审计访谈、审计发现认定、整改措施建议、离场会、审计报告、整改措施跟进等。
- □ 审计中的整改措施绝大多数都是系统性的整改。
- □ 如果审计中发现个别人员有比较复杂的问题，可以将这个问题交给稽查部门处理。

在和内部审计及内部稽查团队一起工作了 6 年多后，我看到审计和稽查对于员工资质要求有相似的地方但也有差别。与审计部门不同，稽查部门没有一个年初预先制订的稽查计划。稽查部门的工作主要是对个别人的调查，如果是窝案（多人参与一个案件），一个稽查项目也会对多人，而审计是对一个部门全面的审视。稽查工作的来源主要是公司的举报机制。因此公司要有开诚布公的政策，鼓励员工讲真话，也要让员工放心，不会让员工因为善意的举报而遭到打击报复。任何阻挠、打击员工举报的行为都违反了公司的商业行为准则，会受到相应的处罚。当然稽查工作的来源还有从审计部门得到的信息。

对稽查部门员工的要求有些和审计部门相似。例如，都要求员工对于公司的合规政策和流程有比较深入的了解。稽查部门的员工应具备如下基本能力：

- ❑ 研判举报案例的属性。
- ❑ 根据不同的举报信息制定不同的调查方案。
- ❑ 从不同的案件中甄别公司合规管理上的缺陷和需要改进的地方。

稽查工作的成效也会汇报给董事会审计委员会，不过对于稽查部门提出的处罚建议一般是由公司的合规委员会来批准。

公司的审计和稽查部门既有分工，也有合作。稽查部门查处的案件信息也会被审计部门录入公司的风险库，为审计部门制定下一年度的审计计划提供参考。独立性和客观性的要求也是两个部门相同的地方。为了保证审计部门和稽查部门的独立性和客观性，这两个部门的人员没有直接的运营责任或权力，也不直接实施内控措施和制定内控流程，或从事其他任何有可能损害这两个部门人员判断的活动。

审计和稽查在合规机制建立的初期并不是特别受员工欢迎的职能。审计的发现大多是制度的执行、流程的落地，或者流程缺失的问题。

如果员工没有遵守公司规定的制度，部门制定的流程没有落地，被审计的部门领导是要负责任的。如果因为这些问题对公司的利益造成重大损失，对员工造成伤害，相关的领导和人员就会得到相应处罚。

稽查的发现和审计的发现是有区别的。稽查的发现在很多时候是个别人员有意为之，而且多为违反公司行为准则的案件。这些同事很多不是不了解公司的规章制度，而是明知故犯。真可谓"你永远叫不醒一个装睡的人"。这些同事因为各种原因，总抱着侥幸的心理，认为自己的行为不会被发现，或者认为即使被发现了问题也不大。他这样想可能也没错。的确在他第一次犯错时，可能是小错。不过，只要有了第一次，就会有"N"次。有一次我在一个代表处和同事们交流合规要求，我讲道，违反公司制度的事是"0"和"1"的关系。一位同事纠正了我，她说这是"0"和"N"的关系，有了一次，就会有多次。

不论是审计的发现还是稽查的发现，除了对相关人员的处罚，还有一个重要的事情就是查找这些问题的起因，提出整改意见，亡羊补牢。这也反映出我们还是有工作做得不到位的地方。以舞弊为例，根据企业舞弊形成的三角形理论——压力、机会和借口，这三个因素缺一个都难以形成舞弊行为。作为合规管理人员，我们需要反思的是有没有给这些员工提供违规的机会；公司的制度是否严密，是否有漏洞，我们是否能让员工不想腐、不能腐、不敢腐？新华三集团领航者文化的行为导向中专门要求"坚持对内部腐败零容忍"。审计部门和稽查部门的同事从审计和稽查的案件中总结教训，为新华三集团建设清正廉洁的合规环境提出了不少建设性的意见。

除了公司内部的审计和稽查团队，新华三集团也借用外部的审计力量对公司的合规进行审视和检查。新华三集团至少每隔一年就会聘请外部知名审计公司或知名律师对公司的合规管理和合规要求的落实进行审计，特别是对国际贸易合规要求执行和管理的审计。

合规工作要做到"利剑高悬"，除了公司最高领导的大力支持，还需要各个部门的帮助。为了让员工真正认识到合规的重要性，新华三集团人力资源部发布的员工惩处条例就将员工因违规受到的处罚同绩效考核、公司内部晋升结合在一起。对各级领导的年终考核也会审视一年中团队的合规情况。此外，道德与合规办公室要做好宣传、联络和合规行动落实的工作。

随着合规机制的成熟，新华三集团的员工也逐步认识到审计和稽查的重要性。不少部门从最初对审计的不理解，到主动要求被审计、被监督。审计和稽查部门的同事每天做着降低和管理公司风险的工作，为保护公司、保护员工和保护股东的利益而努力做出奉献，从而得到公司同事的认可和领导的嘉奖。

合规管理本身被审计

员工的行为偏离公司规章制度有多种原因。除了之前提到的原因，合规管理部门本身也可能是造成不合规的原因之一。有可能是合规管理部门最初的政策和流程设置有问题，包括不合理的设置、太复杂的设置和无法实践的设置。也有可能是应该设置的流程被忽视而造成合规管理的缺失。这些问题可以通过合规管理部门在审计中发现。合规管理部门要有勇气承认自己的不足，并且采取行动纠正工作中的错误。为了确保公司有一个优秀的合规管理体系，合规管理本身也应被纳入审计范围。我在不同公司领导的国际贸易合规管理部门就曾经被这些公司的审计部门审计。通过审计，我们的合规管理水平又上一个台阶。

结合我领导的部门被审计的过程和同其他合规管理同人的交流，我总结了如下合规管理部门被审计的重点。这些重点还是围绕着合规六要素的（IT 的应用包含和体现在其他五要素中）。

合规环境

● 合规管理系统的结构和合规监督

（1）首席合规官是否领导一个拥有专职员工并且有独立预算的组织？

（2）首席合规官是否定期向执行团队和董事会汇报？

（3）首席执行官和董事会是否要求业务部门和职能部门的高管对实施合规活动负责？

（4）合规的责任、要求和期望是否在公司和业务部门层面有明确的定义并得到有效沟通？

（5）职能部门和业务部门是否以合作伙伴的关系来推动信息的交流？

（6）合规管理部门是否能够获得所需的信息？

● 标准和流程

（1）公司是否有统一的流程来确保合规管理部门参与创建、更新和批准合规管理的政策和流程？

（2）是否定期审查企业的标准和流程以确保它们反映公司内部发展和法律法规的变化？

（3）公司是否将合规的政策、流程和指南放在内部合规网站上，便于员工的查询和阅读？

（4）所有员工是否可以用母语阅读道德与合规的政策、流程和指南？

（5）合规标准是否能够在公司内得到统一的应用？

（6）合规的流程和指南是否针对个别业务板块和地区量身定制？

风险评估

（1）是否将合规风险评估流程作为业务部门战略规划流程的一部分？

（2）业务部门是否在年度战略规划和预算编制过程中对合规风险进行评估并将结果汇总？

（3）合规管理部门是否有信息系统或流程，可以同内部审计或公司内部其他相关风险和管控职能，分享评估的合规风险以及计划管理风险的措施和时间表？

（4）合规风险管理是否与公司范围内的风险管理工作相关联，以更好地理解合规、运营和财务风险之间的关系？

（5）是否对公司所处的行业的外部监管环境进行了深入评估？

（6）是否及时为公司领导层提供风险预警？

（7）公司是否规定定期对合规风险进行评估，并审查业务部门高管对风险管理措施的执行情况，以确保对不断变化的风险状况的评估和更新控制措施？

（8）是否有合规风险分析和评估的数据依据？

（9）是否经常对整个公司的合规趋势进行分析？

合规控制行动

（1）是否对业务部门的合规进行审计验证，对同一时期的所有合规要素进行全面审查？

（2）主动的、定期的合规监控是否融入业务部门的工作流程？

（3）合规管理部门是否跟踪合规指标，如培训后的测试分数、避免因欺诈相关调查而造成的财务损失和应对合规问题的措施的实施？

（4）合规行动是否根据法律法规、业务模式、市场范围等方面的变化而变化？

（5）合规行动的实施是否通过信息化、数字化手段？

（6）合规措施是否侧重于观察到或经历过的特定行为而不是一般的看法？

培训和交流

（1）是否有流程用于设计和提供针对特定职能的强制性合规培训模块，以应对相关标准、流程和风险的变化？

（2）是否定期审查培训资料以确保它们反映法律法规、标准、流程和员工责任的变化？

（3）是否有基于内容、受众和地理位置的线上或线下培训交付方法？

（4）是否根据员工的学习风格和企业文化采用了不同的媒介类型？

（5）是否所有员工、代理人和董事会成员都需要参加并完成与工作职责相符的培训课程？

（6）是否要求"高风险"业务部门或地区向业务主管和董事会报告培训结果？

（7）未能完成培训是否会对绩效评估产生负面影响？

（8）是否在培训模块开放之前以及完成后或几个月后测验、评估培训的有效性？

（9）是否根据测试分数的分析以确定对特定部门进行额外培训？

（10）是否在管理层的培训中鼓励建立一个开放的工作环境并主动识别和解决新的合规风险？

（11）是否利用创新的双向沟通技术（例如，基于场景的视频、游戏）来引起员工、合作伙伴和董事会对合规的关注？

（12）是否有对合规管理人员自身培训的要求？

监察

● **处罚和激励**

（1）合规相关行为是否纳入相应的工作级别并与员工绩效审查流程以及薪酬变动相关联？

（2）是否在整个公司中始终如一地应用上述流程以确保管理层和员工了解公司对他们的期望？

（3）是否建立标准指南以确保在所有员工了解每一项违规行为应接受的纪律处分？

（4）是否对所有聘用的管理人员和所有担任被赋予重要权限和信任的职位的候选人进行背景调查？

（5）是否审查晋升候选人的道德领导力的表现和承诺？

● **审计和稽查**

（1）是否有定期的合规审计？

（2）合规审计人员是否具备审计的知识和技能？

（3）是否有跟踪合规审计发现整改措施的机制？

（4）举报机制是否畅通并定期将举报信息传达给所有员工和第三方？

（5）举报流程是否一致且透明？

（6）是否采取积极措施促进开放、无报复的工作环境的形成？

（7）是否有适当的指导方针来确保及时将举报传递到合规管理部门？

（8）是否分析举报的趋势并将此信息纳入未来的合规活动（如培训、沟通和监控）计划？

（9）是否由具有相关职业经验和技能的受过培训的人员以系统的、

统一的方式对举报进行稽查？

（10）稽查是否确保准确客观？

对于以上的问题，看起来就是回答"是"或"不是"，而在审计中如果回答"是"就需要举证，证明这个问题的回答是肯定的。当然，如果没有做到，就要审视这个要求是否必要，如果必要，但实际中缺失，就会成为一个审计发现，需要采取整改措施。

对于审计发现，开始我也有与审计部门同事不同的意见。例如，在合规管理系统的结构和合规监督中的第二个问题："首席合规官是否定期向执行团队和董事会汇报？"在第一次我被审计时，我就没有给执行团队和董事会做过汇报，而且我认为这不应该是我的问题，因为领导没有安排我去汇报呀！这不是一个充分的理由。审计人员问我："你申请过给他们汇报吗？"当然，我没有。当时我还不知道我可以申请去给这些公司高管汇报呢！这就是我自己作为合规管理部门领导的不足。

另外我对审计提出问题的范围也同审计部门的同事有过探讨。审计和稽查中处罚和激励的问题不应该是人力资源部门的职责吗？这些不是应该去审计人力资源部门吗，为什么是合规管理部门的责任呢？通过和审计部门同事的交流，我也认识到，第一，这些问题都是与合规管理相关的。合规管理人员应该懂得将合规的行为与员工的晋级、报酬的提升、荣誉处罚联系在一起，这将大大激励员工的合规行为。第二，如果说合规行为与每一个员工相关，那么，合规管理就与各个部门相关。这里讨论的关于员工合规行为表现与人力资源考评挂钩，就是两个部门需要联合在一起，齐心协力才能做到的。这次审计的项目经理是一位非常资深的领导，他不但指出了我们合规机制中需要加强的地方，而且通过我们必须和人力资源部门合作这件事情，提高了合规在整个公司的重要性。他告诉我在工作中要学会利用支持之岛

（Islands of support），这会达到事半功倍的效果。在公司能找到的支持之岛越多，工作的成功率也就越高。

如果你领导的合规管理部门被公司内部审计，在审计部门发现合规管理有不足的地方时，不要给自己找理由，尽量配合审计部门制定整改措施。这对于合规管理部门是非常有力的促进！

我非常欢迎各级领导、同事以及审计部门给我们合规管理部门提出批评和意见。这不是说我有多谦虚，而是这些批评和意见能够帮助我把合规管理工作做得更好，而且他们也会成为我们推动合规管理工作的支撑和力量。

首席合规官
工作手记

在医药公司工作时，我们的团队不大，没有专门的合规审计团队，每一名合规领域的专家都要承担审计工作。为了审计的独立性和客观性，我会要求主管出口合规管理的同事审计进口合规，负责进口合规的同事审计危险化学品管理等，实现交叉审计。这就要求每一名员工不仅是自己合规领域的专家，也要具备其他合规领域的知识，成为合规管理领域的多面手。我们在培养员工能力时，要注意员工多方面能力的培养和发展。每一名员工的求知欲都是很强的，我的任务就是使他们的求知欲得到满足，让他们感觉到在工作的同时能够不断提高自己。我很高兴看到有几位同事后来都成为国际贸易合规管理部的总监。

我在医药公司工作了一年后，我们在合规委员会的指导下开始做合规审计计划。在制订合规审计计划之前，我们复盘了之前做过的合规风险评估。根据合规风险评估结果，根据当时各个政府监管机构发布的合规案件，也根据我们在过去一年对于各公司组织合规状况的了解，制订了在接下来的一年中，我们会对哪些合规领域、公司哪些组织进行审计的计划并提交合规委员会批准。

原来在电子设备公司做审计比较简单，要审计的合规领域少，被审计的组织也少，我们用一张 Excel 表就可以满足审计发现、审计措施和措施完成日期的跟踪。现在公司大，要审计的合规领域多，审计的项目也多，为了能够提高审计的效率，我们采购了一套审计系统（TrackWise）。这套审计系统不光提高了合规审计的效率，而且对于合规机制的建设也提供很多帮助：

（1）让我们更好地管控风险：我们利用这个系统给各个合规领域建立了合规风险库。每一次确定审计范围，我们会利用风险库的数据，检查是否遗漏了应该关注的风险问题。每一个审计项目之后，我们会根据审计发现丰富风险库的数据。

（2）让审计记录更完备：审计系统记录每个审计项目的内容、审计发现、整改措施和整改措施的负责人。

（3）让交流更顺畅：每个整改措施都有完成任务的时间。系统会自动给整改措施的负责人发送提醒邮件，直到整改措施的负责人完成任务。

在合规审计中遇到的最大挑战之一是，怎样和被审计对象一起找到审计发现的根源和整改措施。对于审计发现一般是没有什么争议的，因为是已经发生的事实，但对这些违规的事件为什么会发生和怎样采取措施杜绝这种问题的发生，就需要良好的交流能力和与业务部门的积极商讨。我们不是外部审计，不是被审计对象的领导，我们是被审计对象的合作伙伴。我们可以向上一级主管汇报我们解决不了的问题，但我们最想要的是通过我们的影响力和被审计的部门领导达成一致的意见，获得双赢。在绝大多数情况下我们做到了。也有我们和被审计团队决定不了的问题，比如我们有一个比较重大的发现，是否要做自我披露？

　　自我披露一般都是自愿的。如果我们已经发现有违规的行为而不去披露，将来会不会后悔？如果自我披露了，可能得到政府的谅解，当然也可能引发更大的问题。但如果不做自我披露，而是被执法机构自行发现，处罚就会严厉得多。执法机构自行发现有可能是通过执法机构的监控，有可能是通过竞争对手的举报，也有可能是通过对公司不满的员工或前员工的举报。特别是2011年美国启动了吹哨人计划[⊖]后，给举报人很大的鼓励。如果举报人的举报使执法机构成功地对被举报人进行制裁，举报人"有资格获得金钱制裁的10%～30%"。为了让员工有提意见的通道，公司设立了开诚布公的政策，鼓励员工提意见，举报违规行为。

　　我们针对内部审计发现的问题和内部举报的问题，向不同的政府执法机构做过自我披露。每一次自我披露，我们都是非常认真地对待。自我披露文档会详细记录我们发现的问题、如何分析问题的根源，以及我们已经采取或将要采取的纠错和防止这些问题再次发生的措施。因为提交政府执法机构的每一条措施都是我们的承诺，我们必须做到，所以我们不能过多过大地承诺。每一条承诺在内部都有执行人和完成时间，合规管理部门也会回溯闭环。可能是我们的认真态度和采取的措施比较完整，我们没有因为自我披露而被执法机构处罚或警告，相反我们还得到了执法机

　　⊖　吹哨人计划：https://www.sec.gov/spotlight/dodd-frank/whistleblower.shtml。

构的肯定。

对合规状态的监察必须采取信息手段。在我们的合规机制运行了3年多后，我们设立了合规状态仪表盘，在美国总部，我们可以看到欧洲、亚洲和拉丁美洲各分公司的合规情况，给我们的监察工作带来更大的便利和更大的确定性。建立一个合规机制很难，但要维护一个合规机制可能更难。如我外婆小时候教育我的一样，"学好千日不足，学坏一时有余"。建立一个好的合规机制要花很多的努力，但如果放松维护，一个好的合规机制可能顷刻毁于一旦。要维护一个合规机制，需要审计和监察持续的监控，随时察觉异常，立即采取纠错行动。

从这一篇开始，我将向大家分享我从供应链安全合规、国际贸易合规到其他领域合规管理的工作历程。

我的合规管理职业生涯应该是 2001 年正式开始的。在此之前虽然也参与合规管理，但都是动嘴比动手多。真正自己动手干是在"9·11"事件之后。合规管理和其他工作一样，只有自己动手干了，才能体会到中间的挑战和战胜这些挑战的快乐。

2002 年我和我团队的同事一起，让一家电子设备公司成为美国海关－商界反恐伙伴计划（Customs-Trade Partnership Against Terrorism，C-TPAT）的一员，并且是档次最高的成员。2004 年这家公司又成功地成为海关自检进口商。

2006 年我又和新的团队同事一起在新公司建立了国际贸易合规机制，而且让新公司成为海关自检进口商。通过实践，我自己在这一过程中对进口合规、出口合规和危险化学品合规的管理能力有了很大的提高。

我对反腐败合规的深入管理工作是在 2011 年加入了惠普网络合规办公室之后开始的。2016 年新华三集团给了我一个平台，让我有了从建立国际贸易合规管理机制到建立合规管理系统的实践，并且为我提供了在合规管理上发展的支持和指导。不得不说，我是一个非常幸运的合规管理职业人！

实务篇

第七章

供应链安全合规

供应链安全是每个公司必须关注的业务连续性方面的重点问题。在"9·11"事件发生之前，人们最常关注的供应链安全问题应该是盗窃及货物丢失的问题。"9·11"事件让供应链安全问题变成政府机构关注的、涉及国土安全的问题。供应链安全合规管理更是成为所有进口商、物流服务商不得不认真对待的问题。不过我在本书讲的供应链安全主要是供应链中存储、运输的安全，实际的供应链安全比我所讲的范围要大得多。

2001年"9·11"事件后供应链安全合规最突出的是美国海关发起的C-TPAT。不过C-TPAT只是美国海关对供应链安全采取的其中一项措施。"9·11"事件随后几年，美国海关发出了一系列对进口运输新的法规和政策要求，这些新的法规和政策对每一家进口商都有极大的影响，主要的法规和政策有：

- ❑ 集装箱安全倡议。
- ❑ 24 小时规则。
- ❑ "10+2" 申报制度。

集装箱安全倡议是 2002 年发起的。此倡议的主要目的是将美国边境的安全保护扩展至美国海岸线之外。美国海关将对集装箱检查的要求提前至集装箱被装到货运船只之前。全球有 61 个最大的海港加入了集装箱安全倡议。中国的香港、上海、深圳都参与了该项目。美国海关在这些港口检查所有出口到美国的集装箱，如果怀疑某一集装箱有可疑物品，就会和当地码头联系，阻止此集装箱被装上货轮。

与集装箱安全相关的有 24 小时规则和 "10+2" 申报制度。所谓 24 小时规则，是要求运输单位在集装箱装船前 24 小时内将集装箱的资料以电子的形式传给美国海关，如果美国海关怀疑某集装箱有问题，就可以提前采取措施。

"10+2" 申报制度要求进口商在货物装船前 24 小时向 CBP 提交进口安全申报（Import Security Filing，ISF）文件，文件含有 10 项商品信息，包括生产商名称和地址、卖方名称和地址、收货人的美国保税号码、原产地等。承运人提供的另外 2 项信息，即集装箱状态信息和船运装载位置计划。"10+2" 申报制度于 2009 年 1 月 26 日生效。CBP 在实施和执行方面采取分阶段的方法。在前 12 个月，CBP 会对违规的进口商予以警告，提醒进口商建立完备的申报系统。12 个月之后，如果进口商仍然有违规行为，就会被处以高达 5000 美元的罚款。除此之外，货物到岸后也不能及时清关。从集装箱安全倡议，到 "10+2" 申报制度，可以看出美国在相当长的一段时间，都在想办法提高进口供应链的安全性。

海关－商界反恐伙伴计划

"9·11"事件的发生让美国政府机构有了很大的改变，美国成立了美国国土安全部，美国海关的职能、进出口管理发生了一系列的变化。美国海关多年来一直属于财政部，因为海关是实现政府收入的主要部门之一。"9·11"事件后美国海关由财政部转到国土安全部，也改名为海关及边境保护局，因为海关发挥着非常重要的保护国内安全的作用。美国每天要进口五六十万个海运集装箱。如果任何一个集装箱装有大面积杀伤性武器，或者任何一个集装箱在从港口至国内目的地的途中被引爆，这不仅会全面影响美国的进出口贸易和美国的经济，也会直接危害民众的利益和安全。

为了防止恐怖分子将有害的物品运进美国，美国海关于 2001 年 11 月启动了 C-TPAT。海关将这个计划扩大到"商界"，而不仅仅集中于进口商是有其道理和用意的。海关不但需要进口商加入这个计划，还要所有在进口供应链上的参与者都加入这个计划，包括运输商、仓储商、报关行等，而且为在供应链上的不同角色提出不同的安全标准。加入这个计划的公司，它们的集装箱入关能够比较快地办理入关手续。可是要想成为这个计划中的一员需要符合很多要求。美国海关规定了成为 C-TPAT 成员的标准和要求，只有满足要求并得到海关的认可，才能成为其中一员。

2005 年 3 月后，美国海关在原有的 C-TPAT 合规要求中增补了一项非常棘手的条例。此条例规定，不但进口商自己要达到海关规定的合规要求，进口商的合作伙伴也必须达到同样的要求。最初，海关对物流及物流安全要求高，但对于申请参加 C-TPAT 的组织没有实质性的审查。只要你递交备忘录，填写要求的问卷，基本上都批准。可是问卷中的问题不是随便可以回答的，必须真实可靠。后来比这更难，要求越来越严格。海关将申请参加 C-TPAT 的进口商分为三类。被海关批准加入 C-TPAT 的进口商自动为第一类成员。只有通过了供应链安全审查后，进口商才有资格成为第二类成员。经过海关官员的审查，并有非常完备的物流安全措施的进口商可以成为第三类成员。海关每年会抽查参加 C-TPAT 的公司，派供应链安全审计官员到进口商的供应商所在国家，有时是对多个国家的供应商审计整个供应链的安全情况。

　　C-TPAT 的合规机制保持至今。目前为止，美国大多数进口商都参加了 C-TPAT。虽然这是自愿参加的，并且参加此计划一般都会或多或少增加公司的运作成本（你至少需要符合海关提出的安全基本要求），但大多数公司仍然参加。根据美国海关的官方消息，截至 2023 年，有 11 400 多家公司成为 C-TPAT 的成员，而成为第三类成员的不足 4%。参加这个反恐机制就能加快进口的清关，抽查率根据不同的类别会相对减少。另外 C-TPAT 也是美国海关批准进口商成为自检进口商的前提。海关每年要审计一部分进口商，但如果被批准有自检资格，这些公司将不进入审计之列，还会得到海关的其他优惠。

　　美国海关根据在进口供应链中不同公司扮演的不同角色，设立了不同的供应链安全要求标准。如果你是进口的代理，就要符合进口代理的安全标准；如果你是运输公司，就要符合运输公司的标准；如果你是进口商，就要符合进口商的标准。我当时工作的公司就是一家进口商，我们要加入 C-TPAT，就需要符合进口商供应链安全的标准。

　　首先，参加 C-TPAT 需要递交一份对 C-TPAT 了解的备忘录，回答美国海关列出的关于公司供应链的问卷，愿意按照 C-TPAT 的要求审查自己的物流安全管理，改进和提高任何不足的部分。这份海关物流安全标准对进口商的最初要求包括了多个部分：

　　❑ 员工安全（Employee Security）；

- ❑ 门禁管理（Access Control）；
- ❑ 场地安全（Physical Facility Security）；
- ❑ 货物接收（Receiving）；
- ❑ 货物发运（Shipping）；
- ❑ 集装箱安全（Container Security）；
- ❑ 货运安全（Logistics Security）；
- ❑ 培训（Training）；
- ❑ 信息安全（Information Security）。

海关对供应链安全的每一个部分都有非常详细的要求。很多要求要落实下去有不少挑战。比如，员工安全，对供应链员工做背景调查，不光看他有无犯罪记录，还要看他的信用记录。我曾经提问：为什么一个供应链员工的背景调查需要有他的信用记录？毕竟我们不是金融公司，不会为员工提供贷款。得到的回复是，如果一个人有很大的经济压力，那么这个人可能更容易被收买做不正当的事。

门禁管理遇到的问题比较多。有些好解决，有些解决起来就比较困难。当时遇到的第一个问题是，没有门禁的场所需要花钱设立门禁，并为每名员工颁发带头像的门禁卡；有门禁管理的地方，需要给每一名员工的门禁卡升级，从白牌门禁卡变为带头像的门禁卡。现在带头像的门禁卡已经是很正常的配备了，可我当时是特别要求这笔预算外开支的。门禁管理的第二个问题是访客的管理。所有的访客需要提前登记。门禁管理的第三个问题更具挑战性，即不允许私家车停放在货车停靠的地方。这个要求影响到我们所有设有仓库的场地。之前员工的停车场和货车的停车场都是在一起的，现在要分开，需要重新设计，重新规划，也需要预算外的开支来支持。

大多数场地安全的要求是我们的正常要求，比如装载门要有挂锁，每天检查门锁和留存检查人的信息，外部装载区保持光线充足，内部采光良好，上一次检查的喷水灭火系统记录完整等。有些场地安全的要求就超出了我们当时的条件，比如仓库外场地设立栅栏，保证栅栏门入口安全，以及安装报警系统。我们有多个仓库，因此每一个仓库都要根据实地情况进行改造，以符合这些标准。

货物接收的安全要求比起"9·11"事件前增加了不少新内容。主要的一点是在"9·11"事件前可能最担心的是货物丢失。而"9·11"事件后更担心是否有恐怖性的物品被塞进集装箱。因此，货物接收部在打开集装箱前，要检查集装箱密封条是否损坏，密封条上的印章号码是否同货运公司发来的号码一致，如有任何不一致需要立即上报。集装箱开箱要拍一张开箱后的第一画面，以确认集装箱的货物是否有搬动。虽然这些新增的要求不光对货物的安全有保障，当我们和供应商在运输的产品数量上有矛盾时，也起到澄清的作用，但这些新增加的货物接收和货物发运的流程给员工添加了更多额外的工作，所有这些为满足海关供应链安全的要求都会产生新的流程。

C-TPAT 对进口商的具体合规要求

"9·11"事件后当一切走入正轨，美国海关对进口货物的安全要求并没有放低，但也不都是 100% 要检查，而是会抽查。美国海关到底抽取哪些集装箱进行安全检查呢？当时我已经通过各种外界和海关的会议，对这个问题有了一些理解。当时美国海关用了大数据分析能力来抽样。首先会根据进口的货物是从哪个国家发运的，经过了哪些港口，供货商是谁，进口的货物是什么，进口商是谁等，进行风险分析，给出一个对应的分数，如果你是 C-TPAT 的一员，你在这个环节就会拿到一个比较好的分数。根据所有分数的总和，美国海关就会判断出哪些集装箱是需要进行抽样安全检查的。

　　我任职过的那家电子设备公司作为一家进口商，需要让自己的供应商对供应链安全有同样的理解。我们首先要知道我们的供应商在什么地方，要对每一个为我们公司提供货物的供应商的供应链安全用同样的标准去检查，然后要根据海关的要求提交一份备忘录。备忘录的大致内容就是我们对我们的整个供应链所有的厂家都进行了检查，他们都符合海关提出的供应链安全的标准。这个标准是非常高的，因此开始参加 C-TPAT 的公司并不是很多。我当时也对我们的供应链进行了分析，我们的供应商主要分布在美国、日本、中国、韩国、苏格兰、瑞典、德国等多国多地，因此没有人敢签署这份备忘录，承诺我们公司的所有供应商的供应链都是安全的。还有一个重要的原因是，如果我们要求所有供应商按海关供应链安全的要求去做，就会增加公司供应链的成本。虽然每家供应商在对其供应链安全进行改造和提高时，不会直接把改造的账单寄给我们，但是羊毛出在羊身上的道理大家都懂。我们看不出参加 C-TPAT 的利益和好处，因此并没有第一时间加入，而是采取了观望的态度。

　　在进口中遇到的问题，使我们马上改变了态度。"9·11"事件后不久我们就发现每次进口的集装箱在海关被检查和扣留的时间越来越长。一次我们有 16 个集装箱被海关扣留在港口。我们多次同海关交流沟通，得到的答复都是你们的集装箱还没有通过安全检查，也没有人可以给我们一个确切的答复，什么时候这些集装箱可以通过安全检查。一方面我们急需这些货物去满足客户的需求，这些都是签过合同的，如果我们不能按期交货就会被视为违反合同，就要支付违约金。另一方面，海关会给进口的集装箱几天（一般是 3～5 天）的免费停留时间，一旦超过了这个时间，每一个集装箱每天还要交 150 美元的存储费。我当时的领导，主管供应链的副总裁告诉我，赶紧把这些集装箱清关运到我们的仓库。我想向他解释我们遇到的困难，但是领导一般是不听下属解释的，所有的解释都是苍白无力的。在大多数公司，都是用结果说话，用业绩说话，你的努力如果没有结果，就是无用功。所以我说我会尽力（I will try my best），我的领导对我说想看到的不是试一试（try 也可以说是尽力试一试），想看到的是结果。这是我职业生涯上第一次感到非常无助，感到无能为力。

幸运的是我有一个强大的团队。特别是"9·11"事件后团队的同事更加团结。我请团队的几个经理一起出主意。进口合规的经理经常和海关官员打交道，她负责打电话给她经常联系的官员。正规的渠道找不到答案，我们就需要动用一切可以动用的资源去寻求帮助以找到答案。因为我们公司在海关有较好的声誉，我们可以请这些官员帮助询问我们集装箱被检查的近况；我们负责配件采购的经理在加州，离长滩港口最近，她可以代表公司去访问长滩的港口。我不知道这些访问和电话是否起到了作用，不过几天后，我们的集装箱都被清关放行了。

16 个集装箱在港口的滞留，给公司带来了非常大的客情压力和经济损失。虽然这是一起看起来不受我们左右的事件，并且多家公司都和我们有同样的遭遇，但责任还是我们部门的。这个事件解决完了以后，我们团队总结了此次的经验教训。我给公司领导做了一个详细的汇报，介绍海关对加入了 C-TPAT 的公司的检查率要明显低于其他公司。我们向公司提议，为了进口的物品能够在最短的时间内通过海关的检查，公司应该加入 C-TPAT。我们的建议得到了公司领导的批准。

为了能够成为 C-TPAT 的一员，和任何合规机制的建立一样，得到领导的支持和批准是最关键的。下面要做的就是要去实施。首先我们学习海关对进口商供应链安全的总体要求，然后把它拆解成每一条具体的要求，做了一个检查表，一共有 40 多条检查要求，如表 7-1 所示。

表 7-1 海关对供应链安全的要求拆解

安全要点	具体要求
员工安全	对供应链员工做背景调查 有无犯罪记录 信用记录
门禁管理	有门禁管理 员工有门禁卡 门禁卡有头像 访客提前登记 私家车不会停在货车场地
场地安全	设有保护围栏 围栏区域无障碍 栅栏门工作 装货卸货门有挂锁 厂库入口门有安全设备 每天检查所有门锁安全 检查清单可查阅 外部装载区光线充足 内部采光良好 报警系统工作 喷水灭火系统检查记录
货物接收	现场有指定的安保人员 集装箱密封完整性检查 集装箱封条印章号码验证 及时汇报任何封条密封差异 保存和提供密封差异日志 使用清单验证产品和数量 记录任何货物短缺或过剩 提供短缺或过剩报告
货物发运	发货数量验证 出货现场有指定安保人员 集装箱密封 密封工作由指定人员操作 运单上记录的集装箱密封号码 检验司机证件 司机签署提单 是否有验证流程 根据采购订单或发货单，确保物品和数量正确

（续）

安全要点	具体要求
集装箱安全	在装货之前是否对所有集装箱进行 7 点检查以确保集装箱的安全性： 1. 前墙 2. 左侧 3. 右侧 4. 地板 5. 天花板和屋顶 6. 内外门 7. 外部和起落架 集装箱和拖车是否存放在安全的地方以防止未经授权的人员进入或破坏 使用的集装箱密封条是否符合或超过当前 PAS ISO 17712 标准的高安全封条
货运安全	货运公司有安全要求 货运司机做过背景调查 检查货物到达时间 运输时间出现异常立即上报 对于发往美国的货物是否有流程从货运公司的始发地跟踪 / 监控运输途中的货物并通知他们的调度员任何由于天气、交通或改道的延误
培训	所有员工了解供应链安全要求 所有员工了解自己的职责
信息安全	公司的计算机系统是否需要单独获得访问权限的用户账户和密码 公司的计算机系统是否需要员工定期更改密码信息 公司是否监控公司的系统以识别滥用、不当访问或未经授权的业务数据变更 公司是否有流程确保所有货物清关中使用的信息和文件清晰、完整、准确

　　我们对在供应链上的每个主要供应商、运输服务商、海关代理等，都按表中详细的要求对照检查，以使公司满足供应链安全的合规条件。在大家的共同努力下，这家电子设备公司成为当时为数不多的 C-TPAT 中的成员之一，而且后来成为这个机制中级别最高的一员。虽然目前美国有 11 400 多家公司都参加到 C-TPAT 中，但当时参加的

公司并不是很多。这是我合规管理生涯中着手参加的第一个官方合规机制。其实当时自己并不知道，我会沿着合规管理这条路一直走下去。

首席合规官
工作手记

1998 年加入电子设备公司后不久，我的任务变为管理公司设备和零部件的采购和运输。在管理采购和运输的过程中，有一个绕不开的环节就是同美国海关打交道。在"9·11"事件之前，我们就遇到了一些进口中的难题。进口合规中有几个关键的要素，第一个是进口商品的归类；第二个是产品的原产国，产品的归类和原产国会决定产品进口关税的税率；第三个是产品的价值，因为一旦税率定下来，产品的进口关税就直接由进口的价值来定（当然有些产品会根据它的数量和其他的方面确定）。

虽然我自己不做进出口合规的管理工作，我的团队里有一名专门负责进口合规的经理，但是我还是想自己多学一点。当时我们遇到的一个棘手的问题是产品原产国的认定和标注。当我们进口许多配件时，这些配件可能是从电子设备公司的东京配件中心出口到美国的，原产国却可能是许多不同的国家。配件中心不可能给每一个不同国家进口的配件一个 SKU（库存代码），如果这样，运营成本就太高了。虽然如此，我心里一直不确定这种产品的原产国该怎样填报。填日本是肯定不对的，因为日本只是出口国而不是产品的原产国。

"9·11"事件这天美国海关有一个专门关于原产国认定的培

训。我早早地报上名，准备参加学习，而海关的培训地点就是在世界贸易中心的北塔，因此"9·11"事件这天，我是应该在世界贸易中心参加海关的产品原产国认定培训的。不巧的是，也可以说非常巧的是，由于公司突然的工作安排，我要在这一天参加公司 Oracle ERP 系统的启动大会，所以我当天没有去纽约，只能将参加原产国认定培训的任务交给进口合规经理。同事们后来说非常庆幸那一天我没有去参加培训。

海关的培训大会的计划是 8:30～9:00，参会人员互相介绍，吃早餐，然后 9:00 正式开始。我的同事没有准备去参加8:30～9:00 的会前热场，而只准备 9:00 参加会议，所以世界贸易中心的第一次袭击开始后，她还在去往世界贸易中心的地铁上。虽然她没有到世界贸易中心，但对她来说，这也是非常难忘的一天，她一整天都被困在纽约，无法同公司和家人交流。所有的信息交流都被停止，所有的电话都打不通；所有的汽车，无论是公交还是私人交通工具都不能出纽约。如果这一天是我去纽约开会的话，不知道会是一个什么结果，因为我是一定会在 8:30 赶到培训现场的。半个小时的自由交流是学习的好机会，我不会错过向其他人学习的机会。

2001 年 9 月 11 日，一个晴朗的星期二早上的 8 点 45 分，一架装载 20 000 加仑⊖喷气燃料的波音 767 飞机撞击在纽约世界贸易中心北塔这座 110 层摩天大楼的 80 层附近，留下了一个巨大的燃烧洞，立即造成数百人死亡，数百人被困在更高的楼层。

世界贸易中心由北塔和南塔组成，于 1973 年完工，取代了建于 1931 年的 443.7 米高的帝国大厦，成为当时世界上最高的建

⊖   1 加仑（美）≈ 3.79 升。

筑。当年在世界贸易中心的设计过程中就有反对的声音，担心过高的大楼会被飞机撞击。当时的担心是如果出现大雾天气，飞行员会不会因为看不见大楼而出事故。没有人想到会有恐怖分子故意开着飞机去撞击大楼，因此当第一架飞机撞击到北塔时，大多数人，包括电视台和广播都认为这是一场不可理喻的飞行事故。不过当天的天气非常好，没有雾，也没有风，晴空万里。没人能猜到造成事故的原因。正当人们还在百思不得其解时，在第一架飞机撞击北塔 18 分钟后，第二架波音 767——联合航空公司 175 号航班——从天而降，急剧转向世界贸易中心，撞入南塔的 60 层。这时人们才意识到这不是事故，而是人为袭击事件。南塔在 9:59 倒塌，北塔在 10:29 也塌陷。大楼里的人，包括许多消防队员——他们为了救护其他人，多次进入大楼，当大楼塌陷时，全部丧生。

这不是世界贸易中心第一次遭受袭击。第一次袭击发生在 1993 年 2 月 26 日，北塔地下二层停车场被 1500 磅炸药引爆。爆炸造成 6 人死亡，1000 多人受伤，估计造成 6 亿美元的损失。此事件后有六名极端分子因该事件而受到审判和定罪。2001 年 9 月 11 日，除了世界贸易中心被袭击外，恐怖分子还劫持了另外两架飞机，一架袭击了美国国防部的五角大楼，另一架飞机因为机上人员与恐怖分子的搏击，坠毁在宾夕法尼亚西部的一块空地上。整个"9·11"事件让将近 3000 人丧生。纽约的世界贸易中心倒塌，这是我经常会去学习、开会的地方。最后一次进入世界贸易中心是在 2001 年的 8 月底，也就是"9·11"事件前两个星期左右，东京总部来了几位领导，我陪他们一起参观纽约的一些景点，而北塔的顶楼是来纽约参观的人的必去之地。当天的天气非常好，阳光明媚，万里无云。我们从北塔的顶楼可以俯视整个纽约市，也可跨过哈德逊河看到新泽西沿河城镇的风景。在购买顶楼参观票的地方，有专业的摄影师给每一位路过的参观者照相。当我们再回来时可以根据自己的决定购买照片，这些从日本来的领导和同事购买了照片，我却毫不犹豫地拒绝了购买，并向来自日本的领导解释，我今后来的机会很多，下次再说。当时我万万没有想到，这是最后一次进入世界贸易中心，再没有下次了！我们要珍惜当下！

世界贸易中心北塔被飞机撞击的消息发布出来时，我已经到了公司。我喜欢每天比大家早一点到公司，利用这个安静的时间对一天的工作做出安排，或者学习一点自己感兴趣的知识。因为我知道这一天我需要开一天的启动大会，我到公司也特别早。一般开车上班的路上会听新闻，到了公司，注意力就在工作上了，所以这个消息我并不知道。同事们一般是将近9:00到公司。这天我的同事到公司后，一个个跟我拥抱，我不知道出了什么事。他们告诉我说，真好，还能抱抱你。他们开始心情沉重地告诉我他们在开车来公司的路上所听到的世界贸易中心被飞机撞击的消息。然后我们就开始打开收音机，听最新的新闻，当时公司还没有电视机可以供员工在办公区观看，大家都围绕在收音机的旁边听纽约的消息。

大家一边听世界贸易中心的消息，一边担心我那位去参加会议的同事。这个会议是在世界贸易中心的70多层，离第一架飞机撞击的80层非常近。我们不停地给那位同事打电话，可是她的电话一直打不通。这位同事的两个女儿也不停地给我打电话，哭着问我："我的妈妈在哪里？"我们多想能给她女儿一个肯定的答复！我们度过了漫长的一天。这一天公司取消了启动大会，我们围在收音机旁严肃地听着每一个消息。

　　一直到第二天早上6点，我接到了这位同事的电话。她简短地告诉我，她没事，已经从纽约回到了新泽西。她没有力气同我多说，我让她在家好好休息一天。第三天，她一到公司就被同事们团团围住，大家七嘴八舌，问长问短。这位经理原来和我们团队的其他经理关系比较紧张，她是一个非常有主见和非常坚持自己的意见的人，对其他人也有很高的标准，而且她的语言也非常犀利，如果我自己不参加会议，都不敢让她单独和其他几位经理一起开会。她看起来是我们团队的不和谐的因素，但她有独到的、其他同事可能缺乏的优点，是我们团队不可或缺的一员。我一直在为改善她和其他同事的关系而努力。通过"9·11"事件一天的经历，我们团队成员的关系得到了非常大的改善。我的这位同事和其他经理的关系变融洽了。她和其他同事没有了针锋相对的场面，其他同事也能公正地承认她心直口快的优点，接受她提出的很多对于进口合规的意见。

　　"9·11"事件改变了我们团队之间的关系，更改变了公司的业务。公司每个月都会有大量的打印机、复印机、多功能机和配件的进口。"9·11"事件之后的一个星期所有的港口都封了，不让任何集装箱进入美国，因为大家不知道这些集装箱里有没有危险品，有没有可能威胁到大家生命财产的物品。加州的长滩是我们产品的主要入口港口，也是美国最繁忙的港口之一，因为港口被封了好几天，长滩的集装箱货船需要排队过海关。我们和船运代理公司商量，如果要在长滩港口排队的话，耗费的时间太长。在没有更好的办法的情况下，我们通过船运代理公司，和船运公司讨论将我们还在去往长滩港口的集装箱转运到位于佐治亚州的萨凡纳（Savannah）港口。一艘大船上不光有我们的设备，还有许多其他进口商的设备和货物，可想而知船运公司的工作量有多大。"9·11"事件之后，我们不会将所有的集装箱都运往长滩港口，萨凡纳港口也成为进口口岸之一。

　　我的工作性质和范围也有所改变。"9·11"事件之前，我们对供应商的评估，主要看供应商是否按时交货，货物质量数量是否准确，运单和发票上的信息是否完整和准确；"9·11"事件之后，我们要对供应商的供应链安全加以检查。公司成为 C-TPAT 的一员，但被接收进入这个机制并不是合规管理的终结，而是合规管理的开始。公司的合规机制是否成功，重要的是看是怎样持续执行的。合规机制的成功，还需要供应商的配合和支持。不但我们自己的供应链需要安全合规，也要求我们供应商的供应链安全合规。合规机制的建立从一开始就需要生态的合规！为了确保供应商持续合规，我们会定期走访合作伙伴，检查他们对供应链安全清单上每一条的执行情况。有些我们没有足够的资源去对他们进行实地考察的，也会定期要求他们提交自检报告。这些自检报告一定要有公司的主要负责人签字，并且承诺自检的结果都是真实的。我们将这个要求纳入对供应商评估的要素。

第八章

国际贸易合规

我们现在谈到的国际贸易合规指的是进口合规和出口合规。在美国虽然也有许多不同的政府执法机构对进口有要求，比如进口药品，除了一般海关的要求，还有 FDA 的要求，可能还有农业部的要求；进口打印机、复印机和传真机，除了一般海关的要求，有些还有美国联邦通信委员会（Federal Commuincations Commission，FCC）的要求，不过主要的合规要求都是海关的要求，而出口管制却被多个政府机构管控。因此我们在谈国际贸易合规时，主要谈海关的合规要求和各个不同政府机构对于出口的合规要求。

从 CAT 到 FAT

供应链安全合规管理只是美国海关对进口商合规要求的一小部分，是最基本的部分。海关对进口商更复杂的合规要求是在货物的清关管理上。1993 年之前海关自己对进口商的清关负主要责任。进口商对于进口的合规工作反而没有太大负担和压力。当进口的货物到了海关，如果进口商品是你常规的业务需要，大多数情况下，你会有一个长期合作的报关商，报关商会为你处理所有与报关相关的事务，包括为你维持一个长期的海关保证金，为你的产品提供货物税则号、代缴进口税等。如果海关根据报关商提供的信息给你的产品清关放行，除非将来某一天海关有确凿证据，证明你有走私行为，一般你的进口合规义务就完成了。

1993 年制定的《北美自由贸易协定实施法案》的第六部分阐述了美国海关的改革措施，所以也被称为"海关现代化法案"。这个非常重要的部分因为被包括在当时人们最关心的《北美自由贸易协定实施法案》中，所以没有被太多人关注。"海关现代化法案"的通过，改变了进口商与海关之间的关系。根据此法案，海关和进口商应共同遵守贸易法和规定。进口商有责任采取合理的谨慎措施正确地申报其进口商品的价值、分类、关税税率，而海关的义务是告知进口商其依法享有的权利和责任。也是在此基础上，海关开始了合规审查。可能海关认识到，进口的业务越来越多，海关的责任越来越大，如果进口商不承担一定的责任，光靠海关自己很难保证对所有进出口的货物合理征税，特别是美国与不同的国家建立了越来越多的自由贸易协议。美国与每一个国家或地区的自由贸易协议的优惠条件都有所不同，尤其是对原产国的要求和定义不同，使得对进口税的判断更加复杂，因此在北美自由贸易协定中，附加了进口商"知情合规"的责任，进口商要对自己的进口合理负责（reasonable care）。可能在北美自由贸易协定中只是插入了一小段关于进口合规管理的进口商业务，这一小段文字给所有进口商带来的影响却是巨大的。

对进口商"知情合规"的责任成为法律在 1993 年，但海关侧重对美国主要进口商的合规评估审查是 1998 年前后开始的。合规评估审查是海关的战略新的"知情合规"的组成部分。海关的合规评估小组也叫"CAT"（Compliance Assessment Team），选择进口商在特定时期（通常是最近财政年度）提交的进口商品关税条码（200～500 条或更多），对这些条码进行审查以确定其中提供的信息是否准确、完整，并符合海关管理的法律法规。

评估的过程从选择被评估对象开始。海关认为，合规评估不同于审计，因为它侧重于公司遵循的流程，以确保公司遵守海关法律法规。海关使用统计抽样技术确定评估对象，并通过邮件通知公司将被评估。其实对于一家进口商来说，这种评估就是审计。被评估的公司还可能会接到负责这次评估的首席监管审计专家的电话。海关的通知包括一封解释合规评估过程的信函，以及一份由公司完成的长篇、详细的调查问卷。被评估的公司有 30～45 天的时间来完成调查问卷。然而，更常见的是，进口商会在 6 个月或 1 年之前就收到评估通知，这是为了让它们在海关评估开始之前进行自我评估，为海关评估做准备。海关认为，这将使评估过程加快，因为进口商将有机会审查自己进口中的问题。

问卷要求提供以下信息：
- ❑ 公司的组织结构；
- ❑ 主要业务活动范围；
- ❑ 进口商品；
- ❑ 与外国供应商的所有权关系；

❑　进口文件、账簿、记录和财务系统。

问卷还要求提供有关以下方面的详细信息：

❑　如何对进口产品进行进口税代码分类；

❑　进口商品的价值如何确定；

❑　公司的会计科目表（海关将据此核实对供应商的付款和确定是否有任何额外的付款或应税协助）；

❑　说明与进口货物的输入、分类或估价相关的任何内部控制、操作或内部流程，以及相关的记录保存系统。

需要注意的是，法律没有要求公司拥有与进口货物的输入、分类或估价相关的书面流程以及相关的记录保存系统。然而，海关表示，此类流程的存在可以显著提高评估的速度，增加提前终止审查的可能性。如果对选定交易的审查表明公司的流程或系统不存在重大缺陷，那么内部流程的存在和低错误率也将最大限度地减少未来对进口商货物进行货物检查的数量。

海关的评估流程和一般财务或业务审计的流程相似。一旦评估的日期确定，海关的 CAT 将同公司举行启动会，在启动会上阐明允许 CAT 与公司管理者和员工见面，并允许各方讨论有关进口商、调查问卷或进口流程的问题。海关的 CAT 由海关不同职位的代表组成，包括专门从事相关产品的进口专家、海关区域审计部门的一到两名成员以及海关战略贸易办公室的一名代表。这些评估人员一旦进入公司，就会根据他们认为的公司进口的风险抽样审查，一单一单核实进口的所有信息的准确性。

在整个过程中，进口商不会坐等结果。相反，海关希望进口商发挥积极作用，利用调查过程中制定的调查问卷和其他信息来识别潜在问题，并在适当情况下，在 CAT 发现问题之前自我披露，从而避免可能的处罚。在评估到来之前进行严格自我评估，与不采取任何行动或仅对其海关活动进行粗略或随意的审查相比，前者通常会在发现的问题方面获得更大的裁决自由。一般情况下，评估的现场工作将由海关区域审计部门的一名或两名成员进行，他们将定期访问公司并可能在公司驻场工作。评估团队通常会要求公司提供长期外部人员工作通行证、办公桌和安全文件柜。在进行任何广泛的审查之前，评估团队将选择一些进口条目进行审查。挑选的这些条目会尽量确保样本在统计上有效，准确率达到95%。这意味着海关可以要求查看200到500个或更多条目的进口记录。评估团队将逐一审查进口文件上每个物项的进口关税分类是否正确，价值的申报是否符合海关的要求。评估团队还将检查库存记录，以确保报告的数量没有超量或短缺。如果样本中有享受特殊或优惠关税待遇的进口物项，评估团队要核实这些物项是否符合享受这些优惠的条件。进口商被评估到的典型领域包括：

（1）如果有享受 NAFTA 和其他贸易协定优惠关税进口的，提供原产国和原出口国证明；

（2）如果是关联方交易，提供关联交易的价值的公正公平性证明；

（3）如果有向外国卖家或第三方付款的，提供这些物项已经按要求付过进口关税的证明或这些物项无须付进口关税的证明；

（4）如果提供无偿设备、材料和组件给外国生产商，需要提供物项进口时的关税证明。

对于以上要求的证明文件的收集，第一条应该比较简单，而后面的三条可能是一项艰巨的任务，特别是在如果公司没有 IT 系统记录和保留这些信息并能将这些信息同进口的诸多物项和税则号进行交叉关联（这是海关通常要求的提供信息的方式，也说明了 IT 系统在合规管理中的重要性）的情况下。大多数公司可以通过一些努力找到与入境相关的入境摘要文件、商业发票、空运提单和装箱单，因为这些文件是通常作为信息统一维护的。只需稍加努力，公司就可以在商业发票上找到与每个产品相关的采购订单或合同，但这个工作量是相当大的。除此以外，评估团队也会要求公司提供每个被审计的进口项目的以下内容：

- ❏ 收货报告和库存记录（显示进入库存系统的商品）；
- ❏ 商品的应付账款和支出记录；
- ❏ 与外国供应商就购买的商品进行沟通的通信信息；
- ❏ 在关联方交易的情况下，海关希望看到支持交易价值的文件，例如报价请求、市场价格分析或价格谈判记录；
- ❏ 与进口相关的所有其他付款的记录。

如果被抽到的样本中涉及完税后的退款或优惠关税待遇，进口商将被要求提供证明完税后的退款的信息。例如，享受 NAFTA 优惠关税待遇的物项，公司要提供原产地证书；或在普惠制（Generalized System of Preferences，GSP）或类似制度的情况下，公司要提供合理的价格认定。如果有商品是出口后被退回的，公司和外国制造商将被要求出具证明，商品目录和数据表也将被要求确认产品描述和关税分类。评估团队将收集和审查以上所有信息，并对交易进行审查，以确定选定的样本的进口关税分类是否正确和进口价值是否合理，以及是否有理由要求任何特殊关税或优惠待遇。此过程可能需要数周或数月，具体取决于被评估样本的数目。如果评估团队发现被评估的样本的错误率大于 5%，评估范围就可能在样本、产品或时间段上有所扩大。然而，在扩大评估范围之前，如果没有发现欺诈，评估团队将与公司一起审查他们的初步调查结果。在评估过程中如果发现进口商在商品进口关税编码分类、进口价格确定或优惠政策的利用上有问题，评估团体通常会给公司机会回应并提供有关方面的信息来说明情况。如果公司的解释得不到评估团队的认可，这些问题可能会被送到海关总部去解决。

如果评估团队发现分类或价值方面的重大错误，公司将被要求补缴关税。根据错误抽样率，估计当年所有进口的收入损失百分比，以估算公司将支付给海关的税收损失。对于无法证明优惠税率的商品，将会按常规进口税率重新计算其应付关税。评估团队还会根据《美国法典》中对欺诈、重大过失和过失的处罚的法规对公司进行处罚。如果没有发现欺诈，他们将通知公司潜在的关税责任，补税的多少还取决于公司的失误是疏忽还是重大疏忽：对于不同的失误，除了补税，被额外处罚的程度是不同的。一个评估团队在公司现场审计两三年，找不出任何问题的可能性太小了！

美国海关所关注的进口合规问题和中国海关关注的合规问题应该是大同小异的。中国在 2001 年年底加入世界贸易组织（WTO）后，海关的许多基本法律法规应该同其他 WTO 成员相似。而在过去的二三十年中，中国国际贸易飞速发展，中国成为世界上最大的出口国之一，而美国是中国最大的进口国。作为一家与美国有密切关系的中国公司，了解美国的进口合规要求，对业务的健康发展是必不可少的。

CAT 评估的过程对于很多公司来说是比较痛苦的。先不要说 CAT 团队有两至三个海关的工作人员会长期驻场在被评估对象的办公室，为他们提供办公场地和每天的咖啡是没有问题的，主要是公司要有一个员工几乎随时回答这些工作人员的询问。一般这种评估要进行 2～3 年。因为 CAT 对人力资源的需求量大、工作周期长，所以能同时被评估的公司非常有限。海关在审视了 CAT 的状况后，于 2002 年年底对 CAT 进行了改进，将 CAT 修改为海关重点评估小组（Focused Assessment Team，FAT）。重点评估还是由海关监管审计司进行，与 CAT 不同的是，FAT 评估的是进口商不遵守进口要求的风险，而不是像之前那样审核每个样本，再看多少样本通过审计，多少没通过，计算失败率。只有当评估团队发现进口商存在"不可接受的风险"时，才会使用更严格和深入的综合评估。而在 CAT 审计中，审计团队不光评估被评估对象的合规风险大小，而且要确定此不合规公司让海关相关的进口税收入损失了多少。

重点评估过程也是从选择被评估对象开始的。海关在选择公司时同样使用国家审计选择标准和在入境过程中收集的数据，海关将评估特定时期公司进口的数量、价值和性质。海关会考虑的各种因素包括来自主要重点行业的进口产品，例如电子产品、纺织品、汽车；是否使用特殊贸易机制和税收豁免政策，例如针对发展中国家的 GSP、9801 和 9802（这是两个美国特殊关税的章节）；以及当地港口海关进口专家的推荐。21 世纪初，任何进口超过 1 亿美元的公司都是潜在的被评估对象。一旦选择了评估对象，海关就会编制一份该公司的资料。资料包含详细的公司背景信息（邓白氏官方网站、公司 10-K 和 10-Q报告以及来自贸易和媒体的信息）和海关历史（包括使用的关税规定和豁免）。有关公司合规性的信息主要来源于港口海关进口专家、调查办公室、密集检查、选择货物和选择入境审查环节。重点评估的其他执行流程和 CAT 相似。

CBP 内部控制管理与评估工具

CBP 发布的《进口商自我评估手册》[一]中的"内部控制管理与评估工具"就是根据内控五要素制定的。CBP 对于内控五要素是怎么理解和运用的呢？ CBP 根据海关的业务，对每一个要素做出了解释，并且

㊀ 美国海关 Importer Self-Assessment Handbook，参见 https://www.cbp.gov/sites/default/files/documents/isa_hb_3.pdf。

根据海关进口活动的风险对每一个要素进行了分析，提出内控的要点。CBP 根据每一个要素识别出的风险或完成内控的要求提出问题，公司对每一个问题进行自我反思后，描述此问题在公司的执行情况。CBP 把这些问题的列表作为一种工具，认为其可用于评估公司的行动是否符合法律和法规，也可以用于评估公司内部控制的现状，因为这个工具中的问题几乎涉及公司内的各种 CBP 活动。大约 20 年前我就是使用这个工具来评估我服务的公司的进口合规情况的。当时我们学习了 CBP 对每一个要素的要点，然后在"执行情况"一栏中记录我们的实际执行情况。后来海关在对我们的审计过程中基本上就是按照这些要素的要点一条一条来检查我们进口合规的情况。在"执行情况"一栏中如果我们陈述做到了，海关官员要求，我们必须提供证明文档或者同他们分享网上记载的信息。因此，在"执行情况"栏中提到的《公司商业行为准则》《合规委员会章程》《合规审计章程》《海关合规管理政策》《进口申报流程》等政策和流程，必须确保公司已经建立，员工也得到培训。合规总监、合规经理、采购经理、仓储经理年度考核指标和岗位描述也应提交文档给海关审计人员审阅。我们在最开始准备被审计时没有这么多书面的政策和流程，但经过几个月的努力，弥补了很多的不足，但还有三个没有完全满足要求的要点：一个是在控制环境、管理理念和经营方式中的要点，即"管理层高度重视留任其与 CBP 进口活动对接的关键职能部门的员工"。这一条我们需要进一步努力联系 HR，和 HR 一起讨论改进措施。另外两个是风险评估的风险识别和风险分析要点。我们已经有了实践，也起草了风险评估，包括风险识别和风险分析的流程，不过正式的流程还没有发文。这些没有完全满足要求的要点，在"执行情况"栏中用斜体字标出。

不是每一个公司都必须使用这个工具，但这个工具可以帮助管理人员和评估人员用于评估内部控制的有效性和识别需要改进的问题。

控制环境

根据控制环境要求，管理人员和员工应在公司建立和维护一个对内部控制采取积极和支持态度的组织。有几个关键因素会影响这一目标的实现。表 8-1 列出了应该关注的要点。管理人员和评估人员应根据这些问题来评估公司是否建立了一个良好的控制环境，应该关注控制的实质而不是形式，因为即使控制的形式已经成立，也不一定会得到有效执行。

表 8-1　控制环境关注要点

	要点	执行情况 （根据实际情况填写）
诚信和道德	A. 管理层向其进口合规管理部和进口业务部员工强调诚信和道德的行为 公司的行为准则强调正确行为并设置对不道德行为的处罚	公司行为准则包括这些内容，附《公司商业行为准则》
	B. 与海关的业务是在高标准道德的层面上进行的： • 提交给海关的报告是正确和准确的（不是故意误导） • 管理层不试图向审计师和其他评估人员隐瞒已知问题，并重视他们的意见和建议	海关合规流程中有明确要求 附《进口申报流程》、管理层合规承诺
	C. 公司有一个明确且易于理解的交易流程，以及及时和适当的方式处理海关的要求和疑问	公司进口业务中与各合作伙伴交流流程图
对能力的承诺	A. 管理层对执行 CBP 相关进口工作所需的能力、知识、技能进行分析和评估	员工岗位描述 附《进口合规经理岗位描述》《进口合规专业岗位描述》
	B. 公司提供培训和辅导以帮助员工保持和提高他们从事 CBP 相关工作的能力： • 有适当的培训机制来满足对员工的培训 • 公司强调持续培训的必要性，并建立持续培训机制以确保所有员工的确接受了适当的培训	有定期的培训和不定期而每年要求的培训 附《合规管理部员工培训要求》

（续）

要点	执行情况 （根据实际情况填写）
管理理念和经营方式 A. 公司有关于 CBP 合规管理的书面政策	公司建立了海关合规管理书面政策，附《海关合规管理政策》
B. 管理层强调重视向 CBP 报告信息的准确性	请见《海关合规管理政策》
C. 管理层高度重视留任其与 CBP 进口活动对接的关键职能部门的员工	*这一条需要努力联系 HR，讨论改进措施*
D. 公司进口部有权根据需要与其他部门进行互动，并同步和协调其他部门之间与 CBP 活动相关的责任和信息	体现在进口合规流程上
E. 管理层高度重视 CBP 官员、外部审计的工作，积极响应 CBP 的信息	合规委员会章程有明确规定 附《合规委员会章程》
F. 公司管理层及高级管理人员与进口部之间存在适当的互动	附：公司副总裁与合规管理部长交流邮件
组织架构 A. 公司的进口部处于公司组织机构的合适地位	进口部汇报给合规总监
B. 与 CBP 活动相关的关键权力和责任领域在公司有明确定义和沟通。考虑下列因素： • 负责主要活动或职能的高管人员充分了解他们的职责和责任 • 高管和主要经理了解他们的内部控制责任，并确保他们的员工也了解他们自己的责任	进口部管理人员的职责体现在他们的工作职责描述上。招聘进岗，或转岗，员工需要学习岗位职责要求
权力和责任 A. 公司适当分配权限和授权。将与 CBP 活动有关的组织目标和目的责任交给适当的人员来处理： • 在整个过程中明确分配了权力和责任，并清楚地传达给员工 • 决策责任与权力和职责相匹配	附：合规总监、合规经理、采购经理、仓储经理年度考核指标和岗位描述

（续）

	要点	执行情况 （根据实际情况填写）
权力和责任	B．每个员工都知道如何执行与 CBP 相关的事项；意识到他在 CBP 内部控制中的职责	附：合规专业岗位描述，财务专业岗位描述
	C．对负责 CBP 的活动适当下放权力： • 适当级别的员工有权纠正问题或实施改进 • 适当地平衡下级"完成工作"的权力和高层人员的参与	见合规员工工作岗位描述
人力资源的政策和执行	对员工与 CBP 相关的活动有正确的辅导	这个政策主要反映在合规的政策中
监管组织	公司内部有监督和审查机制的操作流程 • 公司设有委员会或高级管理委员会，该委员会或高级管理委员会负责审查 CBP 活动的内部审计工作 • 内部审计职能审查公司的 CBP 活动和系统，并提供信息、分析、评估和对管理层的建议	公司设有合规委员会，制定了委员会的章程，制定了合规审计的章程 　附：合规委员会架构图、《合规委员会章程》、《合规审计章程》

　　表 8-1 至表 8-5 中的"执行情况（根据实际情况填写）"只是示例，各公司可按实际情况填写和检查。标为斜体的是我们当时找出差距后提高和改进的地方。所有的附件都可以提交给海关评估人员审查。这些附件也是合规管理必需的文档，如合规委员会章程、海关合规管理政策、进口合规专业岗位描述等。

风险评估

　　内部控制的第二部分是风险评估。风险对一个公司来说就是阻止执行和完成公司既定目标的不确定性。风险评估的前提是公司管理层和执行层建立了清晰、一致的公司目标。目标确定后，公司需要识别可能阻碍高效和有效地实现这些目标的风险。内部控制应提供公司面临的来自内部和外部的风险。一旦风险已经确定，应分析它们可能产生的影响。管理层必须制定风险管理办法并确定控制活动来降低这些风险，实现高效运营，做到数据可靠，严格遵守法律法规，以达到内部控制目标。经理或评估人员将专注于管理层目标的流程设置、风险识别、风险分析和在有变化时对风险的管理。表 8-2 是风险评估应关注的要点。

表 8-2　风险评估关注要点

	要点	执行情况 （根据实际情况填写）
风险识别	A. 管理层识别 CBP 相关风险： • 用定性和定量方法识别风险和定期确定相对风险等级 • 向适当的工作人员传达如何识别、排序、分析和降低风险 • 在高层管理会议中讨论风险识别 • 风险识别是短期和长期预测以及战略规划的一部分 • 风险识别来自审计和其他评估	公司定期分析风险 已建立非正式风险分析流程（*书面流程不完整*），列出特定风险，并列明风险的等级 培训员工识别风险、管理风险的能力
	B. 源于外部变化对 CBP 合规风险的识别 • 源于国家、CBP 官员的要求和期望 • 源于法律法规、裁决和法院判决 • 源于商业、政治或经济变化 • 源于主要供应商、经纪人、承包商和代理商 • 源于与其他公司和外部的互动	将外部变化纳入了内部风险分析
	C. 存在识别内部因素引起的 CBP 活动风险的机制，考虑以下风险： • 缩减运营和人员规模 • 操作流程、国外采购或进口业务的重大变化 • 新的产品线、产品或其他业务活动 • 公司重组 • 信息系统的中断 • 高度分散的 CBP 业务运作 • 人员流动或未受训练的不合格人员 • 严重依赖代理或其他方执行关键的公司运营 • 进口业务的快速增长或扩张	识别内部变化对风险的影响 建立了风险库 将风险源列入风险库，定期审视分析

（续）

	要点	执行情况 （根据实际情况填写）
风险 识别	D．管理层评估其他因素，例如合规历史问题	合规管理部定期访谈高管，了解高管对风险管理的意见
风险 分析	A．在识别出 CBP 风险后，管理层应分析它们可能产生的影响。考虑以下： • 管理层已建立正式或非正式的流程，以分析风险 • 已经建立了确定低、中、高风险的标准 • 适当级别的管理层和员工参与风险分析 • 识别和分析的风险与相应的目标相关 • 风险分析包括评估风险的重要性和敏感性 • 风险分析包括评估发生每种风险的可能性和频率并确定每种风险的类别 • 确定如何更好地管理或降低风险，以及应采取哪些具体行动	已建立非正式风险分析流程 *需要建立正式风险分析流程* *在风险评估流程中，列明风险分析要求和风险管理行动*
	B．管理层制定了一种与 CBP 合规风险管理相关的控制方法并慎重考虑对风险的容忍度。综合如下因素： • 方法因公司而异，具体取决于公司的 CBP 活动 • 用该方法将风险控制在管理层认为可承受的风险水平。 • 决定具体的控制活动来管理或降低具体风险，并对其实施监控	及时同 CBP 沟通 寻求 CBP 帮助
变化中 的风险 管理	A．公司有适当的机制来预测、识别和应对政府、经济、行业、监管、运营或其他可能影响 CBP 合规的变化	公司风险管理包括 CBP 合规风险管理
	B．公司特别关注可以对 CBP 合规性产生显著和普遍影响的变化带来的风险 公司关注与以下相关的风险： • CBP 信息系统的变化 • 快速增长和扩张或快速缩小规模 • 从不熟悉的公司进口 • 从新的地理区域进口	了解每一个供应商 了解从特定地区进口的风险

控制活动

第三个内部控制要素涉及控制活动。控制活动是管理层管理风险评估过程中对发现的风险所采取的行动，是公司计划、实施和审查机制流程的组成部分。

控制活动发生在公司的各个层面和职能部门，包括广泛的各种不同的活动，例如批准、授权、验证、对账、绩效评估、安全活动以及记录文档的制作和保存。经理或评估人员应关注制定的控制活动是否以解决和管理与相关风险为目的的活动，是否为每项重要活动制定目标，以及这些控制活动是否适当，以确保管理层的指示得到执行。

在评估控制活动是否充分时，应考虑控制活动是否已建立，是否适当，以及它们有效运作的程度。这种分析和评价还应包括是否运用IT系统进行控制。经理或评估人员不仅要考虑既定的控制活动是否与风险评估相关，还要检查它们是否被正确应用。鉴于公司可能采用的控制活动种类繁多，这个工具不可能解决所有问题。但是，有一些管理人员和评估人员需要考虑的要点，以及几个主要类别是在大多数情况下适用于各个级别的控制活动和所有公司的类型的。此外，一些控制活动是专门为IT系统而制定的。表8-3列出了这些要点和相关问题，以说明典型控制活动的范围和种类。

表 8-3　控制活动关注要点

要点		执行情况 （根据实际情况填写）
控制 活动 基础	A．建立了关于 CBP 合规活动适当的政策、流程、技术和机制 • 已识别所有相关目标及关于内部风险评估和分析功能的相关风险 • 管理层已识别需要采取的风险行动和控制活动并指导其实施	已识别进口合规中的相关风险，*需要建立正式书面的相应的流程来管理风险*

（续）

	要点	执行情况 （根据实际情况填写）
控制 活动 基础	B．必要的控制活动已确认并正在实施应用： • 政策和流程手册中描述的控制活动已被实际应用并正确应用 • 主管和员工了解内部审计的控制活动目的 • 监督人员会审查控制功能活动 • 对异常问题、实施中的偏差，或需要跟进的信息及时采取行动	流程已经实施，合规审计已经开展，对发现的问题及时提出改进意见。所有的纠错措施在三个月内完成
控制 活动	A．管理层跟踪与目标相关的 CBP 活动的合规性： • 所有层级的经理审查绩效报告，分析趋势，并根据目标衡量结果 • 采用了适当的控制活动，例如汇总信息与详细对账的一致	进口合规相关岗位的关键绩效指标（KPI）专门有对于进口合规的要求 进口合规的实际表现成为考评的重要部分
	B．公司有效地管理员工，实现 CBP 活动的合规性： • 已制定流程以确保招聘和留任有适当能力的人员 • 为员工提供指导、培训和执行工具 • 使员工清晰他们的职责和责任，提高他们的绩效，以及满足组织不断变化的需求	人力资源部了解合规的重要性 人力资源合作伙伴定期参与合规管理部活动，理解合规所需人才的要求 公司通过内部和外部的培训渠道提高合规管理人员和合规操作人员的能力 附员工出口合规培训资料
	C．公司对 CBP 活动采取多种控制措施，以确保信息处理的准确性和完整性	建立了进口税代码认定、原产地认定，进口价值管理等多个流程
	D．公司已建立并监控绩效指标和 CBP 活动的指标： • 持续分析和对比实际性的数据与预期或机制的目标的差距 • 调查意外结果或异常趋势，一旦发现违规，立即采取纠正措施，以确定实现制定的 CBP 合规目标	建立了对重点供应商的审核流程 合规管理部定期分析进口数据，一旦发现异常，及时联系清关代理，了解详情，及时纠错
	E．CBP 活动和其他重大事件已正确分类并及时记录，以保证可以依据它们对管理控制进行操作和制定有效的管理决定	所有与进口相关的记录有完整的保管，可以随时调取

（续）

	要点	执行情况 （根据实际情况填写）
控制 活动	F．只有获得授权的个人才能对向 CBP 提交的信息进行调整	只有进口合规管理部经理可以调整向海关申报的信息，必须在申报前做好调整信息原因的记录
	G．内部控制、所有交易及其他重大事项中与 CBP 活动相关的内容均已明确记录在案： • 建立了书面的文档以显示公司内部控制的架构及所有重大交易及事件 • 文件随时可供检查 • 内部控制文件包括确定公司各级控制活动的职能和相关目标，这些控制活动及各级的职能和目标也写在管理的政策、管理层的目标手册、会计手册等各职能的手册上 • 交易和其他重大事件的文件的记录完整且准确，便于追踪交易或事件及其发生之前的相关信息和处理事件的全过程，直至事件完成 • 文件，无论是纸质还是电子形式，都有助于管理人员控制其运营，有助于审计师和其他参与者对业务运营的分析 • 所有文件和记录都得到妥善管理、维护和定期更新	所有与进口相关、与进口合规管理相关的文档都妥善保存，并可以随时调取
	H．自动化信息系统在 CBP 活动中的控制和应用	公司与清关代理的信息交流主要经 IT 系统自动对接。合规管理部门会定期审核和抽查数据的准确性和完整性。IT 系统的使用程度取决于使用者的权限

信息和交流

信息和交流是内控五要素的第四要素。公司要实施有效的操作必须具有与外部和内部相关的可靠信息交流。该信息应被记录并传达给管理层和公司内其他需要知道的人，交流的形式和时间范围能够使其履行内部控制和运营职责。经理和评估人员应考虑信息和交流的适当系统性与组织的需求，以及完成内部控制目标的程度。表 8-4 列出了需要考虑的因素，但这只是一个开始，而不是包罗万象的，也不是每个项目都适用于每个公司。某些功能和要点本质上可能是主观的，需要运用判断力，合理谨慎地运用。

表 8-4　信息和交流关注要点

	要点	执行情况 （根据实际情况填写）
信息	A. 获取来自内部和外部的与 CBP 活动相关的信息并提供给管理层，作为公司关于经营表现和既定目标报告的一部分	合规管理部职责的一部分
	B. 与 CBP 活动相关的信息被识别、捕获并以足够详细的方式在适当的时间传达给需要这些信息的人，使他们能够有效、快速地执行，履行职责和责任	合规管理部密切关注 CBP 信息的发布，并及时同公司相关员工和管理层沟通 　参加海关举办的年度大会 　根据海关网站发布的信息
	C.管理层确保进行与 CBP 活动相关的有效内部的沟通： • 员工了解内部控制的各个方面，知道自己在内部控制中的角色，以及他们的工作如何与他人的工作相联系 • 员工被告知，当意外发生时，他们不仅要关注事件，还要关注底层原因，以便潜在的内部控制弱点可以在意外造成进一步伤害之前得到识别和纠正 • 建立允许信息轻松顺畅向下、向上、跨部门流动的机制 • 建立非正式或单独的通信线路作为正常通信途径的"故障安全"控制的补充 • 建立员工建议运营方面改进的机制	建立"开诚布公"政策，欢迎员工进言 　建立举报电话和邮箱，员工可以实名或匿名举报违规行为和个人，也可通过此方式提出问题或对合规管理的建议

（续）

	要点	执行情况 （根据实际情况填写）
信息	D. 管理层确保与可能对 CBP 合规性产生严重影响的团体进行有效的外部沟通： • 同客户、供应商、顾问、经纪人和其他可以提供 CBP 合规相关重要信息的合作伙伴进行开放和有效的沟通 • 鼓励与 CBP 等外部政府机构各方的沟通，因为它可以成为有关内部控制运作情况的信息 • 管理层确保 CBP 的建议和裁决得以实施，以纠正公司的任何问题或弱点	公司是美国进出口协会的一员，积极与同行交流，学习其他公司的合规经验 每年参加 CBP 的年度大会，实地同 CBP 交流
交流	公司采用多种形式和手段（政策和流程手册、工作人员备忘录、与工作人员定期会议等）与员工和其他人沟通重要的信息	公司内部有合规网站和相应部门可分享的存储硬盘，合规信息得到充分交流分享

监察

监察是内控五要素的最后一个要素。随着时间的推移，监察可评估内部控制的绩效和质量，并确保审计结果和其他反馈的意见得到及时处理。内部控制的持续有效与监察的程度密切相关。对于一个公司内部控制管理的评估应包括持续的监察活动、对内部控制系统或其他特定问题的评估（见表 8-5）。持续监察发生在正常的业务操作过程，包括定期的管理和监督活动，比较、核对员工们在履行职责时的行为。单项评估是一种新的评估方法，通过直接关注其在特定时间的有效性来查看内部控制。对于内部控制的评估可以采取自我评估，以及审查控制机制的设计，也可直接测试。这些内部的测试可以使用海关提供的评估工具或一些类似的工具。此外，测试应包括政策和流程，以确保管理层重视任何提交给他们的审计、审查结果和审计建议，并及时解决审计中发现的缺陷。管理人员和评估人员应考虑公司监察的适当性和它帮助公司实现目标的程度。

表 8-5　监察关注要点

	要点	执行情况 （根据实际情况填写）
持续监察	A．管理层制定策略，确保对 CBP 合规的持续监察是有效的，并规定一旦发现问题，或对一些关键的系统有顾虑，可触发单项评估。公司内建立定期的审计制度： • 管理层的战略包括日常反馈、监控活动和控制目标 • 监察策略包括识别关键的与 CBP 活动相关的系统，对这些系统需要特别审查和评估 • 监察策略包括定期评估与 CBP 关键活动控制机制相关的活动 • 提供合格和持续的监督，以确保内部控制目标的实现	合规委员会定期听取合规管理部的汇报，其中包括合规审计的报告。公司高层对合规管理持续关注
	B．在开展日常活动的过程中，公司员工能够获取有关内部控制是否有效正常运作的信息	公司合规网站会定期更新公司合规状态和合规管理信息
	C．来自外部各方的信息在内部生成的数据中得到证实或表明内部控制存在问题 • 对 CBP 官员指出的关于合规或其他反映内部控制功能的事项进行跟进	除了学习执行美国进口法，合规管理部门也跟进 CBP 发布的裁决并分析这些裁决对公司进口的影响
	D．通过员工会议获取员工对管理层提供的有关内部控制是否有效的反馈	公司有举报电话和举报邮箱
单项评估	A．内部控制中单项评估的范围和频率适合公司： • 根据风险评估结果和对合规机制有效性的持续监测来确定单项评估的范围和频率 • 引起单项评估可能是重大事件，例如战略的改变，公司的规模扩张或缩小等 • 内部控制的有些部分会经常被单项评估 • 单项评估由具备所需技能的人员进行，其中可能包括公司的内部审计师或外部审计师	在看到 CBP 的裁决后，会对特定的领域进行分析和评估

（续）

要点	执行情况 （根据实际情况填写）
单项评估 B. 评估的方法合乎逻辑且适当。包括： • 评估的方法可能包括使用自我评估清单、问卷或其他此类工具，也可以包括使用这个评估工具或类似的工具 • 单项评估可能包括对控制的审查设计和直接测试内部控制活动 • 评估小组为评估过程制定机制，以确保协调一致的努力 • 如果公司内部员工执行评估，在评估过程，需要由具有必要的权威、能力和经验的高级管理人员管理评估的全过程 • 评估小组充分了解公司 CBP 合规相关的目标 • 评估小组了解公司内部控制系统应该如何运作以及它实际上是如何运作的 • 评估小组根据评估的结果对照分析既定标准的差异 • 评估过程有适当的记录	公司的合规审计是非常严肃的事情。审计有审计的流程。建立合规风险库，对高风险的领域进行审计。保证审计报告可查。公司也会邀请外部人员对合规管理的执行进行审计
C. 在单项评估过程中发现的缺陷会立即得到解决 • 将缺陷及时传达给负责该功能的个人，并且传达至少高于该员工一个级别以上的管理人员 • 及时发现严重缺陷和内部控制问题并向上级汇报	所有审计报告都会提交给公司 CEO。主要的审计发现和整改措施会定期向审计委员会汇报
纠错措施 A. 公司有机制确保及时处理内部或外部评估的评估结果。包括： • 管理人员及时审阅评估的结果，包括那些显示缺陷的发现和可以改进提高的机会 • 管理层应对评估结果和建议采取的适当行动 • 引起管理人员关注的评估结果，管理层应要求在确定的时间框架内采取纠正措施或在内部进行改进 • 如果对评估结果存在分歧或建议，管理层可以决定这些评估结果或建议无效或不值得采取行动（管理层负责） • 管理层与评估人员协商对评估的定论	在评估中发现的问题，会查找根源，提出改进措施，并跟进改进的进度和结果 评估报告会发给所有相关的领导和合规委员会成员

（续）

要点	执行情况 （根据实际情况填写）
B．管理层对评估结果和建议做出回应以加强内部控制	管理层重视评估结果和整改措施 　　附件：执行总裁对审计报告的回复

	要点	执行情况 （根据实际情况填写）
纠错措施	C．公司采取适当的后续行动跟踪审计和其他评估的结果及建议： • 问题得到及时纠正 • 管理层调查导致审计发现的原因或建议 • 采取行动纠正审计发现或利用这个机会对合规机制进行改进和提高 • 管理层和审计师跟进审计或评估结果、建议，以及决定采取的行动，以确保这些行动的实施 • 高层管理人员通过定期报告了解审计和审查的状况，以便确保做出高质量和及时的决定	这是公司内部审计的一部分。所有审计发现都有相对应的改进措施，每一个改进措施都有相应的负责人和必须完成的时间 　　合规管理部会定期审查措施完成情况和效果

进口合规管理要点

　　上述表 8-1 至表 8-5 是我们用来对进口合规管理检查的工具。我们还必须清晰地了解进口活动在日常运作中的主要合规风险。作为一个进口商，所要关注的主要问题包括：

　　（1）进口货物的完税价格；

　　（2）进口货物的关税编码；

　　（3）进口货物的原产地；

　　（4）进口数量。

进口货物的完税价格

　　在进口货物的完税价格中，下列费用必须加进去：

❑ 佣金和经纪费；

❑ 包装费及包装劳务费；

❑ 与进口货物有关，由买方负责提供的或以低成本的方式提供并可按适当比例分摊的原材料、工具、消耗材料及类似货物的价款，以及在境外开发、设计等相关服务费用；

❑ 版税。

进口货物的完税价格根据下列流程确定：

（1）进口货物的成交价格（是卖方在销售货物时买方为进口该货物向卖方实付或应付的货物价格总额，包括直接支付的金额和间接支付的金额）；

（2）如果进口货物无固定成交价格，比如成交价格将按货物在市场上销售的情况而定，或者货物是由公司提供的样品，完税价格需用与该货物同时或大约同时向该国销售的相同货物的成交价格；

（3）如果没有与该货物相同的货物，需用与该货物同时或者大约同时向该国境内销售的类似货物的成交价格。

完税价格、关税编码和原产地直接影响到关税金额。在学习海关法律法规和准备被海关审计之前，我觉得完税价格是一个非常简单的问题，不就是进口商付给出口商的价格吗？现在我理解了，即使有海关法律法规给出的指导，在日常的工作中产品的价格问题也不是那么简单，有时甚至非常复杂。

比如，关联交易的定价问题。国际贸易在过去的几十年中得到大力发展，国与国之间的贸易关系越来越紧密。不过单凭贸易的出口或者进口数字并不能说明收益人到底是谁，因为有太多的贸易是公司内部的关联交易。2013年，联合国贸易和发展会议发布的报告《全球价值链与发展：全球经济中的投资和增值贸易》称，由跨国公司主导的价值链，在全球贸易中约占80%。如果进口商是出口商的子公司或关联公司，或者进口商是出口商的母公司，这个出口商给进口商的价格实际上是转售价格（Transfer Price）。如果进口时使用这一价格为成交价格，海关要求公司必须证明这个价格符合成交价格的标准。多年来许多跨国公司都需要向税务部门证明本公司内部的转售价格是符合收入税、营业税法律的，为此这些公司会雇用会计师事务所、咨询公司出具年度报告，向税务局证明公司的税务合规，但是少有公司证明本公司的转售价格符合海关的要求。这个问题终于成为海关进口货物完税价格关注的问题。2007年，美国海关专门发布了关于海关关联方估价的指导文章。在这篇文章中，海关指出虽然税务局和海关对关联交易之间的定价有相同的地方，但也存在很多差异。海关重申了它在其几项裁决中所采取的立场，即使进口商的转让定价方法满足税务局的要求，也不能确定该转让价格就是海关可接受的交易价格。[⊖]

　　如果你的公司有跨境的关联交易，公司内部的转售价格就是海关关注的进口风险之一。

　　海关对于买方为卖方免费或低价提供的原料、工具、科研方面的帮助是否纳入完税价格也是十分关注的。这些买方，即进口商，提供给卖方，即出口商的免费或低价的物品或技术统一被海关称为援助（Assist）。从海关对我们的评估也可以看出，只要"援助"这两个字出现在财务报表上，就会引起评估人员的注意。这些援助都要按价纳入完税价格，如果不慎忽略了援助的价值，或者有意遗漏援助价值，一旦被发现，海关将对进口商重罚。美国国际贸易法院（CIT）和联邦巡回上诉法院因福特在1987～1991年的一系列进口中对其进口价值的申报不足而对其进行处罚。福特的问题是进口过程中的疏忽造成的。具体来说，福特为出口商提供了"援助"，但没有在其入境文档上申报

　　⊖　资料来源：https://www.cbp.gov/sites/default/files/assets/documents/2020-Feb/icp089_3.pdf。

这些价值。法院最终以疏忽为由处罚福特近 2000 万美元。[一]

除此之外，版税（Royalty）也是完税价格不容忽略的一部分。在许多国际公司，生产产品和管控版权的不是同一业务部门，而且往往不在同一国家，公司可能把版权放在一个收入税低的国家或地区，比如瑞士或百慕大，而生产却在一个最有利物流和生产产品的国家或地区，这样一来，物品生产国出口这些产品的发票上的价格只是产品的生产价格，进口单位需另外付版税给版权管理国。这些版税的支付不涉及供应链的管理，很难被海关发现，但一旦查出，罚款金额是相当高的。如果进口国除了进口关税，还有增值税或商品及服务税（GST），或其他因进口而产生的税种，这些进口商也要缴纳。

进口货物的关税编码

进口关税的税率取决于商品的关税编码和原产地。虽然各国的进口关税率不同，商品的关税编码也不尽相同，但 WTO 所有成员的商品，关税编码前 6 位数字应该都是一样的，都应该是遵守统一进口税则表的，因而同一商品如果在进出口文档上关税编码的前 6 位数字不一致，就可能引起海关的注意。如果你进口的某商品的关税编码曾经得到海关官员口头认可，除非你能证明海关官员确定的编码有误，否则你应该按其提供的编码清关报进口关税。如果海关给出了书面决定，那么一定要按决定的编码报关。

进口商品关税编码的认定是一个非常复杂也是经常有争议的问题。即使同是海关官员，他们有时也不能统一口径，对从不同的港口进口的同一种产品，都可能会被认定为不同的编码，有时不同的编码，进口关税率是不同的。这个问题在近几年已经得到了很好的解决。许多

[一]　参考 United States Court of Appeals for the Federal Circuit 05-1584。

国家的海关都有全国一致的通关信息系统，这大大提高了各港口清关的统一性。

　　我在电子设备公司时就遇到过一个产品关税编码的问题。2002年，美国总统乔治·W.布什对进口钢铁征收额外关税，签署了对钢材进口的特殊进口关税的总统令，将钢铁和钢铁制品的税率从0～1%提高到8%～30%。虽然这个关税政策在2003年年底被布什取消，当时对我们还是产生了不小的影响。征收这些关税是为了让美国钢铁制造商免受钢铁进口激增的影响，据说当时已有30多家美国钢铁制造商宣布破产，这些制造商最初要求进口钢材缴纳高达40%的关税。由于美国和加拿大、墨西哥有NAFTA，因此对加拿大和墨西哥免征关税。此外，阿根廷、泰国和土耳其等其他一些国家也被豁免。后来的事实证明这个关税政策对美国的国内生产总值（GDP）不但没有帮助，还起了副作用。这也是为什么这个政策在推行一年多后就被取消了。

　　当我的进口合规经理告诉我这项政策的颁布时，我并没有太在意，因为我想：我们工作的电子设备公司是一家办公自动化的设备公司，对钢材加税的政策怎么会影响到我们公司？然而，进口合规经理的回答让我不得不警觉起来。她说这个政策不但对我们有影响，而且影响非常之大。作为一家办公自动化设备公司，公司生产打印机、复印机、传真机等，后来又生产多功能机——一台可以打印、复印、传真的设备。在各类传真机中，安全传真机的毛利率较高，其他设备的毛利率都是很低的。记得我在访问公司在上海保税区的工厂时，要求他们按C-TPAT中的要求改建仓库运输等供应链安全措施，主管供应链的同事很诚恳地对我说："请你们一定要找到一个既符合美国海关对供应链安全的要求，又投入最少资金的方法，否则我们真的是投入不起。"这家在上海的工厂是生产传真机的，他问我："你知道我们每生产一台传真机能有多少毛利吗？"随后，他自问自答地说："不到5元钱。"这让我也很吃惊，但我马上意识到这和其他设备没有太大的区别，这种公司卖设备是不赚钱的，不赔钱就很不错了，利润主要来自配件和耗材。我们进口的配件就有许多钢材制品，有些配件只能用于公司生产的设备上，这些配件就会按设备的配件进口，那么进口税就会按设备的进口税来计算。而这些设备的税率一直比较低，有许多的设备税率是 0，因此配件的税率也是 0。但如果一个配件有多种功能就不能以这个设备的配件来进口了，而要按通用设备配件的进口税率来付关税。对于这些配件，任何进口关税税率的提高都会直接影响到公司的利润。对于毛利率低的公司，哪怕是 1% 的提高也会有很大影响。

我们就有一批这样的配件，我印象最深的是打印机上的电晕丝，它的样子与细钢丝没有区别，就像吉他上那条声音最高的最细的琴弦，它在打印机上起的作用是让碳墨均匀地分布在打印纸上，是打印机不可或缺的一个配件，每年进口量还不少。我们原来也向海关申请过，要求将这个配件划分到设备配件的关税编码上，但海关没有同意，理由是这条细细的看起来像钢丝的产品可以有其他的用途。既然它不能被认为是特定设备的配件，我们的进口部就把它归类为钢铁制品了，因为当时这种钢铁制品的税率不高，只有 1%，可是现在可能变为 30% 的税率，而这种产品的价值又非常高，这样我们要付的进口税就很高了。进口税有不同的计算方法，主要是用税率乘以进口产品的价值，除此之外还有根据产品的数量计算的，或者根据价值和税率得出税款后，再加上其他税务要求。同一款产品，今天进口与明天进口的税率也有可能不一样，而且差别还特别大，这是因为有些产品有进口配额。在配额用完前是一个税率，而配额用完后又是一个完全不同的、额外的、特别高的税率，有些产品如果配额用完了还会被海关直接拒之门外，不能进口了。我们当时遇到的情况是要进口的产品进口税率大幅提升。

自从得到这个钢铁税率调整的消息，我和进口部的经理以及采购部的经理在一起头脑风暴了多次。采购部的一位同事出了一个主意：我们的配件采购绝大多数是关联交易，即我们美国的电子设备公司向它在日本的配件中心采购电晕丝。现在进口税这么高，我们是否可以同配件中心讨论一下，将价格下调，价格低了进口税就低了。这个建议马上被进口合规经理和我否定了，这是完全不合规的，而且在这种时候调整价格也会引起海关的特别关注。不合规的事情我们不能做。

那几天我满脑子都是怎样能解决这个突发的税率提高的问题，我和进口合规经理又回顾了一遍，在当初申请这个产品被定义为设备配件的过程中，我们的努力还不够，主要原因就是当时的税率低，没有花大力气去做。因此我们决定拿着产品和设备的说明书去找我们平时联系的海关产品分类专家，向她再申请一次，做最后的努力，看能否将电晕丝归类于设备配件。一个星期后，我们约到了在纽约的海关产品分类专家，她是一位在海关做进口产品分类超过 20 年的律师。我们很认真地向她提出了我们的诉求，认为我们的产品不应该被定为钢铁制品，而是设备配件。她很耐心地听了我们的申诉，然后问我们："你们带产品的样品来了吗？"进口合规经理马上从她的提包中取出样品。这位专家拿过样品，从她的办公桌上拿来一块吸铁石，用吸铁石去碰这根电晕丝，但发现它根本没有被吸住。她马上对我们说这个产品不是钢铁制品，让供应商出一份这个产品的详细材料组成分析报告。当时我们感到自己为什么这么傻，为什么自己就不能用吸铁石检查一下？因为我们根本就没有怀疑它不是钢铁制品，一直在想能否让它变为一个特定的配件。固化思维好害人！

我们非常高兴地得到这个结果，马上联系日本的配件中心给我们出具了一份这个产品的材料构成证书，原来这是一个合金制成品。

回到公司后，我们马上请仓库的同事找了几款目前我们认为是钢铁做成的配件的样品，然后用这位专家的方法来甄别这些产品是否为钢铁制品。虽然这几款产品的价格不是很高，但如果它们不是钢铁制品的话，还是可以为我们省下不少进口税的。

因为处于特殊的时期，我们要改变原来钢铁制品的产品分类是一件比较敏感的事情，为了不引起怀疑，我们需要做两件事。

第一件事就是要我们日本的配件中心出具每一个产品的材料分析报告。让我们大跌眼镜的是有几样产品根本就不是钢铁制品，居然是塑料制品，但是外观做的和钢铁制品一样，让你用肉眼无法辨认出是钢铁制品还是其他制品，真的起到了鱼目混珠的作用。这也告诉我们，千万不要盲目相信你的眼睛，你看到的、认为的事实可能根本不是事实。

第二件事，我们必须把这些产品分类有错误的进口信息做一个分析，看看在新的关税编码下，我们是否还需要给海关缴税，不论是否要多缴税，我们都需要做披露，承认自己的错误，并承诺在将来的产品分类工作中要采取的行动。我们的披露得到了海关的认可，没有因为这些披露而影响我们作为一家合规的进口商的形象，也没有因为这些披露而影响我们后来加入 ISA 的申请，反而成了我们加入 ISA 的一个加分项，当然我们在整个过程中对那位海关产品分类专家非常地佩服和感谢，她后来成为我们经常拜访的一位海关官员。

在供应商的配合下，在海关产品分类专家的指导下，在团队全体同事的努力下，这个对钢铁和钢铁制品的加税政策没有对我们的进口造成大的影响，而且让我们配件产品进口关税分类更加合规，这真的证实了祸兮福所倚，福兮祸所伏！

如果进口商对进口完税价格、进口商品关税编码和产品原产地国产生疑问，可以像我们这样非正式地向海关专业人员请教，也可以向海关正式申请，由海关做出统一的决定。一旦海关做出了决定，这个决定就具有法律效应。美国海关专门有一个关于海关决定的网站"海关裁决书网上查询系统"（Customs Rulings Online Search System，CROSS）[⊖]。这是一个非常有帮助的网站，关于进口到美国的问题，只要输入关键字，就能查到海关在过去多年对于这个问题的裁决。在所有裁决中，有一大部分都是关于商品进口关税编码的认定。

进口货物的原产地

如同进口商品关税编码一样，原产地也会经常成为一个非常棘手的问题，一个出口商生产了一件衣服，但面料产于英国，染色发生在意大利，成衣在中国，包装和标志是在新加坡完成的，最后从新加坡出口到美国，那么哪个国家是这件衣服的原产地呢？

WTO 的成员对货物原产地的定义大致一样：完全在一个国家（地区）获得的货物，以该国（地区）为原产地；两个以上国家（地区）参与生产的货物，以最后完成实质性改变的国家（地区）为原产地。但是在如何理解"最后完成实质性改变的国家（地区）"，不同国家之间是有区别的。同一个国家，不同的双边互惠协议对于原产地的定义也有不同。

商品关税编码是决定进口商品税率的关键，但商品关税编码一样，而原产地不同，有时会适用不同的税率，而且原产地还起着许多其他作用，例如：

- ❑ 有些产品，根据不同的原产地，有不同的进口配额，美国对中国的纺织品就有过多年的配额历史；
- ❑ 有些产品会受到反倾销的制裁，反倾销的税率有时比一般的进口税率要高出十倍，甚至几十倍，反倾销产品是根据不同原产

⊖　海关裁决书网上查询系统：https://rulings.cbp.gov/home。

地国家和制造商决定的；

❑ 各个国家可能会设立单边、双边或多边无进口关税条约，一旦货物被证明是产于无进口关税条约国的，进口商就能免税进口这些商品。

由于原产地不同，关税税率可能不同，因此原产地的准确判定非常重要，是进口合规不可忽略的一部分。对于原产地的标注，法律也有详尽的要求。美国的进口法规规定，原产地必须写在包装箱外，也必须清楚地标在物件上。如果标注了错误的原产地或原产地标注不清楚，根据错误引起的原因，进口商会被处以不同的罚金，有些不但有民事处罚，还有刑事处罚。

原产地的认定对所有的贸易协定，或者双边、多边贸易互惠都是至关重要的要求。2019 年 8 月，美国司法部发布消息，三星电子美国公司，一家总部位于新泽西州的电子产品分销商和营销商，同意支付230 万美元的罚款和司法部达成和解，以解决有关其违反美国《贸易协定法》（Trade Agreements Act，TAA）的违规行为。美国于 1979 年制定 TAA 是为了规范美国与外国之间的贸易协定。TAA 的主要特征之一是它将美国政府的采购限制在美国制造的产品或在 TAA 指定国家 /地区制造的产品，只有这些产品被称为"符合 TAA 标准"。从 2005 年1 月到 2013 年 8 月，三星电子美国公司故意向其经销商提供有关产品原产地的不准确信息，提交虚假的原产地证明，导致其产品得以通过美国总务管理局一个叫做多重奖励计划（Multiple Award Schedule，MAS）的合同。能够上到这个合同清单上的产品允许任何联邦机构购买。原产地的错误导致三星电子美国公司违反了 TAA 的规定而受到司法部的处罚。

你可能疑惑美国海关是怎样知道进口产品原产国的。每年从一个国家进口的产品都是有统计数字的，某项产品从某国的进口突然大幅提高就会引起关注。海关官员只要取一点样品，在实验室一化验就能知道该产品产自何地。几乎对于所有进口产品，海关都有国别判断的方法。如果是与服装相关的，例如，从缝衣服的线、做工、面料等都能判别服装产于哪个国家或地区。

有时不光是原产地决定进口的税率，因为生产的厂家不一样，进口的税率也不相同。轴承是美国多年来反倾销的一种产品。对于反倾销的税率，不光取决轴承产于何地，还取决于产于哪一家公司。比如，某些来自韩国的圆锥滚子轴承，对轴承艺术公司的反倾销税率是8.21%，对舍弗勒韩国公司（Schaeffler Korea Corp）的反倾销税率是52.44%，对其他韩国公司的反倾销税率是30.25%。因为我们公司的业务包括零部件的进口，我的团队对于进口的轴承就需要特殊管理。所有与轴承进口有关的文档记录也需要被特殊对待。

2022年，美国国际贸易管理局已开始调查在柬埔寨、马来西亚、泰国或越南使用来自中国的零部件完成的晶体硅光伏电池（无论是否组装成组件），如果其认定这些产品规避了针对此类产品的反倾销、反补贴的关税令，这些产品就可能会被征收反倾销、反补贴的关税，不论是否直接从中国进口。

原产地不光对平常的进口重要，而且是能否享受单边、双边、多边自由贸易的主要依据。目前，美国与许多国家有自由贸易的协定，中国也与许多国家有自由贸易的协定，虽然每一个贸易协议都有原产地的规定，但每一个协议对原产地的具体规定可能有不相同之处。在申请自由贸易前要详细了解原产地的要求。

进口数量

与之前的三个问题相比，进口数量是比较好确定的问题。我曾经认为这不应该是一个问题，不过就是将实际的数量报给海关，直到我自己遇到如下的麻烦：

- 供应商没有如数发货，出现多发或少发的现象。这种情况一般出在零配件的采购上。如果这个零配件是反倾销、反补贴产品，进口税率会很高，容易让海关怀疑进口商的动机。即使产品是零关税，海关也要求准确申报进口数量。
- 出口国与进口国关税要求的计量单位不同也会引起数量上的很多差异。我们曾经在进口一种产品时，关税税率表上规定以"打"为单位计算数量，而出口方以"件"为单位，因此我们申报的数量就是实际数量的 12 倍。

数量的错误直接影响关税的多少，而且在有些国家进口数量错误可能被认为是走私，几乎不给进口商解释的余地，因此一是要同出口商强调出口数量的准确性，二是要了解两国贸易中数量的计量单位。

在我所做的所有合规管理领域中，能直接迅速体现价值的应该就是进口合规管理了。我们谋划一个策略，规划一个项目，或开展一场谈判，往往朝双赢的方向努力，而能做好进口的合规管理工作，不光能创造双赢，还能创造三赢（win-win-win）。进口的法规法律比较复杂，如果能够深刻理解进出口法规法律，将给公司创造多赢局面。

如果公司有一个好的进口合规官，公司可以减少合规风险，提高海关对公司的信任，同时可以让公司合理利用本国双边和多边关税政策而合理避税。一个好的进口合规管理机制可以加快进口的清关，缩短供应链的时间，进而达到减少库存的目的。

美国《出口管理条例》要点

如果一个国家通过各种手段，如高额进口税、进口配额、进口限额、进口许可证，对进口严加管制，主要目的是保护自己国家工农业的发展，增加国内就业的机会等，那么出口管制就有多种原因。美国是出口管制最严格、出口管制原因分得最细的国家，很多政府部门都参与到出口的管制中。粗粗数一下就有财政部、国务院、国防部、能源部、国土安全部、司法部、商务部等部门和组织。每一个部门在出口管制中起到的作用有相同的地方，也有各自的特色。比如：

- ❑ 财政部下属的 OFAC：为实现美国的外交政策和国家安全目标而有针对性地对外国政府、组织和个人实施经济和贸易制裁。财政部是美国最终用户审查委员会（ERC）的一员。
- ❑ 国务院下属的 DDTC：控制美国军用品的生产、出口贸易。国务院是美国最终用户审查委员会的一员。
- ❑ 国防部下属的国防技术安全局（Defense Technology Security Administration，DTSA）：管控受国防部管制技术的出口和军事机密信息与他国的分享。国防部也是美国最终用户审查委员会的一员。
- ❑ 能源部：控制与特殊核材料生产有关的技术的出口和再出口。能源部是美国最终用户审查委员会的一员。
- ❑ 国土安全部下属的 CBP：管控产品的进出口，执行各部委的出口要求。
- ❑ 司法部：执行对出口管制刑事违规的处罚。
- ❑ 商务部下属的 BIS：控制包括两用物项在内的美国产品，不论是实物、技术，还是软件等的出口管制。一般绝大多数非军用品生产厂商的产品都属于 BIS 管控。商务部是最终用户审查委员会的主席。

在所有这些政府机构中，对于生产两用物项，即产品、技术既可民用也可军用的公司来说，管控最多的是 BIS。BIS 成立于 1987年，2002 年以前还被称为 BXA，即出口管理局。2002 年 BXA 更名为 BIS。在"9·11"事件之前，不生产高科技和生化产品的公司可能很少和 BXA 打交道，大多数美国公司甚至不知道 BXA 的存在。随着世界政治格局的变化，美国改变了对出口控制的要求，扩大了 BXA 的职责和范围。在 2000 年的年度报告中，BXA 是这样描述自己的：BXA 负责实施和执行出口两用物项的法律和规定，包括再出口，另外 BXA 也管控美国公司和个人有关防止大规模杀伤性武器扩散的活动。2002 年 4 月 BXA 更名为 BIS 时，BIS 是这样解释的：虽然 BIS 的一项核心任务是继续负责实施和执行两用物项的管控，BIS 的职能还包括管理更大范围的非出口业务中的产业和国家安全的相关职能……在今天的世界中，产业和国家安全比以往任何时候都更加紧密地交织在一起。

由于大多企业的产品都在 BIS 管控之列，而且最近几年来，越来越多的中国公司被列入 BIS 的各种清单，因此这里将着重讲述 BIS 的《出口管理条例》（EAR）以及要关注的风险。EAR 是 BIS 执行出口管制规则的行政法规，此条例也包括反抵制法规的内容，即禁止美国公司支持或实施对美国友好国家的抵制行为，而中国公司较少遇到这一问题，因此这一问题，我们在此不做展开。

EAR 主要由 24 个章节组成[⊖]，每一个章节都很重要，我经常会用到的有：

- 734：《出口管理条例》的范围。
- 736：十条禁止（十禁）。
- 738：商业管制清单概述和国家／地区管控图表。
- 740：出口许可证例外（豁免）。
- 744：控制政策：最终用户和最终用途管控（含管制清单等）。

⊖　参见美国《出口管理条例》：https://www.bis.doc.gov/index.php/regulations/export-adminis-tration-regulations-ear。

- 764：执法与保护措施：违法行为定义、罚则，自我披露等行政
  执法措施。
- 774：商业管制清单。

下面是我对以上这些章节的理解。（742 章：根据两用物项的管控
政策也非常重要，不过我们在讲两用物项的管控时，就会讲到此管控
政策。）

734 :《出口管理条例》的范围

在我们了解具体哪些物项受到 EAR 管辖之前，我们先看看出口、
再出口和转让这三个经常被提到的出口中的词汇。

出口：以任何方式从美国实际运送或传输，将物项（实物、软件
或技术等）发送至美国以外的国家和地区；向在美国的非美国人传授
受 EAR 管控的技术或源代码（视同出口）。

再出口：以任何方式从美国以外的一个国家或地区将受 EAR 管控
的物项实际运送或传输至另外一个国家或地区。

转让（转售）：在美国之外的同一个国家内，受美国出口管制的物
项的最终用途或最终用户的变更。

一般实物的出口或者技术、软件从一个国家出口到另一个国家比
较好理解，而对于将技术和源代码传授给在美国的非美国人这类出口
（视同出口）就值得关注。如果一件物品被列在商业管制清单上，与之
对应的技术将同样受到控制。而且美国对技术出口的控制甚至比对物
品出口的控制更严格。对技术的控制不仅包括限制将技术传送到美国
国外，而且如果美国公司（人）将技术传授给在美国访问、上学、工
作、居住的外国人，在美国 EAR 下，就等同将这一技术出口至该外国
人所属的国家。因此，如果一项技术出口到某个国家需要申请出口许
可证，那么当向在美国的外国人（不包括有美国永久居民权，或有在

美国政治庇护身份的外国人）传授这项技术时，同样需要申请出口许可证。否则，这种传授将被视为出口违规。

为了进一步加强视同出口的管理，2011年，美国要求在申请H-1工作签证时，申请人一定要说明H-1签证的持有人是否会涉及两用管控物项（实际物品和技术），如果答案是肯定的，那么应当评估将这个物项传授给H-1签证持有人是否需要出口许可证；如需要出口许可证，则在获得出口许可证前，公司不得让H-1签证持有人接触出口管控产品，也不能向其传授受管控的技术。

再举个例子。如果一家中国公司在美国设有子公司，中国公司的中国籍领导可能访问美国的子公司，按公司流程，子公司的技术主管有义务向总部领导汇报某一项目技术进展。虽然从公司的关系上看，这是同一家公司，这一场景不会存在知识产权保密的问题。但是由于美国出口管制的法规，美国子公司可能要在获得美国出口许可证的情况下，才能向公司的中国籍领导汇报该项目的技术进展，即使这项技术在中国已经存在，甚至可能比美国的还要先进。但根据EAR，如果要求获取出口许可证，那么在出口许可证获得前，美国子公司的技术主管同中国籍领导交流这项受限技术，就是违反了EAR。（在申请出口许可证时，可以在备注一栏中注明技术来自中国等情况，这会加快出口许可证的办理。）

再比如，中国有一家公司，在美国设立了一个科研所。科研所的一切费用都是中国母公司投入的。母公司决定派几名工程师到美国的科研所学习。科研所需要对自身的技术、软件和资料进行分析，将这些技术、软件、资料（也可能是设计图）进行出口管制分类，找出它们的出口分类编码，根据这些编码来确定将这些物项出口到中国是否需要出口许可证。如果需要出口许可证，科研所只有在获得BIS的出口许可证后才能接待这些中国的工程师。在我原来工作的公司中，也有外国分部的同事要来美国总部访问，我们需要申请出口许可证。有些同事不解，他们说这些知识产权都是公司的，我们可以决定同谁分享和不同谁分享。这没有错，但这个技术首先受到国家法律的管制，先有国家法律法规，后有公司规章制度！公司一定要先遵守国家的法律法规。

734 章节说明了 EAR 对物项和行为的管辖范围，具体包括：

（1）所有美国生产的物项（硬件、软件、技术等），无论这个物项目前在何处。

（2）所有在美国的物项，不论这个物项产于哪个国家。

（3）超过最小占比的外国产品，即非美国生产但包含一定的美国生产部件的产品。

（4）包含特定美国部件、软件、技术的产品（如果有这些特定的物项，这些在非美国生产的物项也是受 EAR 管控的产品。这些物项不适用最小比率值规则）。

（5）有些美国物项生产的直接产品（外国直接产品规则）。

（6）所有美国人（公民、绿卡持有者等）的部分行为，无论身在何处，如涉及大规模杀伤性武器行为和 EAR 中列明的行为。

（7）所有在美国人的部分行为，不论你是否是美国公民或绿卡持有者，也包括在美国的访客。

第一点很好理解，只要是美国生产的物品、技术，即使离开美国到了其他国家，仍然受 EAR 的管控。上述所列第二点需要我们注意，出口管控对于美国物项的认定和海关规则下的原产地认定是不同的。任何国家生产的物品，一旦到过美国，就会被认为是受 EAR 管控的物品，原因是物品在美国时可能被进一步加工，也可能被加入美国的技术。

在一次业界的交流会上，有一位同人讲述了他遇到的困境。他们公司在印度的研发中心研发出一款新产品，美国总部要求研发中心将产品送到美国总部的质量检测中心测试。测试完毕后，公司将此产品原样寄往印度研发中心做进一步的改善。这个产品在海关卡住了，海关查看后认为它是一个属于 DDTC 所执行的《国际武器贸易条例》管控的军用物项。一家公司如果生产军用物项，根据当时的法律法规要求，这家公司必须到 DDTC 去注册。所有的军用物项出口都必须有 DDTC 的出口许可证。不但这个产品不能马上寄往印度，而且这家公司因为在进口这件军用物项时没有申请进口许可证，已经违反了美国军用物项进口的要求：所有军用物项的进口也必须有进口许可证。

　　如果一家中国公司在美国的分公司收到中国生产的物项，再将其从美国出口到其他国家，或者将其送回中国，必须按 EAR 执行。如果该物项需要出口许可证，即使美国分公司对该物项没有进行任何改进，也需要申请出口许可证才能再出口到中国。

　　第三点是"超过最小占比的外国产品"的认定。随着世界贸易的发展，供应链越来越复杂，我们在中国生产的产品也可能包含美国的零部件。如果中国产品中含有的美国管制的零部件超过一定的价值比例，将导致这个中国产品受到美国 EAR 的管制。这里的"美国管制的零部件"指如果这个零部件在 EAR 的两用物项清单上，而且出口到中国需要出口许可证（即美国管制产品），那么购买这个零部件的价钱就应该算到"美国成分"中。把一个产品中所含有的美国管制部件的价钱加起来，除以这个产品销售的总价值，如果这个比值大于或等于 25%，那么这个在中国生产的产品就受 EAR 的管控。如果中国的公司要将一个比值超过 25% 的产品卖给一家在美国实体清单（Entity List）上的客户，那么这家公司必须取得美国出口许可证，否则就违反了 EAR。对于大多数国家来说，如果美国管制部件的价值和产品销售价格的比值不高于 25%，这个产品就不会被认定为受 EAR 管制的产品，但对于被美国制裁的国家，比如伊朗、古巴、朝鲜，这个比值是 10%。

　　要判断产品是否超过 EAR 规定的最小占比，需要两个数字，一个是美国受控产品的采购价格，这个应该从采购部就能拿到。另一个是销售给最终用户的价格，这个比较难一些。比如，如果你只向分销商销售产品，你使用哪个价格来计算市场公允价格呢？你也不知道最终用户的购买价格。在这种情况下，分销商应当被视为最终用户，因此你销售给分销商的价格就是用来计算最小比值的数字。如果你以折扣价格（例如，关联关系或特殊客户价格）出售给分销商，你应当使用非折扣价格（市场公允价格）来计算。这些数据及其计算过程都应该保存好。这是与出口管制密切相关的信息和记录，需要至少保存 5 年。

　　ICT 行业要注意的是有些非美国生产的高性能计算机包含美国的特定半导体部件，或是非美国生产的加密技术用到美国的受控加密技术。对于上述类型的受控美国部件或技术，无论价值多少，含有这些美国部件或技术的非美国产品都是受美国出口管制的产品。

　　有些非美国生产的物项本身并没有包含美国生产的部件或技术，可是这些物项也可能是被 EAR 管控的物项。在出口管制范围 734.9 一节中讲到外国直接产品。非美国生产的物项如果在研发和生产过程中用到特定（在 734.9 专门列出）的软件或技术，由这些软件或技术建立或生产出来的工厂、设备或工具，在销售给一定类别的国家或用户时，这些在美国之外生产的物项将因"外国直接产品规则"而要受 EAR 的管控。

　　在"出口管理条例的范围"一章中，也阐述了哪些是不受 EAR 管控的，比如：

- 美国政府其他部门管控的物项（这只是变换了政府的管控部门，并不是没有出口管控，比如军火由 DDTC 管控）；

- 公开发表的信息（书籍、杂志、图文资料、录像带）；
- 公开的专利或可在任何专利局查看的专利申请；
- 基础研究的信息，即科学、工程或数学研究的结果不受国家安全或其他原因的限制，通常会被在研究界内广泛发布和分享。

736：十条禁止（十禁）

EAR 列出了十条禁止出口物品和交易的一般规则：

（1）如果出口的物品需要出口许可证，在未取得出口许可证或没有出口许可证豁免时，不得出口或再出口。

（2）如果在美国以外国家生产的物品，含有美国管控的部件和技术，且含有的成分大于最小占比，在未取得出口许可证或没有出口许可证豁免时，不得出口或再出口。

（3）对于受直接产品规则限制的非美国产品，在出口、再出口或转移时可能需要美国的出口许可证，在未取得出口许可证或没有出口许可证豁免时，不得出口或再出口。

（4）禁止与被 BIS 列入拒绝令，或出口特权被终止的公司和个人进行交易。

（5）禁止在没有获得出口许可证的情况下出口或再出口任何受 EAR 管辖的物项至被 BIS 限制的最终用途和最终用户。

（6）在未取得出口许可证或出口许可证豁免时，禁止出口或再出口至美国禁运或限制的国家和地区，包括：古巴、伊拉克特定领域、朝鲜、俄罗斯、克里米亚地区、伊朗、叙利亚，以及白俄罗斯特定行业。

（7）禁止美国人支持扩散活动和军事情报最终用途和最终用户的行为。

（8）禁止在无出口许可证的情况下，在下列国家进行转运：亚美尼亚、阿塞拜疆、白俄罗斯、柬埔寨、古巴、格鲁吉亚、哈萨克斯坦、吉尔吉斯斯坦、老挝、蒙古国、朝鲜、俄罗斯、塔吉克斯坦、土库曼斯坦、乌克兰、乌兹别克斯坦、越南。

（9）禁止违反出口许可证所要求的条件或出口许可证豁免中所要求的条件。

（10）禁止明知故犯，即在明知出口已经违规或出口违规即将发生的情况下继续交易。

这十条出口禁令都非常重要，违反任何一条都有可能让公司和个人受到 BIS 的处罚，但禁令对公司的影响程度可能因公司的产品和业务模式有所不同。

第 5 条对中国公司的影响就比第 4 条更严重，虽然第 4 条禁令要求更严格。第 4 条禁止公司同被列入拒绝令的公司进行任何交易，即不能出口、再出口美国物项给这样的公司，也不可以从这样的公司购买美国物项。而第 5 条因为中国有许多公司、组织、学校被列入了美国的实体清单、最终军事用户清单，在没有取得出口许可证的情况下就不能出口、再出口，或转售任何受美国 EAR 管控的物项。根据这些被列入清单的实体的实际受控程度，有些限制只是交易具体特定的产品才需要出口许可证，但大多数情况下是提供任何受 EAR 管控的物项，无论这些物项是否在两用物品清单上，都需要出口许可证。美国对中国实施军事禁运，即除非有出口许可证，否则禁止向中国出口受管制的军事最终用途和最终用户的物品清单上的产品。BIS 管控的两用物项出口到中国只能民用，不能军用，否则用户很可能被认定为军事用户，而受到 BIS 的出口限制。

第 9 条也是需要特别注意的。如果你的物品是你的供应商，即出口商，通过获取出口许可证而出口的，你一定要认真仔细地学习出口许可证上的每一项要求。出口许可证上的要求等同出口法规的要求。

对这些通过出口许可证进口的产品要进行特殊管理，而且管理的记录和文档要至少妥善保存 5 年。

738：商业管制清单概述和国家／地区管控图表

这一章节对于出口管制的行动至关重要。了解这一章节可以帮助你判断你的物项在出口或再出口时是否需要出口许可证。这一章我们主要的是要掌握三个问题：

（1）熟悉 EAR 中的商业管制清单（Commerce Control List，CCL）；

（2）熟悉贸易管制国家分类表；

（3）确定物项出口、再出口是否需要出口许可证。

受美国 EAR 管控的物项可以分成两大类：一类是不在商业管制清单上的，这一类我们用的出口管制分类编码（Export Control Classification Number，ECCN）是 EAR99；另一类是列在商业管制清单上的物项，这些就是我们常说的两用物项。两用物项的 ECCN 就复杂了，由 4 个数字和一个字母组成。

第一位是数字，将物项分为 10 类：

0：核材料、设施、设备及其他；

1：材料、化学品、微生物及有毒物质；

2：材料加工设备；

3：电子类；

4：计算机类；

5：电信与信息安全类；

6：激光器与传感器类；

7：导航与航空电子类；

8：船舶类；

9：航空航天及推进类。

第二位是字母，将物项的性质分成 5 类：

A：设备、组件与零件；

B：测试、检验与生产设备；

C：材料；

D：软件；

E：技术。

例如，某个物项的 ECCN 是 3A001。第一个数字"3"说明这个物项是一个电子类产品，"A"说明是设备或者组件，那 A 后面的数字是什么呢？一般来讲，字母后的数字是 0、1、2、3、5、6 或 9。它们分别表示：

0：因国家安全原因受控物项及核供应国集团两用品清单和触发清单所列物项；

1：因导弹技术原因受控的物项；

2：因核不扩散原因受控的物项；

3：因生化武器原因受控的物项；

5：因外交政策原因受控的物项；

6："600 系列"控制项目，因为它们原本是瓦森纳安排（又称"瓦森纳协定"，The Wassenaar Arrangement）军品清单上的或以前在美国军需品清单（USML）上的，这些产品在前总统奥巴马的出口管制改革中从 USML 中挪到了 CCL 中（600 系列的产品被禁止向中国出口）；

9：因反恐、犯罪控制、地区稳定、紧缺物资、联合国制裁等原因受控的物项。

最能够让我们知道为什么这个物项会被列入 CCL 的就是在每一个 ECCN 下都有这个物项被控制的原因。原因可能是下面所列的任何一种或多种。这些原因分别是：

AT 反恐怖主义	NS 国家安全
CB 化学和生物武器	NP 核不扩散
CC 犯罪控制	RS 地区稳定
CW 化学武器公约	SS 供应短缺
EI 加密物项	UN 联合国禁运
FC 武器公约	SI 关键物项
MT 导弹技术	SL 窃听

ECCN 的第四位数字说明这个物项受国际多边管制还是单边管制，如果是数字 0～8，这个物项受到的管制就是多边的，比如瓦森纳安排、核供应国集团（Nuclear Suppliers Group，NSG）、导弹及其技术控制制度（Missile Technology Control Regime，MTCR）等组织同时管控；如果是数字 9，那就是受到美国单边管制。ECCN 的最后一位数字只是表示该物项在管控清单中的序号。

作为一个进口商，我们也希望知道自己要进口的产品是否在 CCL 上，是否需要出口许可证，甚至在了解了这些情况后，对要进口的物项进行重新考量，选择既满足业务要求，又不需要出口许可证的产品。举例来说：如果你要进口一台生产化学产品的搅拌器（agitator），那它很可能属于 2 类材料加工设备，又因为是生产设备，所以 ECCN 应该是 2B。当你打开 CCL 时，利用文档搜索功能来检索 "agitator" 的字样，你就可以得知这个化学生产上用的搅拌器的 ECCN 是 2B350.b。虽然搅拌器这一类别被列入 CCL，你还需要根据清单中的详细描述来确认你所要进口的搅拌器是否在控制之列。CCL 对每一个物件都有详细的描述，对搅拌器的描述是这样的：

用于 2B350.b 所描述的容器或反应器的搅拌器，在处理或装载化学物时直接与化学物接触的表面的材料组成：

b.1.5 含镍比重超过 5% 和含铬比重 20% 的合金；

b.2 镍或镍含量超过 40%（重量）的合金；

b.3 含氟聚合物（聚合物或弹性体材料含有超过 35% 的氟）；

b.4 玻璃（包括玻璃化的或搪瓷的镀膜或玻璃衬里）；

b.5 钽或钽合金；

b.6 钛或钛合金；

b.7 锆或锆合金；

b.8 铌（钶）或铌合金。

如果你可以选择一款和化学物直接接触的表面所用材料不在上列描述中的搅拌器，那么你将无须事前获得出口许可证（当然你不能被列入被禁止交易的黑名单上），如果你必须选用一款受控制的搅拌器，在了解搅拌器的 ECCN 后，下一步需要了解的是为什么搅拌器被列入了 CCL，也就是要了解受到出口管控的原因。

如表 8-6 所示，根据 CCL，对这一物项管控的原因是 CB、AT，也就是说对搅拌器进行出口管控有两个原因，一个是防止化学和生物武器扩散，另一个是反恐怖主义，具体原因在国家 / 地区管控表的 CB 第二列和 AT 第一列。

表 8-6　管控原因

管控原因：CB，AT

管控	见 738 章附件 1 国家 / 地区管控表
CB 适用于整个条目	CB 第二列
AT 适用于整个条目	AT 第一列

知道了物项的 ECCN，且知道了管控原因，下一步要搞清楚这个物项出口到某一国家 / 地区是否需要出口许可证。这一步的信息需要

从国家 / 地区管控表中得到。

　　从表 8-7 中可以看出，从美国出口到中国有下列管制原因：CB1、CB2、CB3、NP1、NS1、NS2、MT1、RS1、RS2、CC1、CC3。

　　如果出口 2B350 的产品，即出口这款生产化学产品的搅拌器到中国，在管制原因 CB2 和 AT1 列中任何一列如有 × 号时，美国的出口商就需要出口许可证。对于没有出现在表 8-7 中的管控原因，在 CCL 中会有详细的描述。

　　需要出口许可证，并不意味着就一定要申请出口许可证，接下来可以再看看这个物项的出口是否有出口许可证豁免。每一个 ECCN 都会有如下几部分：

　　（1）对于这个物项的描述。

　　（2）这个物项被管控的原因。

　　（3）这个物项能使用的出口许可证豁免。

　　在得知这个物项被管控的原因后，根据国家 / 地区管控表，我们得知在 2B350 编码下管控的物项出口到中国需要出口许可证（如果不需要出口许可证，在出口时，出口商会在出口信息申报表的出口许可证一栏填上 NLR，即 No License Required）。在得知了需要出口许可证后，下一步应该查看这个物项出口到中国是否有出口许可证豁免。如果没有适用的出口许可证豁免，就只有在申请到出口许可证后才能将这个物项出口到中国。

　　这一节是确定一个物项出口、再出口、转让是否需要出口许可证的关键小节之一。我们总结一下其中涉及的合规行动：

　　（1）了解出口物项的性能和用途，得出物项 ECCN 的可能类别（也可根据物项的关键字，在 CCL 索引中找到对应的 ECCN）；

表8-7　国家/地区管控表

国家	化学和生物武器			核不扩散		国家安全		导弹技术	地区稳定		武器公约	犯罪控制			反恐怖主义	
	CB1	CB2	CB3	NP1	NP2	NS1	NS2	MT1	RS1	RS2	FC1	CC1	CC2	CC3	AT1	AT2
文莱	×	×		×		×	×	×	×	×		×		×		
保加利亚	×					×		×	×			×		×		
布基纳法索	×	×		×		×	×	×	×	×		×		×		
缅甸	×	×	×	×		×	×	×	×	×		×		×		
布隆迪	×	×		×		×	×	×	×	×		×		×		
柬埔寨	×	×		×		×	×	×	×			×	×			
喀麦隆	×	×		×		×	×	×	×	×		×		×		
加拿大	×										×					
佛得角	×	×		×		×	×	×	×	×		×				
中非共和国	×	×		×		×	×	×	×	×		×		×		
乍得	×	×		×		×	×	×	×	×		×		×		
智利	×	×		×		×	×	×	×	×	×	×		×		
中国	×	×	×	×		×	×	×	×	×		×		×		

资料来源：BIS，《出口管理条例》（2022年4月8日）。

（2）在 CCL 所属章节中找到可能的 ECCN 类别后，根据物项的具体属性，确认物项的特定 ECCN（每一个 ECCN 都会有详细的物项描述，如果你的产品不在描述的范围内，就不是这一 ECCN，或不是两用物项）；

（3）记录下此 ECCN 被管控的原因；

（4）找到国家/地区管控表，找到相应的国家，找到对应的管控原因；

（5）如果在你要出口的国家，对应的管控原因的栏目中的标记为"×"，这个物项出口到这个国家就需要出口许可证；

（6）检查是否有出口许可证豁免，如没有使用的豁免就必须在出口之前申请出口许可证。

在日常的工作中，我们会将上述步骤更详细地记录下来，作为员工出口管制合规工作中工作指导书的一部分。

740：出口许可证例外（豁免）

根据 ECCN 和国家/地区管控表，上面的例子告诉我们进口 2B350 的物项到中国需要出口许可证，也没有随同编码列出的出口许可证豁免。有没有其他可以豁免的情况呢？在《出口管理条例》中专门有一章就是出口许可证例外。美国出口管控的严格是众所周知的，却有出口许可证例外，也就是说，根据两用物项管制的原因和国家/地区管控表，出口到某一国家是需要出口许可证的，但是如果这个国家，或者出口的最终用户，或者最终用途可以满足一定的要求，或者符合一定的情况，出口这一物项就不需要申请单独的出口许可证。出口许可证豁免也是美国出口管控中一个与其他国家不同的地方。不是每一个 ECCN 都有出口许可证豁免。即使一个 ECCN 有出口许可证豁免，但不可能有所有的 17 种豁免，可能只是有其中一两种豁免。如果出口涉及任何"十禁"的情况，美国《出口管理条例》上 17 种出口豁免的应用对于"十禁"中每一条出口的禁止都有具体的特别要求，这些要求列在《出口管理条例》的第 746 章"禁运和其他特殊管制"中。此外，我们还非常关心出口许可证豁免能否适用于被列入实体清单的公司和组织。答案基本上是否定的。

为了对这 17 种豁免的应用提供有效的指导，除了对出口许可证豁免的每一种情况进行解释外，《出口管理条例》还把所有的国家进行归类，分为不同的群组，而在这个国家群组的设置中，国际上的一些出口管制组织起到了重要的作用。

在我参加一些外部的出口培训班或者出口合规管理会议时，总有一些演讲嘉宾介绍国际上的出口组织。在认真学习《出口管理条例》之前，我对国际上的出口组织没有过多的关注，而且对于组织方安排时间讲解好像与自己不相关的话题而心不在焉。后来我才知道自己错得有多离谱。就像做关务合规需要了解 WTO 一样，做出口管制合规也需要了解世界上的出口组织。

瓦森纳安排是 1996 年 7 月正式成立的，是一个各国自愿参加的出口管理组织。目前这个组织有 42 个成员国，包括澳大利亚、比利时、加拿大、丹麦、法国、德国、希腊、意大利、日本、卢森堡、荷兰、挪威、葡萄牙、西班牙、土耳其、英国、美国（以上 17 国为原巴黎统筹委员会成员国）、阿根廷、奥地利、保加利亚、捷克、芬兰、匈牙利、爱尔兰、新西兰、波兰、罗马尼亚、俄罗斯、斯洛伐克、韩国、瑞典、瑞士、乌克兰、印度（印度于 2017 年 12 月 8 日加入，当时印度将其作为一个头条新闻庆祝）等。这些成员国所有的两用物项管制清单基本一样，对物品的分类也非常相似。美国对两用物项的分类基本上同瓦森纳安排的相同。成员国会在一起交换有关常规武器、两用物项和技术转让的信息。它们也定期修订两用物项管制清单。瓦森纳安排宣称通过这种交流，促进其成员在武器和两用物项出口方面承担"更大责任"，并防止"破坏稳定因素的积累"。它们宣称该安排在全球和非歧视的基础上对符合约定标准的潜在成员开放，但接纳新成员需要所有成员同意。在 2000 年左右，还有一些美国议员提议，推动中国加入瓦森纳安排。不论什么原因，中国目前还不是瓦森纳安排的成员。虽然俄罗斯是其成员，但《出口管理条例》的国家分类表中专门说明，俄罗斯仍不能和其他成员国列在同一组。

除了瓦森纳安排，还有几个世界出口管制组织也在美国《出口管理条例》中起到重要作用。《出口管理条例》国家分类用到的第二个国际组织是导弹及其技术控制制度（MTCR）。MTCR 是一个多边出口管制机制，于 1987 年由 G7（加拿大、法国、德国、意大利、日本、英国和美国）国家建立，到今天发展为由 35 个国家组成的一种非正式和自愿的伙伴关系，以防止导弹和无人驾驶飞行器技术的扩散。

第三个重要的国际出口组织是核供应国集团（NSG），这是一个由一些核供应国组成的多边出口管制机制，希望通过控制可用于制造核武器的材料、设备和技术的出口来防止核扩散。NSG 的成立是为了回应 1974 年 5 月的印度核试验，并于 1975 年 11 月首次召开会议。试验表明，某些非武器专用核技术可以很容易地转向武器开发。已经签署"核不扩散条约"（NPT）的国家认为有必要进一步限制核设备、材料或技术的出口。另一个好处是可以引进非 NPT 和非桑戈委员会国家，特别是法国。最初，NSG 有 7 个参与国家：加拿大、联邦德国、法国、日本、苏联、英国和美国。1976～1978 年，随着比利时、捷克斯洛伐克、民主德国、意大利、荷兰、波兰、瑞典和瑞士的加入，参与国家增加到 15 个。德国于 1990 年重新加入，捷克斯洛伐克于 1993 年成为捷克和斯洛伐克两个独立的国家，重新加入 NSG。另有 12 个国家于 1990 年加入。中国于 2004 年成为成员国。欧盟委员会和桑戈委员会主席以观察员身份参加。截至 2021 年 9 月，NSG 有 48 个成员国。

另外一个大家可能听说的出口组织是"澳大利亚集团"。它于 1985 年成立，是一个非官方组织，通过统一出口管制，力求确保出口产品不是用于化学或生物武器的开发，协调各国出口管制措施，帮助澳大利亚集团参与者尽可能充分履行《禁止化学武器公约》和《禁止生物武器公约》规定的义务。目的是防止生化武器扩散，现有 43 个成员（包括欧盟委员会）。

在这四个国际上非常重要的出口管制组织中，中国是 NSG 的成员，但不是其他三个组织的成员。美国是所有这些国际出口管制组织的成员。

在《出口管理条例》中，世界上的国家被分为不同的国家小组，有 A 组、B 组、D 组和 E 组。在 A、D 和 E 组中又细分为不同的类别，比如 E1、E2 等。A 组的分类和细分类就是根据上述四个国际组织来划分的。国家分组是决定出口到这个国家是否可以用某一类出口许可证豁免的最基本要求。中国被列入 D 组国家。

那么国家分组和出口许可证豁免的关系究竟是怎样的呢？我们用几个出口许可证豁免的例子来说明。

出口许可证的第一个豁免是有限的出口价值（LVS），即出口的价值低于在特定的 ECCN 中列明的要求。LVS 只能在以下情况同时出现时使用：

（1）每一次出口的价值不超过 LVS 规定的金额。

（2）出口目的地国家在 BIS 规定的 B 组国家内。

LVS 允许一年内有多次使用 LVS 出口至同一客户，但出口的金额不得超过 LVS 规定的金额的 12 倍。这也给出口公司运作带来挑战，公司的电脑系统必须具备累计的功能，否则同一种 ECCN 的商品出口至同一客户超过了 LVS 规定的金额就会违规。此豁免适用于出口目的地是 B 组的国家。中国被列为 D 组，因此出口到中国就不可以用 LVS 豁免。

出口许可证的第二个豁免是出口目的地是 B 组国家（GBS）。GBS 只能在以下三种情况同时出现时使用：

（1）ECCN 注明可以用 GBS。

（2）出口管制的原因仅是国家安全（NS）。

（3）出口目的地国家在 BIS 规定的 B 组国家内（苏丹和乌克兰除外）。

中国被列为 D 组，因此出口到中国就不可以用 GBS 豁免。

第三个豁免是受限制的技术和软件（TSR），也只适用于出口目的地国家在 BIS 规定的 B 组国家内（苏丹和乌克兰除外）。

第四个豁免是计算机（APP）。在这一豁免中，《出口管理条例》专门列出什么样的技术标准的物项可以出口到哪些国家。中国被列为第三类国家中的一个，基本上不会有中国需要进口的技术或产品能够利用该豁免予以进口。

中国用得最多的出口许可证豁免是加密商品、软件和技术（ENC）。全球用得最多的出口许可证豁免也是 ENC。根据 BIS 的数据统计，2019 年全球在美国所有出口许可证豁免的应用上 ENC 超过 60%。ENC 也是所有豁免许可中管理最为复杂的一条。在 2020 年前，BIS 每年的政策更新现场会都会专门有一个加密商品和 ENC 运用的讲座。每次这个讲座都爆满，而且同样内容的讲座多次讲授仍然座无虚席。加密物项列在两用物项清单第五类的第二部分（也是唯一一个类别分为两部分的）：电信与信息安全。ENC 也主要用于这一部分的物项。ENC 为加密物项提供了广泛的授权应用，但是这些授权因项目、最终用户、最终用途和目的地而异。只要出口商、再出口商遵守物项分类和定期向 BIS 汇报的要求，大多数加密商品就可以根据 ENC 出口到大多数目的地。

　　零件和设备的维修和更换（RPL）也是对中国出口用得比较多的一种豁免。这种豁免可以用于出口、再出口和转让需要出口许可证物项的替换零件，以一对一替换的方式修理以前出口、再出口或在外国制造的包含美国零件的设备。也可以在维修和更换有缺陷或不合格的美国原产设备的零件时使用，但目前要维修的设备必须是之前根据不需要出口许可证或是取得出口许可证的情况下出口或再出口的。RPL不得用于替换因正常使用而磨损的零件。因此，RPL不得用于改进或改变设备的基本设计特性。被更换下来的零件必须在国外销毁或退回美国。"在国外销毁或退回美国"听起来容易，但这两条在实际的执行过程中都非常难。

　　有些问题在实际工作中经常被问到。一个是如果物项出口时不需要出口许可证，现在法规改了，需要出口许可证了，可以用RPL出口配件吗？例如，如果在2004年向南美出口了泵和备用叶轮，当时这种出口是不需要出口许可证的，但两用物项管控清单改变了，现在出口这个物项需要出口许可证了。如果现在需要出口更换的备用叶轮，可以用RPL吗？因为在2004年出口时是合法的，所以现在仍然可以使用RPL更换备用叶轮。另一个经常被问到的问题是，我们在中国生产的产品，其美国部件的价值含量低于25%，因此这个在中国生产的产品就不受美国的出口管制。如果有一些卖给了BIS实体清单上的公司，当实体清单上的公司需要美国部件来维修时，我们可以用RPL更换吗？答案是不可以。因为除非特别说明，否则出口许可证豁免不适用于实体清单上的任何实体。因此当对实体清单上的公司的销售需要用到美国部件时，必须获得美国的出口许可证，而不能用RPL。

　　2021年，BIS出口许可证豁免授权对中国的出口总额为3.254亿美元，比2020年的4.554亿美元下降了28.5%（1.30亿美元），呈下降趋势（见图 8-1）。这是自 2020 年 6 月 29 日起取消民用最终用户（CIV）豁免和 ENC 出口许可证例外授权使用量减少的结果。

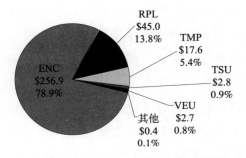

RPL
$45.0
13.8%

TMP
$17.6
5.4%

TSU
$2.8
0.9%

ENC
$256.9
78.9%

VEU
$2.7
0.8%

其他
$0.4
0.1%

ENC：加密商品、软件和技术。
RPL：零件和设备的维修和更换。
TMP：临时进口、出口、再出口和
　　　转售（在本国）。
TSU：不受限制技术与软件。
VEU：经验证最终用户。

图 8-1　2021 年 BIS 对中国的出口许可证豁免授权（单位：百万美元）

注：因四舍五入，总计不为 100%。

资料来源：美国工业与安全局中美贸易报告第 8 页（https://www.bis.doc.gov/index.php/country-papers/2971-2021-statistical-analysis-of-u-s-trade-with-china/file）。

　　虽然有很多出口许可证豁免，但能用于中国出口的并不多，而且每一种豁免都有非常严格的要求。如果要求没有达到而选用了出口许可证豁免，就违反了《出口管理条例》。

744：控制政策：最终用户和最终用途管控（含管制清单等）

　　对于出口管制最重要的行动莫过于对最终用户和最终用途的管控。通过对这一章的学习就能够对 BIS 对最终用户和最终用途的要求有一个很好的理解。对于一个从事合规管理工作的职业人来说，对最终用户和最终用途的理解和管控比 738 章出口物项的出口许可证认定更重要，因为有些最终用户和最终用途，不光是在 CCL 上的物项需要出口许可证，而且是所有被美国《出口管理条例》管制的物项，包括 EAR99 的物项，都需要出口许可证。

　　BIS 禁止出口、再出口和在本国内转让任何美国产品来支持核武器、导弹、生化武器等扩散活动。禁止支持部分国家军事情报最终用途和最终用户，禁止美国人对核武器、导弹、化学和生物武器的最终用途，部分军事情报最终用途和军事情报最终用户的支持（即使不是美国物项，如果美国人参与这些行动也是违规）。禁止出口和再出口以支持大规模杀伤性武器的防扩散。对于被列入实体清单的出口、再出口，需要申请出口许可证，因为这些实体被认为损害了国家安全或美国的外交政策利益。

为了保证我们的出口、再出口和转让符合《出口管理条例》的要求，我们需要做两件事：一是审查出口的最终用途和最终用户；二是确定对最终用途和最终用户的禁令是否要用于你计划的出口、再出口、装运、传输、转移（国内）或其他活动。在 732 章关于如何使用 EAR 的部分，专门列出了有助于审查最终用户和最终用途的步骤：

（1）准备出口的物项是什么？（它的 ECCN 是什么？）

（2）出口的最终目的地是哪里？（是否出口至禁运国？要将这个物项出口到这个国家需要出口许可证吗？）

（3）最终用户是谁？（最终用户是不是在管制清单上？和这个最终用户做交易，需要出口许可证吗？）

（4）最终用途是什么？（如果是与大规模杀伤性武器，核、导弹、化学和生物武器扩散有关，应立即停止交易，与此有关的交易不是限制而是禁止。限制的交易可以申请出口许可证，而禁止的交易只能停止交易。）

（5）你的最终用户是否有其他支持扩散的行为，比如承包的业务、融资和货运代理等支持扩散的项目（如果最终用户有这些扩散行为，你也不可以同这个最终用户交易）。

需要申请出口许可证的情况可以分为三大类：

一是根据物项的 ECCN，出口到这个国家需要出口许可证，即不论出口给谁，最终用户是谁，根据 ECCN 的管控原因和国家 / 地区管控表，只要出口到这个国家，就需要出口许可证，除非有出口许可证豁免。

二是根据产品的最终用途，例如与核有关的最终用途，即使这个物项出口到这个国家不需要出口许可证，但因为这个最终用途，也需要出口许可证。

三是根据最终用户，例如，如果这个最终用户在 BIS 的实体清单上，或在军事用户清单上，即使这个物项出口到这个国家不需要出口许可证，但因为这个最终用户，也需要出口许可证。

在需要申请出口许可证的情况下，不论是出口、再出口还是在本国转让，都必须申请出口许可证，而且在获得出口许可证之前，不可以进行任何交易。

在这里也分享一下 2021 年 BIS 对中国出口许可证的申请批准情况。

2021 年，BIS 审核了 6227 件中国出口许可证申请。其中，有形物品、软件和技术的出口许可证申请（不包括类似出口的申请）为 5923 件，出口价值为 5449 亿美元，而全球总共有 39 901 件申请，价值 1.4 万亿美元，中国的出口许可证申请数占出口许可证申请总数的 14.8%。中国获批的申请为 3990 件（占中国申请总数的 67.4%），总额为 2294 亿美元，而所有目的地的获批申请为 34 369 件（占全球申请总数的 86.1%），总额为 3228 亿美元。图 8-2 是 2017～2021 年中国有形物品、软件和技术的出口许可证申请情况，出口许可证批准率从 2017 年的 82.5% 下降到 2021 年的 67.4%，平均处理时间从 2017 年的 37 天延长到 2021 年的 81 天。

在我过去申请并获批的每一个出口许可证上，都会有附带的使用条件。如果我也是使用出口许可证的一员，我会认真学习每一个出口许可证上的附带条件，严肃对待每一条要求，分析执行这些附带条件的风险，制订行动方案。我把每一条附带条件都当成一条对公司适用的法规，在使用这些出口许可证时需要严格按照《出口管理条例》和出口许可证上的附带条件执行。例如，如果出口许可证上列有一家公司是合同制造商，但也列明了不可将依据此出口许可证出口的产品再出口或转让给任何一个实体。在操作过程中，可能将物项直接卖给合同制造商对于库存管理更方便，而且有人可能认为这家合同制造商本来就在出口许可证上，因此就希望将这些物项直接卖给合同制造商。如果真的这样操作，那么这个行为就违反了许可证的要求，也就是违反了美国《出口管理条例》。

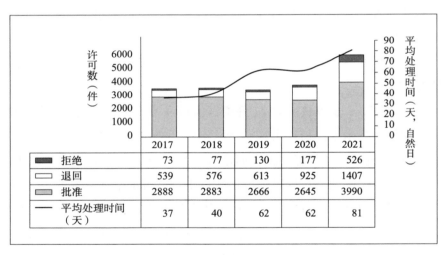

图 8-2　2017～2021 年中国有形物品、软件和技术的出口许可证申请情况
（排除类似出口）

资料来源：商务部美国出口支持系统，2022 年 2 月 28 日。

764：执法与保护措施

这一章清晰地告诉我们违反美国出口管制法律法规的成本很高，同时鼓励违规的组织和个人进行自我披露。

违反《出口管理条例》可能会受到刑事和行政处罚。根据《2018年出口管制改革法案》，刑事处罚包括最高 20 年的监禁和每次违规最高 100 万美元的罚款，或两者兼用。每次违规的行政罚款最高可达300 000 美元或交易价值的两倍，以较高金额为准。而且，行政罚款上限每年还将根据通货膨胀率进行调整。

违规者也可能被终止其出口特权，即被禁止以任何方式参与受EAR 管制的任何交易。另外，其他企业和个人以任何方式与无出口特权的人进行受 EAR 约束的出口交易都是非法的。

BIS 鼓励自我披露可能违反 EAR 的行为。一家公司提交自我披露可以让 BIS 了解：

（1）公司有遵守美国出口管制要求的意愿；

（2）公司可能有一个运营中的出口合规管理机制；

（3）公司意识到自己的违规，采取了改正措施，这是证明守法意图的一个很好的证据，并且可以为 BIS 提供有关其他持续违规行为的重要信息。

BIS 没有承诺如果一家公司在 BIS 执法机构采取行动前提交了自我披露会有哪些具体的利益，但自我披露一定是处罚时的一个重要酌情因素。BIS 在网站上透露了一些公司自我披露后的处罚结果。例如，2008 年 12 月 18 日一家叫 Interpoint 的公司在没有出口许可证的情况下向某组织出口 DC-DC 转换器和电磁干扰滤波器，而该组织已被 BIS列入实体清单，向这个组织出口任何美国物项都需要出口许可证。这家公司因为向实体清单上的最终用户出口但没有获得所需的出口许可证而违规。Interpoint 通过自我披露与 BIS 达成和解协议，须缴纳民事罚款 200 000 美元。而 Interpoint 涉及的违规行为最高基准罚款为429 000 美元，Interpoint 的实际罚款仅是最高罚款的 46.6%。另外，这家公司没有受到司法部的刑事处罚。2008 年 12 月 12 日标乐有限公司（Buehler Limited）向中国台湾、以色列、泰国和其他几个国家和地区出口含有化学前体的化学混合物，并在没有获得出口许可证的情况下将含有化学前体的化学混合物从德国再出口到伊朗。标乐有限公司通过自我披露与 BIS 达成和解协议，被处以民事罚款 20 万美元，而此项违规最高罚款可达 662.7 万美元，20 万美元的罚款是最高罚款的 3%。这家公司同样没有受到司法部的刑事处罚。

合规管理工作的一部分就是审计在日常的业务运营中是否有违规的风险和问题。如果能管理风险，化险为夷当然是最好的事情。如果在审计的过程中发现已经是违规的事实，怎么办？

（1）马上向公司的最高领导汇报，同公司法务人员交流。

（2）立即"止血"，停止所有可能造成继续违规的行动。

（3）查找违规根源，一定要多问几个"为什么"，不要把表象当作根源。

（4）审计与违规行为相关的各部门和业务，认清违规的范围和严重程度。

（5）提供整改建议，和业务部门一起制定可操作、能防止违规行为再现的措施。措施一定要能够落实到人、事和时间。

（6）跟踪监测整改措施是否有效落实。

自我披露在哪里？怎么上面的计划中没有自我披露的行动？自我披露是一个值得鼓励但又需谨慎对待的行动。自我披露可能是越快越好，因为只有在政府的执法机构开始对公司的调查之前提交的才可以算作自我披露。可以先对涉嫌违规的行为做简单描述，提交给 BIS，然后在 180 天内提供详细的披露文档。

经常有人会抱着侥幸的心理，认为 BIS 不会发现违规的行为，没有必要做自我披露。这种想法还是很危险的。俗话说，要想人不知，除非己莫为。违规行动一旦发生，被 BIS 发现的概率就很大。有些被发现的原因可能出乎意料。BIS 发现违规的线索多种多样，可能是 BIS 或其他政府执法部门发现，可能是竞争对手举报，可能是内部或者已经离职的对公司不满的员工举报，也可能是一场发布会或记者会透露，等等。

是否自我披露不是合规管理部门可以单独决定的，一定是和法务部门一起讨论，甚至有外部的律师指导，在公司领导的支持下决定的。自我披露也不能就事论事。发现一件违规的事项，应该马上审计是否有相同或类似的违规行为。对于违规的根源更是要认真仔细地询查，已经纠错的成果应该是事实，需要继续采取的措施是可以杜绝违规行为，并且切实可行的行动要求。对提交给执法部门的自我披露文档要非常严肃认真地对待。在这份提交的自我披露文档中，每一个承诺要做到的行动都必须做到。"言必行，行必果"用到这里很合适。如果 BIS 到公司审计这些纠错措施，公司可以提供行动完成的证据。

774：商业管制清单

商业管制清单，也经常被叫作两用物项管制清单，应该是执行合规活动的人员用得最多的合规管理工具之一。起初我不太理解既然所有在美国生产或流通的物项基本上都受 EAR 的管控，那为什么还要制定这个清单。还有为什么有人叫它为两用物项管制清单？通过学习和在实践中的应用，对于这一章，我的理解是：

（1）这个清单之所以被不少人叫作两用物项管制清单，而不是两用物品管制清单，是因为它不仅管制货物，也管制技术和软件。

（2）这个清单上的物项之所以被称为两用物项，是因为这些物项既可民用也可军用。

（3）虽然所有在美国生产和流通的物项都被 EAR 管控，但列到商业管制清单上的物项会受到更严格的管控。根据物项的不同，所出口的国家、地区不同，最终用户的不同，或最终用途不同，对物项的出口管控程度就不同。

（4）我们前面讲过美国有许多政府部门对出口有管控权，管控不同的物项。如果这些物项由单独的政府部门管控，那么这些物项不会被列在商业管制清单上。如果有些物项可能同时被多个政府部门控制，也可能被 EAR 管制，那么这些物项会被列在商业管制清单上，不过商业管制清单上会提醒这个物项也受美国其他政府部门的管控。

（5）受 EAR 控制，但没有被给予特别的 ECCN 的物项，这个物项的 ECCN 就是 EAR99。

商业管制清单有 500 多页，EAR 管控的所有两用物项都在这个清单上。不同的物项，因其不同的物理或技术指标，而有不同的 ECCN。要正确地确定一个物项的 ECCN，既要理解商业管制清单上的分类要求，又要理解被分类的物项的物理构成或技术性能。因此，出口合规管理人员必须和公司技术部门的同事协作，才能确定一个物项的 ECCN。对于 ECCN 的组成，我们已经在 738 章中讨论过。要运用好 774 章，需要先认真学习 738 章。

每个公司最后的出口、再出口或在国内转运，除了根据运输所至国家、供应链中所包括的服务商、最终用户和最终用途，还有非常重要的因素，即 ECCN 来决定是否需要申请出口许可证。如果需要申请，在拿到出口许可证之前，这个物项不可以进行出口、再出口或转运的交易。

美国政府不同部门对出口合规的要求和指引

美国政府不同部门为企业提供建立合规机制的指导。有些政府部门的指导会比较笼统，有些却比较详细；有些是提供衡量一个公司合规程度的标准，而有些是对具体工作流程的指导。下面我们看一看DDTC、OFAC、BIS 对出口合规管理的要求。

DDTC 合规机制指导

DDTC 负责国防物品和服务的出口管控，主要应用的法律法规是《武器出口控制法》和《国际武器贸易条例》（ITAR，22 CFR 120-130）。DDTC 负责武器及其相关的服务进出口许可证的颁发。所有武器生产制造商、武器进出口商和服务商也必须在 DDTC 登记注册。DDTC 也提供武器贸易的合规指导。我最初以为我所服务的公司不可能需要我同 DDTC 打交道，因此对 DDTC 执行的法律法规和提出的合规机制指南也没有特别认真地学习。后来，事实证明，我的认知是错误的，因为一般的商业企业也可能在业务中涉及军事物项。中国是美国军事物项的禁运国，因此中国公司不会有 DDTC 合规的问题，但我还是想介绍一下 DDTC 的合规指导。和美国其他政府部门的合规要求相比，它有它独特的地方。

- **合规机制手册应包含的元素**

DDTC 认为一个全面的合规机制应该包括怎样实施合规机制的流程手册，而有效的合规机制手册应该包括下列重要元素。

（1）**组织结构**。

1）组织结构图。

2）公司国防贸易职能的描述（如可能还应包括流程图）。

3）描述用于实施和跟踪美国出口管制合规性的任何管理和控制结构（包括主要领导的姓名、职务和主要职责）。

组织结构重点：组织结构图可以直接有效地反映合规管理组织在公司被重视的程度。在过去多次与政府部门和审计部门的交流中，我认为用组织结构图并在图中阐述管理人员职责可以达到较好的效果。

（2）**公司的承诺和政策。**

1）公司高级管理层发布遵守 AECA 和 ITAR 的要求。

2）知道并了解 ITAR 控制的物项 / 技术数据何时以及如何通过 AECA 和 ITAR 影响公司。

3）了解为确保遵守 AECA 和 ITAR 而建立和实施的公司内部控制。

例如：

①引用 AECA、ITAR 基本强制要求。

②确认美国政府授权的控制机构（DDTC）。

③完全遵守所有适用的美国出口管制法律和法规的公司政策。

④最高管理层关注的合规问题需要足够的资源。

⑤明确日常进出口业务和合规监督的关键人员（高级管理人员、授权官员）的身份、职责和权限。

⑥公司出口管理组织结构图。

⑦运营部门出口管理流程图。

公司的承诺和政策重点：合规管理是一把手工程。公司最高领导（董事会、CEO）决定合规管理的成败，员工也会最关注领导对合规是否重视，因此公司对合规的态度应该让每一个员工知晓。在公司的合规机制手册上，第一份文档应该就是公司最高领导对合规的承诺和对员工合规的要求。

（3）**ITAR 管制物品 / 技术数据的识别、接收和跟踪。**

使用专门针对公司结构、组织和职能量身定制的方法，用于识别和说明公司怎样处理受 ITAR 控制的物项 / 技术数据（跟踪 ITAR 控制的交易：从公司制造 / 接收材料到每一处理步骤，到物品从公司发货——如果是军事服务，是在怎样的情况下提供的）。

需要关注的问题，例如：

1）相应的员工是否熟悉 AECA 和 ITAR 及相关要求，包括如果出口，某些附带条件和限制是否必须得到批准？

2）公司员工是否被告知美国出口管制限制的变化，是否为他们提供了美国出口管制限制准确、可靠的解释？

3）公司生产 / 接收了哪些美国原产的国防物品？来自谁？如何识别和标记？

4）公司生产 / 接收了哪些与国防物品相关的美国原产物项？来自谁？如何识别和标记？

5）公司使用哪些美国原产技术数据来制造了哪些产品？如何识别和标记？

6）公司制造的物项包括哪些美国原产的军事物品（组件）？如何识别和标记？

7）公司维护什么样的记录保存系统，可以控制和检索美国原产技术数据或国防物品出口到什么公司的信息？

（4）**再出口 / 转让**。

需要有用于下列行动的流程：

1）在将项目 / 技术数据转让给没有在 DDTC 授权的许可证上的一方之前必须获得 DDTC 书面的批准。

2）跟踪再出口或再转让（包括通知各方转让的物项涉及美国原产产品并适当地标记此类产品）。

①公司将 ITAR 管制物项 / 技术数据传输给受雇于公司的外国人时的流程。

②公司将 ITAR 管制物项 / 技术数据传输给美国境内的外国人时的流程。

③ITAR 控制的技术数据或国防物品从公司转移到美国以外的外国人时的流程。

④ ITAR 管制物项 / 技术数据将用于或转移用于 DDTC 授权中未包括的最终用途时的流程。

（5）**限制 / 禁止的出口和转让。**

1）筛选客户、运营商和国家的流程。

2）打击非法出口 / 再转让的高风险交易筛选流程。

3）调查任何转让或未经授权使用美国原产产品的流程。

（6）**记录保存。**

1）有关美国原产产品记录的系统描述。

2）自 DDTC 许可证或其他批准到期后五年内，保留与美国原产产品有关的记录的流程。

3）定期对文件进行内部审查，以确保向最高管理层报告的人员采取适当的做法和流程。

ITAR 管制物品 / 技术数据的识别、接收和跟踪，再出口 / 转让，限制 / 禁止的出口和转让，记录保存重点：上述所列都是合规行动的组成部分。每一步都关系到合规管理机制的执行。这些合规行动对所有涉及的员工要求都很高。其中任何一个员工的疏忽都可能让公司的交易违规。因此，合规是每一个员工都必须参与的工作和职责，而不仅仅是合规管理人员的工作和职责。

（7）**内部监察。**

1）定期执行审计以确保合规机制的完整性。

2）强调出口合规审查的重要性，包括遵守出口许可和其他批准条件，衡量日常运营的有效性，对需要更多关注的合规领域有特别关注的流程。

3）向公司出口管理办公室报告已知或可疑的违规行为，与监察员进行有效联络和协调。

内部监察细节举例：

①流程的具体描述（检查组织结构、报告关系和分配到出口 / 进口控制过程的个人）。

②随机文件审查和流程跟踪。

③审查内部记录保存、通信、文件传输、维护和保留。

④向公司出口管理员总结和报告违规行为。

⑤与监察员协调。

内部监察重点：政府部门对于出口管制的强制执行机构将关注业界的出口合规行动。公司内部也必须自我监督。在这一节，DDTC 专门提出了对监察员的要求。这里指的监察员是在业务部门执行合规行动的一分子，他们同时起到合规行动监察的作用，并与合规管理部门随时沟通。

（8）**培训**。

1）对美国出口管制法律法规的公司培训计划的说明。

2）确保向所有涉及出口的员工（包括运输、营销、合同、安全、法律、公共关系、工程、执行办公室等部门的员工）提供培训、交流和指导的流程。

培训重点：公司需要培训流程和计划，而且需要对重点人员重点培训。

（9）**违规和处罚**。

1）汇报潜在违规行为的流程，包括使用自我披露和监察员报告任何违反公司内部控制机制或美国出口管制的行为。

2）强调合规的重要性。

3）对违反 AECA/ITAR 行为的处罚说明。

4）促进员工纪律的书面声明和流程（例如，将某些类型的提拔重点放在对合规性的理解和实施上，以及制定内部纪律措施）。

违规和处罚重点：培养员工合规的文化，不仅要有处罚，还要有奖励。

- **对 DDTC 合规指导的解读和执行**

　　我工作过的公司都是民用产品生产或供应商，但这些公司也可能涉及军用产品。另外 DDTC 所列的合规管理要点比较细，值得我们在建立合规管理机制时借鉴。例如，DDTC 合规指导专门要求组织结构图，我们在建立合规机制时就会经常用到。DDTC 合规指导没有专门提到风险评估，但在整个指导文档中，基本把与军事物项出口、再出口和转让的风险都考虑进去了，并对管控行动做出了指导。在 DDTC 所列的合规行动中，不论是对物品/技术数据的识别、接受和跟踪，再出口、转让还是记录的保存，都会有风险评估的过程，进而才能采取有效的管控措施。DDTC 合规指导和内控五要素也有着紧密的联系，如表 8-8 所示。

表 8-8　DDTC 合规指导和内控五要素

内控五要素	DDTC 合规指导
控制环境	组织结构
	公司的承诺和政策
风险评估	—
控制活动	ITAR 管制物品/技术数据的识别、接收和跟踪
	再出口/转让
	限制/禁止的出口和转让
	记录保存
信息和交流	培训
监察	内部监察
	违规和处罚

OFAC 合规管理框架 [⊖]

对于一般不生产军火的厂商和不经营军火的贸易商来说，对出口合规影响最大的是 OFAC 和 BIS。OFAC 负责根据美国的外交政策和国家安全目的制定法规，针对目标国家和政权、恐怖分子、国际毒品走私者、从事与大规模杀伤性武器扩散有关的活动，以及对美国国家安全、外交政策或经济的其他威胁管理和执行经济和贸易制裁。

虽然 OFAC 不管每一个具体物项的出口，但是它管金融，管贸易，管资产。而且它的管控同 BIS 的管控也是相互联结的。比如，古巴、伊朗、朝鲜、叙利亚受到 OFAC 制裁，这些国家也在被 BIS 分为 E 组的国家中，即禁运国。除了上面所列的这四个被全面制裁的国家，被 OFAC 制裁的还有许多其他国家，或者其他国家的某些地区、某些行业。OFAC 的制裁不光是在国家层面，也包括组织和个人。这些制裁很多是放在特别指定国民（Specially Designated Nationals，SDN）清单上的。SDN 清单同实体清单不同。实体清单上都是美国以外的公司，但是 SDN 上有美国公司和个人，当然大多数还是美国以外的公司和个人。根据财政部的法规，美国人必须遵守 OFAC 规定，包括美国所有公民和永久居民（无论他们身在何处）、美国境内的所有人和实体、所有在美国注册的实体及其外国分支机构。在大多数情况下，由美国公司拥有或控制的外国子公司也必须遵守 OFAC 规定。

OFAC 规定和制裁对出口商意味着什么？如果要出口到某些受制裁的国家，你需要了解相关的制裁措施，虽然出口至被制裁国家的物项可能不是受美国出口管制的产品。OFAC 的法规中还将制裁分为初级制裁和次级制裁。初级制裁通常禁止受使用制裁机制国家管辖的个人和实体（或使用制裁机制国家管辖的货物或技术贸易）与被制裁的国家、实体、个人进行贸易和 / 或金融交易。比如 OFAC 实施一系列制裁措施，包括全面贸易禁运、资产冻结或没收以及针对外国目标的旅行禁令，所有美国的组织、实体和美国人都需要遵守这些制裁要求。而次级制裁则是防止第三国的组织和实体与受制裁的国家、组织或实体进行贸易而对第三国实体实施的制裁。OFAC 的次级制裁"旨在迫使外国公司在与美国开展业务和与受制裁国家开展业务之间做出选择"。次级制裁主要针对伊朗的能源、矿产（铁、钢、铝、铜等）、航运、建筑、制造、纺织和银行业。非美国实体通常不会因向伊朗出售农产品、食品、药品或医疗设备而面临美国与伊朗有关的次级制裁风险。

OFAC 法规和制裁不是一成不变的，它们可能会根据当前事件或政治环境的变化随时改变。一个国家在制裁名单上，也并不意味着你绝对不能将商品出口到那个国家。如果你需要出口的是受美国出口管制的产品，你要申请并获得 OFAC 的许可才能出口给目前被制裁的任何人。如果不是受美国出口管制的产品，也需要了解次级制裁的风险。如果你准备出口的国家、组织或个人被 OFAC 制裁，同时被列在 BIS 的实体清单上，只要获得 OFAC 的许可即可。这听起来是不是 OFAC 的权力更大！

如果违反了 OFAC 的法律法规会有哪些处罚呢？不遵守 OFAC 规定可能会严重影响你进行未来交易的能力，因为你可能要缴纳高额的罚款，甚至可能会被判入狱。

● **合规承诺框架**

为了业界能更好地遵守与 OFAC 相关的法律法规要求，OFAC 专门颁发了合规承诺框架。OFAC 鼓励受美国管辖的组织，以及在美国、与美国开展业务、使用美国商品或服务的外国实体、外国人，采用基于风险的方法来遵守 OFAC 制裁要求，制定、实施并定期更新遵守制裁合规计划（Sanction Compliance Program，SCP）。OFAC 在对公司违规进行处罚时，会审查这个公司是否有 SCP 和 SCP 执行的情况。有效的 SCP 可以成为 OFAC 衡量处罚力度的一个重要因素。虽然每个基于风险而制定的 SCP 都会因各种因素而异，包括公司的规模和复杂程度、产品和服务、客户和交易对手以及地理位置，但每个项目都应基于并包含至少五个基本的合规组成部分：管理层承诺、风险评估、内部控制、审计与测试、培训。这几个部分听起来是不是很熟悉？我们一起看看 OFAC 是怎样对这几个部分进行要求的。

（1）**管理层承诺**。

1）管理层审阅并批准控制项目：管理层已审核并批准了组织的 SCP。

2）管理层授予合规管理部门与职责相称的权限：管理层确保其合规管理部门被授予足够的权力和自主权，以有效控制组织 OFAC 风险的方式部署其政策和流程。管理层确保 SCP 职能部门和管理层之间存在直接报告关系，并召开例行和定期会议。

3）管理层提供必要的资源：管理层已采取并将继续采取措施确保组织的合规管理部门获得足够的资源，包括人力、专业知识、信息技术和其他适当的资源，这些资源与相关组织的经营范围、目标市场和二级市场，以及影响其整体风险状况的其他因素相匹配。

4）管理层在全组织推动"合规文化"：员工向管理层报告组织或其他人员与制裁相关的不当行为而不必担心遭到打击报复；管理层传达并强调不遵守 OFAC 制裁的潜在影响，并采取行动阻止不当行为和被禁止的活动；SCP 有能力监督整个组织的行为，包括但不限于管理层，以遵守 OFAC 制裁要求。

5）管理层严肃对待违规违纪事件：管理层敢于承认明显违反 OFAC 法律法规的组织及其人员在遵守 SCP 政策和流程方面的不足、

缺陷或过失的严重性，并采取必要措施减少未来这类违规行为的发生。此类措施应找出过去明显违规行为的根本原因，并尽可能提供系统性解决方案。

（2）**风险评估**。

1）实施频率与范围合适的风险评估：组织应充分考虑潜在风险和评估频率进行 OFAC 风险评估。风险评估的范围包括可能客户、产品、服务、供应链、中介、交易对手、交易性质和交易的地理位置构成。在日常业务过程中发现的任何明显违规或造成系统缺陷的根本原因，都应该成为风险评估的一部分，风险评估根据这些发现而更新。

2）开发识别、分析和应对特定风险的机制：组织应开发出一种方法来识别、分析和解决其识别的特定风险。适当时，将更新风险评估，以说明组织在日常业务过程中发现的任何明显违规或系统缺陷的行为和根本原因，例如通过审计与测试。

（3）**内部控制**。

1）设计并实施流程与政策：组织应制定并实施 SCP 的书面政策和流程。这些政策和流程应记录组织的日常运营和流程，便于实施，防止员工从事不当行为。

2）对风险评估的结果实施必要的控制：组织应实施内部控制，以充分管理风险评估中得出的结果。这些内部控制使组织能够清楚有效地识别、阻止、升级并向组织内的对应人员报告可能被 OFAC 禁止的交易和活动。组织应选择适合管理组织风险状况和合规需求的 IT 系统和解决方案，并定期测试这些解决方案以确保有效性。

3）审计：组织通过内部或外部审计检查执行 SCP 政策和流程的状况。

4）记录保管：组织确保其与 OFAC 相关的记录保存政策和流程充分满足 SCP 的要求。

5）纠错：组织确保在得知其与 OFAC 合规相关的内部控制存在缺

陷后，将立即采取有效措施，直至确定存在缺陷的根本原因，并采取补救措施。

6）交流：组织确保已将 SCP 的政策和流程明确传达给所有相关员工，包括 SCP 机制内的人员、在高风险领域（例如，客户、财务、销售等）运营的相关部门和业务单位，以及代表组织履行 SCP 职责的外部各方。该组织已将 SCP 的政策和程序整合到公司或公司的日常运营中。此过程包括与相关业务部门的协商，并确认组织的员工了解政策和流程。

（4）**审计与测试**。

1）确保审计部门对管理层负责，独立且有权威，具有较高的专业水平、充足的资源：组织承诺确保审计与测试职能对管理层负责，独立于被审计的活动和职能，并在组织内拥有足够的权限、技能、专业知识、资源。

2）审计与测试机制应与合规项目的规模、组织的复杂程度和识别的风险等相称：组织承诺确保其采用适合其 SCP 水平和复杂程度的审计与测试流程，并且该职能（无论是内部部署还是由外部部署）应反映对组织 OFAC 相关风险评估的全面性和客观性，以及内部控制。

3）审计与测试结果处理：组织确保在获悉与其 SCP 相关的已确认的负面测试结果或审计发现后，将在可能的范围内立即采取有效措施，以识别和实施控制活动，直到可以确定存在缺陷的根本原因和补救措施。

（5）**培训**。

为员工和利益相关者提供必要的培训，并为高风险的职位提供相称的培训：组织承诺确保其与 OFAC 相关的培训计划向员工和对应的利益相关者（例如，客户、供应商、业务合作伙伴和交易对手）提供足够的信息和指导，以支持组织的 OFAC 合规工作。对组织内在高风险领域工作的员工需要重点培训。

1）培训与提供的产品和服务相称：组织承诺提供与其产品和服务、相关客户、合作伙伴和地域相适应的 OFAC 培训；

2）培训频率适当：组织承诺根据其 OFAC 风险评估和风险状况，以适当的频率提供与 OFAC 相关的培训。

3）针对合规不足提供必要的培训：组织承诺在得知确认的负面测试结果或审计发现，或与其 SCP 有关的其他缺陷后，将立即采取有效措施，为相关人员提供培训或其他纠正措施。

4）培训资源和材料：组织的培训计划应确保所有适用人员都可以方便地获得培训资源和材料。

- **对 OFAC 合规管理框架的解读和执行**

OFAC 合规管理框架有三个突出的特点：首先，整个合规管理框架围绕着制裁的风险而设计；其次，从整个合规管理框架可以看出内控五要素的运用，而内部控制还专门作为框架的一条被单独列出来；最后合规管理框架对合规管理人员自身的专业水平有明显的要求。根据 OFAC 合规管理框架的要求，我们在培训和交流这一合规要素中，专门对合规管理部门的员工提出培训要求，让这些员工能跟上法律法规的变化，认识在新的法律法规要求下合规管理所需要的改进和提高。

OFAC 合规管理框架和内控五要素有着密切的关联，如表 8-9 所示。

表 8-9　OFAC 合规管理框架和内控五要素

内控五要素	OFAC 合规管理框架
控制环境	管理层承诺
风险评估	风险评估
控制活动	内部控制
信息和交流	培训
监察	审计与测试

BIS 出口合规机制八要素 [⊖]

BIS 是中国公司与美国公司开展进出口贸易过程中联系最密切的美国政府机构。中国本土的公司不涉及对美国的出口，但可能涉及对美国物项的再出口和转让。凡是有从美国进口的业务，或是在美国有业务，包括在美国有分公司、研发机构等组织，都应该了解美国《出口管理条例》并建立出口合规机制（Export Compliance Program，ECP）。BIS 鼓励公司建立 ECP。建立 ECP 并不能保证不会发生出口违规行为，但它可以最大限度地降低违规风险，并且能使出口合规始终如一。然而能够始终如一也并不能说明做得完美无缺。记得当年我去参加 ISO9000 审计学习考试时，老师说一家公司获得了 ISO 认证，并不能说明这家公司的流程就是最好的，但能说明流程在公司内是一致的。如果流程都一致了，一旦出了次品，很容易就能找到问题的源头，从而得到改正和提高。

ECP 的制定和实施也能在整个公司的供应链中提供合规保障，以确保一致的出口决策、可靠的订单处理和彻底的尽职调查，能够快速发现有关客户或交易合法性的问题，也能通过对《出口管理条例》的培训和宣传，让每个参与出口活动的员工理解和执行出口法律法规的要求，起到保护公司、保护员工的作用。

ECP 由八个要素组成，分别是：管理层承诺、风险评估、出口授权（即控制活动）、出口交易记录保存、合规培训、出口监察、出口管制违规处理、出口管制流程更新。目前的八要素中，管理层承诺位列榜首，在最开始的设计中却并非如此。BIS 的《出口合规指南》是 2006 年左右制定的。在制定的过程中，BIS 的合规部召开过多次与业界的讨论会。我当时的感受和现在的感受是相同的：管理层承诺必须

⊖　本节资料来源：https://www.bis.doc.gov/index.php/documents/pdfs/1641-ecp/file。

是第一位的。没有管理层的承诺，没有管理层的支持，一家公司即使有一个出口管制的机制，这个机制也可能只是"聋子的耳朵"。我的提议得到所有与会同人的支持，也得到了 BIS 合规部总监和其他官员的肯定。在后来多年的工作过程中，他们一直为我提供帮助和支持！

BIS 对每一个合规要素都提出了具体的要求：

（1）管理层承诺：

1）公开支持合规政策和流程。

2）提供充足的资源。

3）支持出口合规培训和培训课程。

（2）风险评估：

1）进行定期频繁的风险评估。

2）识别并减少组织的潜在风险漏洞。

（3）出口授权（控制活动）：

1）进行产品分类。

2）许可证要求、管理。

3）最终用户、最终用途筛选（黑名单管理）。

4）IT 系统的使用。

（4）出口交易记录保存（5 年）。包括询价、客户分析、最终用途交流等（与客户的外部交流、内部文件等）。

（5）合规培训：

1）对所有员工进行培训，包括与出口有关的支持人员。

2）培训不断变化的法规。

3）与其他出口合规从业人员进行交流。

（6）出口监察。定期进行审计和稽查以评估流程的实施情况。

（7）出口管制违规处理：

1）防止出口违规行为。

2）制定纠正措施。

（8）出口管制合规程序更新：

1）书面的出口合规手册能指导员工合规地进行出口工作，加快出口流程。

2）确保手册反映出口合规的最新要求和公司最新的变化。

在《出口合规指南》中，BIS 还为每一个要素需要制定的文档，尽可能提供了模板。比如，关于管理层承诺声明应该包括哪些内容，《出口合规指南》给出了一个示例，公司可以根据自己的实际情况修改使用。在风险评估的章节中，《出口合规指南》列出了出口物项、组织的经营活动和客户三方面可能引起的风险。因为《出口合规指南》对每一个要素都写得很清楚，具体内容不在此赘述。

- **对 BIS《出口合规指南》的解读和执行**

在执行美国出口管制的过程中，最重要的是知道美国管控产品的最终用户和最终用途。下面是我们经常会问自己并且需要答复和采取行动的一些最基本的问题。

（1）**产品和技术**。

1）产品是来自美国吗？

2）如果是，需要许可证才能出口、再出口或转让吗？

3）如果最终产品不是来自美国，产品包含来自美国的受《出口管理条例》管控的部件吗？

4）如果包含，这些部件的采购价值与最终产品市场公允价格的比值是多少？

5）自研自产的产品是用被《出口管理条例》管控的技术设计的吗？

6）自研自产的产品是用被《出口管理条例》管控的设备生产的吗？

如果问题2）的答复是肯定的，请一定注意认真学习出口许可证上的附加条件，并且按上面的每一个要求执行。

问题4）是一个复杂的问题，视公司的规模、产品的种类、产品BOM（Bill of Material，物料清单）等因素，可能需要数字化系统帮忙计算，并且这个数字化系统能取得在一个成品中哪些是美国受控部件、这些部件采购成本的总价、这个成品的销售价格等信息，才有可能进行计算这个比值。这个比值在中国不能高于25%，如果产品会销往被制裁的国家，这个比值不能高于10%。还要提醒一点，对于一个部件是否受《出口管理条例》管制，即是否要纳入采购价值，禁运国的计算方式是不同于其他国家的。在禁运国，所有或几乎所有美国的部件都会被纳入采购价值中。

问题5）和问题6）直接关系到这个产品是否是被《出口管理条例》认定的"外国直接产品"。如果是外国直接产品，即使最终产品不包含任何美国受控部件，该产品也不能销售给特定的实体。

（2）售后服务。

1）提供售后服务吗？

2）服务技术来自美国吗？是受《出口管理条例》管控的技术吗？

3）如果是，用这个技术生产或含有这个技术的产品有额外的管控或汇报要求吗？

4）如果需要更换部件，这个部件是美国受控产品吗？

5）可以同这个客户有任何经济上的往来吗？

问题3）中，例如，如果这个技术是用ENC进口的，与之相关的产品卖给政府客户，就需要按期将销售情况汇报给BIS。

问题4）可能牵涉到最终产品美国受控部件含量低于25%的最小占比，产品不受出口管制的限制，但是如果需要更换的部件是美国的部件，这个部件的使用也要符合美国《出口管理条例》的要求。

问题 5）关注的是财政部特别指定国民清单上的用户。这里先无须考虑产品的问题，而是要考虑能否交易。对于特别指定国民清单上的用户，只要有交易，就需要 OFAC 的许可证。

（3）**客户**。

1）有实体清单上的客户吗？

2）有军事最终用户吗？

3）有未验证清单上的客户吗？

4）有需要防扩散的客户吗？

5）有 SDN 清单上的客户吗？

6）谁是公司的股东？

对于问题 1）至问题 5）我们会在黑名单的管理上讨论。

问题 6）需要注意的是，如果在 SDN 清单上的个人、组织持有公司超过 50% 的股份，这家公司也需要受 SDN 清单的限制。

（4）**公司组织**。

1）公司在国外有研发机构吗？

2）公司在国外有销售机构吗？

3）公司在中国雇用外国人吗？

4）公司有美国人或持有美国绿卡的员工吗？

如果问题 1）的答案是肯定的，请注意在将研发的技术传到中国本土前，仔细了解这种技术出口到中国是否需要出口许可证。如果研发机构有受《出口管理条例》管控的技术，国内的领导在没有出口许可证的情况下就不能去访问这个美国的研发机构。虽然研发机构可以采取各种方式管控受控的技术，但违规或被认为违规的风险还是很大。国内的工程师如果访问美国，电脑上不要有高科技的信息，虽然信息可能是在中国就有的，但这些信息一旦在美国有任何改动，都会被认定为美国技术而受管控。

如果问题 2）的答案是肯定的，而且公司利用这个销售机构将产品销往某一国家，一定要审查这些产品销往该国是否需要出口许可证。在任何国家生产的产品和研发的技术，只要到了美国，都要受到《出口管理条例》的管制。

如果问题 3）的答案是肯定的，公司同时有美国的受控技术，这些技术一旦传授给外国的非中国员工，就是类似再出口。根据这些员工的国籍，可能需要申请再出口许可证。公司如果雇用了美国人，包括持有美国绿卡的人，这些人的行动是受美国法律法规约束的。因此他们不能参与任何与扩散风险、军事情报机构有关的交易，无论交易的是否是美国物项。

（5）**产品最终用途**。

1）产品会应用到扩散用途吗？

2）产品会用于军事最终用途吗？

3）产品属于民用吗？

如果问题 1）和 2）的答案是肯定的，交易的产品是美国商业管制清单上被管制的产品，你就需要申请出口许可证。

如果产品属于民用，对于美国受控的产品，特别是依靠出口许可证进口的产品，需要出具详细的记录，以证明这些产品的确是民用。

（6）**销售模式**。

1）公司的业务模式是直销还是代理？

2）销售是线上还是线下？

3）公司是否同军队，黑名单上的企业、组织和机构进行技术合作？

如果公司的业务模式是代理模式，需要和代理商签订出口合规的条款，公司不可以做的，代理商也不能做。代理商和公司一样需要严格遵守美国出口管制的法律法规。

　　如果公司的产品通过线上销售，在线上销售的系统中应有拒绝禁运国采购美国产品的功能；要识别需要出口许可证才能销售的客户，并在没有出口许可证的情况下停止交易。

　　BIS 提出的出口合规机制八要素实际上也可以按照内控五要素来进行规划和管理（见表 8-10），例如"出口管制违规处理"也是内控五要素的"监察"所包含的。

表 8-10　出口合规机制八要素与内控五要素

内控五要素	出口合规机制八要素
控制环境	管理层承诺
	出口管制程序更新
风险评估	风险评估
控制活动	出口授权
	出口交易记录保存
信息和交流	合规培训
监察	出口监察和审计
	出口管制违规处理

被制裁和被限制清单的管理

　　在我们日常的工作、交谈中，只要讲到美国出口管制，有一个绕不开的话题就是被制裁和被限制的清单的管理，大家经常称这些名单为黑名单。当美国的公司被禁止或限制同某一家中国公司进行交易，美国与这家公司的出口业务就会受到更严格的出口管制。人们在讲到这家公司时，一般都说这家公司上了美国的黑名单。在这里颜色只是代表美国对这家公司出口管制的松紧程度。其实美国各种管制清单的管制范围和管制程度是不相同的。如果我们用颜色来区分管制的程度，我认为这些管制清单至少可以分为黑名单和灰名单。而黑名单的"黑度"也有不同。在 BIS 出口合规机制八要素的第三要素出口授权中，对各种被制裁、被限制的清单的管理是非常重要和关键的内容，因此想和大家分享一下对于这些清单的管理。

在出口管制中涉及的黑名单可能有以下不同类别：

OFAC 对出口管制影响最大的有：

- 禁运国；
- 特别指定国民清单。

BIS 的黑名单有：

- 被拒绝人员清单（Denied Persons List，DPL）；
- 实体清单；
- 军事最终用户清单（MEU）；
- 未经核实清单（Unverified List，UVL）。

禁运国

先看看禁运国对出口的影响。

被 OFAC 制裁禁运的国家和地区很多，被制裁的原因也很多。朝鲜、俄罗斯部分地区及行业（如克里米亚地区或者油气行业）、伊朗、叙利亚、古巴、伊拉克特定领域等都在禁运国名单上。我们可以从 OFAC 禁运国名单看到美国政府部门之间的联系。这些在 OFAC 列出的禁运国，同样是 BIS 的禁运国。对于中国公司的风险是与这些国家再出口美国物项，或在"一带一路"项目中用到美国物项，或用美元结算与这些国家的交易。有时产品是在中国生产制造的，但如果这些产品包含有受美国《出口管理条例》管制的部件，这些产品就不能销往特定的禁运国。例如，一台在两用物项管控清单上的高性能电脑，如果含有美国管控的半导体芯片，这台电脑就不能销往古巴、伊朗、朝鲜和叙利亚。对于大多数物品来说，如果含有的美国受控部件的价值占比超过 10%，这些物品就不能出口到禁运国或禁运地区。

我们利用这个机会仔细看看这个占比是怎样计算的。

（1）识别美国原产地受控内容。

1）确定每个并入将生产的最终产品中的美国原产地物项的 ECCN。

2）确定哪些（如果有）是受美国出口管控的物项，如果它们要出口或再出口到你想销售的目的地国家（如果在中国销售，中国就是目的地国家），是否需要 BIS 的出口许可证。只要是需要出口许可证的物项，就必须纳入美国原产地受控物项价值的计算；

（2）确定美国原产地受控物项的价值。

美国原产地受控物项的价值应为此类物项的市场公允价格。在大多数情况下，此价格将是从美国进口的价格。

（3）确定国外产品（最终产品）的价值。如果在中国生产，就是中国产品的价值。一般这个产品的价值应为此类产品的市场公允价格。

（4）计算美国原产地受控物项的价值占比。

所有美国原产地受控物项价值的总和除以最终产品的价格后乘以 100%。

图 8-3 可能更清晰。

如果是软件或技术的出口，一旦美国的技术含量超过 10%，就需要向 BIS 提交一个得出这个数值的报告。BIS 如果 30 天内没有表达不同意见，这个物项的出口就可以看作通过。

现在我们对如何计算美国受控物项的价值占比有了一个初步了解。主要想讲的是，虽然对于不同国家这个占比的计算方法是一样的，但是一般国家和禁运国在运用这个比值时有两个不同点。第一点比较简单，对于一般国家，这个占比不能超过 25%；而出口、再出口到禁运国，这个占比就不能高于10%。第二点稍稍复杂，即出口到禁运国时，计算时基本可以跳过图 8-3 中的第 2 步，因为每一个源于美国的物项出口到禁运国都需要出口许可证。

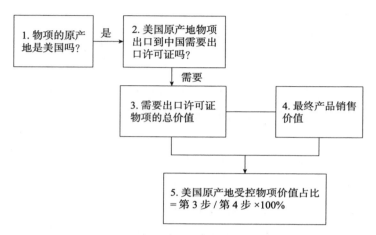

图 8-3　美国原产地受控物项价值占比的计算

请注意：

第 2 步只需要统计到目的地国家需要出口许可证的物项。如果这个产品要销往禁运国，则所有美国物项的价值都需要计算，因为所有美国物项销往禁运国都需要出口许可证。

第 3 步需要注意以下问题：①一个最终产品可能含有多个需要出口许可证的物项，此时需要物项清单，不要遗漏任何应该包括的物项；②同一个物项因为采购的时间不同，数量不同，代理商不同，价格也可能不同，可以取一个月或一个季度对这个物项采购的平均价（需要详细说明为什么这样做，而且一旦定下这个原则就不要随意改动。如改动，需要说明理由）。

在第 4 步，最理想的结果是根据每一单每一最终产品的销售价格计算占比。这要求公司有高水平的数字化解决方案，否则运营成本很大。如果数字化程度达不到每单计算的能力，可以考虑按产品每季度的销售平均价格计算（需要详细说明为什么这样做，而且一旦定下这个原则就不要随意改动。如改动，需要说明理由）。

即使有些物项不受美国《出口管理条例》的管控，出口到禁运国也要特别注意次级制裁。在对伊朗的制裁中，目前涉及许多被列入 OFAC SDN 清单的伊朗人，伊朗能源、航运和汽车行业的公司，甚至伊朗中央银行（CBI）都面临次级制裁风险。如果同在 SDN 清单上的伊朗人，或是列在次级制裁名单上的公司进行交易，即使交易的产品不是美国产品，也可能被 OFAC 制裁。

OFAC 禁止美国的公司同被制裁的国家进行直接和间接的交易。2019 年 1 月底，一家总部位于加利福尼亚州奥克兰的化妆品公司 e.l.f.，支付了近 100 万美元以解决 156 次进口中明显违反朝鲜制裁措施的民事责任。这家公司并没有同朝鲜有任何直接的交易，但从中国的两家供应商进口了 156 批次人造睫毛，这些人造睫毛中包含中国公司从朝鲜采购的原材料。e.l.f. 在内部合规审计中发现了这一问题，并且主动申报这个违规的事实，而且加强了合规管控机制，否则，100 万美元根本解决不了问题。虽然受罚的是美国公司，但从业务的角度来讲，这起事件对中国公司也是有影响的。

特别指定国民清单

OFAC 有一份由被制裁国家拥有或控制或代表其行事的个人和组织的清单。这份清单上还列出了其他个人、团体和实体，例如恐怖分子和麻醉品贩运者，或 OFAC 认为应该被控制封锁的个人和组织。总的来说，这些个人和组织被称为"特别指定国民"（SDN）。他们的资产被封锁，美国人通常被禁止与他们有任何交易和任何经济往来，即不能同这个清单上的个人和组织有任何买卖的活动，不论产品归属何国，连服务也是被约束的。这是一份比实体清单管制得更严厉的清单，如果用颜色来说明，个人认为是比实体清单更"黑"的黑名单。

OFAC 2022 年 4 月处罚了一家总部位于澳大利亚墨尔本，名叫拓领（Toll）的国际货运代理和物流公司。拓领同意支付 600 多万美元与 OFAC 达成和解。拓领有 2958 项明显违反《伊朗交易和制裁条例》《朝鲜制裁条例》《叙利亚制裁条例》《大规模杀伤性武器扩散者制裁条例》和《全球恐怖主义制裁条例》的潜在民事责任。拓领被 OFAC 处罚的原因不是拓领、其关联公司或供应商，为朝鲜、伊朗、叙利亚或在 SDN 上的个人或组织提供了海运、空运或铁路运输服务，而是拓领在发起或接受这些个人或组织的付款时使用了美国的金融系统。拓领自我披露了违规行为，可能降低了 OFAC 对于拓领的处罚程度。值得我们注意的是，这里被 OFAC 指出的违规行为是通过美国金融系统发起或接收的。这个案例说明，利用美国金融体系从事商业活动的非美国公司必须避免与 OFAC 制裁的组织或个人进行交易。

还要注意 SDN 清单对其他组织或机构的影响。一个组织被列入了 SDN 清单，如果它投资了另一家公司，投资额超过这家公司获得的总投资额的 50%，那么对 SDN 的制裁同样适用于这家公司。如果有两个组织被列入了 SDN 清单，这两个组织分别是同一家公司的投资人，虽然每一个组织的投资比例不大于 50%，但两个加起来超过了 50%，对 SDN 的制裁同样也适用于这家公司。

下面我们来看看 BIS 的管制清单。

被拒绝人员清单

BIS 的管制清单上，管制最严格的是被拒绝人员清单（DPL）。

DPL 上列出了不允许参与出口、再出口交易的美国和美国以外国家的个人和实体。在因出口相关罪行被定罪后，个人和实体通常会被添加到被拒绝人员清单中。DPL 禁止所列人员和实体直接或间接参与受 EAR 约束的任何出口和再出口，还禁止任何其他人为清单上的个人和实体出口提供任何便利。在供应链或销售过程中的任何时间、任何地方有 DPL 所列人员参与，都可能导致交易被禁止。

虽然 DPL 和实体清单都是由 BIS 管理的，但它们有很多的不同。如果以颜色来论，DPL 比实体清单更"黑"，不过真正在 DPL 上的中国公司和个人并不多。截至 2022 年 5 月，在 DPL 上的中国公司和个人是 10 个，而且大多数是个人。实体清单主要针对美国以外的公司，DPL 上列的大多是美国的个人。

实体清单

实体清单上列的都是美国之外的企业、研究机构、政府和私人组织、个人和其他类型的法人。这些实体被列在清单上有各种不同的原因，但主要的原因是怀疑它们有可能将从美国进口的物件转移到大规模杀伤性武器、恐怖主义、违反美国国家安全或外交政策利益的其他活动和用途上去。很多中国人听说"实体清单"这个词是在 2017 年一家中国知名企业被列在了这个清单上。其实在 2017 年之前就有 100 多家中国企业、学校、研究所、个人等在这个清单上，只不过当时关注这个清单的人不多。我们不评价中国的企业该不该被列到美国的实体清单上，但美国这一行动，并不是直接处罚中国的公司，而是直接限制美国的公司在没有出口许可证的情况下出口产品到实体清单上的中国公司。这间接地限制了中国公司购买美国公司产品的能力。在今天这样一个各国市场相互依赖的世界中，限制中国公司购买美国的技术、产品，就影响了供应链的持续性，对公司的发展和生存产生了极大的挑战。图 8-4 所示，到 2022 年 2 月，实体清单上一共有 1684 个实体，中国占 570 个（内地 459 个，香港 111 个）。中国企业在实体清单上的总数占全球首位！

因为在实体清单上的公司比较多，许多还是龙头企业，我经常会被问到下面这些与实体清单相关的问题。下列问题的答案许多来自对 BIS 解答的理解。

问题 1：这么多的公司都被列入实体清单，它们是否都是因出口、再出口或转移受 EAR 约束的物品，违反了 EAR 而被包括在内？

并非所有这些公司都违反了或涉嫌违反了 EAR。有一些是因为实体的活动被美国政府认为损害了美国国家安全或外交政策利益，但不一定这些活动涉及受 EAR 约束的物项。

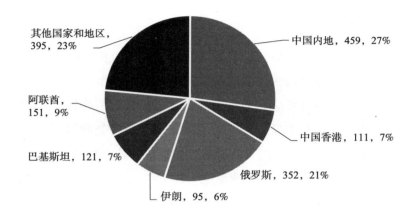

图 8-4　实体清单地域分布

资料来源：2022 年 2 月 E2Open 合规系统数据。

问题 2：BIS 是否与美国其他政府机构合作管理实体清单？

是的。美国有一个由商务部担任主席，以及来自国务院、国防部、能源部和财政部的代表组成的最终用户审查委员会（End User Review Committee，ERC）。ERC 每年都会审查实体清单和军事最终用户清单。任何 ERC 成员都可以临时建议对实体清单进行更改。将一家公司／机构添加到实体清单或军事最终用户清单上去，只要 ERC 中的三个委员同意就行，但如果要将一个实体从清单上删除，必须要 ERC 全员同意。

问题 3：被列入实体清单是否等同于被禁止交易？

那倒不是。被列入实体清单并不是禁止这些实体进行交易，而是限制了美国的实体与这些实体的交易。如果出口、再出口，或在国内转售、转让美国的物项给实体清单上的实体，要根据此实体被列入实体清单时对出口许可证的要求。虽然同在实体清单上，但这些实体对应的出口管制要求并不一样，起码可以分为三类：

1）对于所有美国的物项都需要出口许可证，并且可以被默认为即使申请出口许可证也不会获准；

2）对于所有美国的物项都需要出口许可证，对于 EAR99 类出口许可证默认可以获批；

3）对于被认为是美国以外生产的，用到美国特定机器、工具、技术、软件的产品，虽然美国部件与最终产品的价值之比低于 25%，最终产品（外国直接产品）也被认定为美国产品而需要美国出口许可证，并且可以被默认为申请出口许可证不会获准。

表 8-11 是美国《出口管理条例》中实体清单的例子。对于这两个组织，对出口许可证的要求是一样的，即所有受《出口管理条例》管控的物项都需要出口许可证，但是对二者的许可审查政策却不一样。对于北京航空制造工程研究所来说，不在两用物项清单上的美国产品，通常用 EAR99 的编码来说明，出口许可证申请被默认为可以获得批准；对于两用物项清单上的物项，根据每次申请考量。而北京富吉瑞光电科技股份有限公司获取许可证的可能性就非常小，因为对所有物项出口许可证的申请都被默认为拒绝。

问题 4：我们是否可以从实体清单上的公司采购物项呢？

对于这个问题，BIS 给予的回答是：BIS 管理的范围仅限于受美国《出口管理条例》管辖的物项的出口、再出口和转移，将一个实体放入实体清单增加的是其他实体向该实体出售受美国《出口管理条例》管辖物项额外的出口许可证要求和出口许可证申请流程。所以，虽然一个实体被纳入实体清单，但 BIS 不限制其他实体从该实体采购物项。但打算进行此类业务的公司应注意，BIS 认为从实体清单上的公司购买美国原产物项和其他受 EAR 约束的物项存在风险，购买公司需要进行额外的尽职调查，以确保所需购买的物品（如果它们原产于美国或受 EAR 约束）在获得适当授权的情况下从实体清单上的公司采购。

表 8-11   美国《出口管理条例》实体清单示例

实体	许可证要求	许可审查政策	联邦公报引用
北京航空制造工程研究所，又名 BAMTRI、中国航空工业集团有限公司（AVIC）625 研究所	适用于受 EAR 约束的所有项目（参见 EAR 的 §744.11）	推定 EAR99 获批；逐案审查 CCL 上 的 所有物项	79 FR 24566，5/1/14 83 FR 3580，1/26/18
北京富吉瑞光电科技股份有限公司	适用于受 EAR 约束的所有项目（参见 EAR 的 §744.11）	默认拒绝	80 FR 44849，7/28/15

资料来源：美国《出口管理条例》744 章附件 4。

问题 5：如果一家公司想同一位大学教授合作开发一个解决方案，而这个教授服务的大学在美国的实体清单上，那么这家公司可以聘用或和这位教授合作吗？

如果在合作开发的项目上用到任何受《出口管理条例》管制的美国技术，你需要申请出口许可证。根据 BIS 对实体清单上企业、组织、机构实施的制裁，向任何实体清单上的相关人员转让 / 传授美国的技术都需要获得出口许可证。

问题 6：我的公司可以与实体清单上的大学开展合作研究项目吗？

根据 EAR 对于出口管制范围的认定，来自基础研究的信息不受 EAR 管制。因此，如果合作仅限于基础研究的话，它不受实体清单的要求和政策的约束。如果任何研究涉及受 EAR 出口、再出口或转让管制，这样的研究项目就需要根据实体清单的要求申请出口许可证。公司在同实体清单上的大学开展合作研究项目时，要保持详尽的记录，如果必要，可以证明在合作过程中没有涉及受 EAR 管制的技术。

问题 7：实体清单上的公司不是美国受控产品的最终用户，只是在供应链中充当采购商或货运代理，可以将美国受控产品运送给最终收货人或最终用户吗？

只有在获得出口许可证的情况下才可以。不论实体清单上的公司是否是美国受控产品的最终用户，只要这个公司出现在整个供应链的任何一个环节，出口、再出口或转让，就需要申请出口许可证。

问题 8：一个上了实体清单的大学的学生可以在我公司实习吗？

实体清单上大学的在册学生是一个"风险信号"，这要求出口商在进行任何此类交易之前进行额外的尽职调查。但是，学生不是他注册学习的大学不可分割的一部分（例如，学生与大学的雇员、官员、受托人或类似职位的人不一样，没有大学受托的义务），因此 BIS 不将其包含在大学特定的出口许可要求和政策中。

问题 9：一个人毕业于实体清单中的大学，同时他继续在大学工作，我的公司可以雇用他吗？

实体清单上的个人和他所服务的公司的出口许可要求和政策的约束是相同的。因此，就实体清单上的大学而言，大学的员工有与大学相同的出口要求。在没有相应的出口许可证的情况下，不可以雇用在实体清单中的大学工作的个人。

问题 10：我的公司可以雇用曾经受雇于实体清单大学的个人吗？

可以。不过，之前在实体清单上的公司工作过的人员都带有"危险信号"，需要在进行聘用流程之前进行额外的尽职调查。

问题 11：如果一家公司上了实体清单，是否意味着与其相关联的单独注册的子公司、其拥有部分控制权的子公司或姊妹公司也受到同该公司的出口管控？

子公司、母公司和姊妹公司在法律上是独立的实体，不同于清单上的实体，因此，因一家公司上了实体清单而对其施加的出口和其他要求并不适用于其子公司、母公司、姊妹公司或未在实体清单上列出的其他独立法人的关联公司。但是，如果这样的公司，甚至是非关联公司，作为实体清单上公司的代理人、幌子公司或空壳公司，以支持实体清单上公司所不被允许的交易，那么它们就可能违反了"十禁"中的第十条，即禁止在知情出口违规的情况下继续交易。

问题12：实体清单中的出口要求和政策是否也适用于母公司？

实体清单出口要求不是自动地适用于母公司，除非实体清单对某公司有这样的说明。BIS 也提醒出口商、再出口商和转让人，EAR 规定了出口要求，基于最终用户和最终用途的限制，即使母公司在法律上与实体清单上的实体是独立的，对该实体的控制也可能适用于其母公司。

问题13：怎样从清单上移除或进行修改？

清单上的实体可以向 ERC 提交书面申诉请求以移除或进行修改。ERC 将与其他机构协商并审查来自公开和非公开来源的信息，包括执法数据和机密信息，第三方不得代表任何实体清单上的公司提出请求。

实体在提交申诉申请时应该考虑：

（1）自己的业务是否涉及国家安全或外交政策利益？

（2）实体是否对美国上述利益构成任何风险？

（3）ERC 将你的实体列入实体清单是依据什么？

在这些问题都清楚，收集所有相关信息后，将申诉申请提交给ERC，并准备随后与 ERC 进行讨论。实体清单的移除或修改必须由ERC 代表们一致同意。ERC 会在 30 天内做出书面决定，这个决定也是最终决定，不可上诉。

与美国海关不同，ERC 不会向公众发布这个决定，当然也不会发布移除实体或继续保留实体在实体清单上的理由。对于美国海关的决定，如果你不同意，你可以自己上诉，也可以授权第三方上诉。如果你有疑虑，也可让海关做法律裁决。海关会依据法律和实际情况，给出裁决，并公之于众。海关对一家公司做出的决定，在情形一样的情况下，对其他公司也适用。因为 ERC 做出决定所依据的任何详细信息、申诉申请实体与 ERC 之间交换的任何信息都没有公开发布过，从实体清单上下来的公司不多，所以很难从这些公司获取被移出实体清单的经验。

凡是出口、再出口、转让任何受美国出口管制的物项给实体清单上的实体，或者在物流的过程中实体清单上的实体充当了任何职能，必须根据对实体清单上实体的管制要求，申请出口许可证。**在得到出口许可证之前，禁止任何交易**。

军事最终用户清单

BIS 的 MEU 清单也是一个管控非常严格的清单。如果用颜色来表示它管控的程度，MEU 有着同实体清单一样的黑度。MEU 清单是 BIS 最新建立的一个清单。这个清单的建立源于 2020 年 4 月 BIS 对于军事最终用户和军事最终用途管控的扩大。在 2020 年 4 月之前，BIS 实行了对中国军事最终用途的禁运，但没有对军事最终用户实行禁运。军火物项由 DDTC 根据《国际武器贸易条例》管控。同时，对于两用物项，《出口管理条例》中也将一些产品列入对军事最终用途的管控范围内。在 2020 年 4 月之前，有三个国家被列为对军事最终用途管控，这三个国家是俄罗斯、委内瑞拉和中国；有两个国家被列为对军事最终用户管控，这两个国家是俄罗斯和委内瑞拉。

2020 年 4 月 28 日，美国《出口管理条例》有四个大的变化：第一是将中国的军事出口、再出口、转让管制从只对军事最终用途管制，变为既对军事最终用途管制，也对军事最终用户管制；第二，将原有的对军事最终用途或军事最终用户需要申请出口许可证的物项增加到所有的两用物项管制清单的每一章节，并且出口许可证的申请默认为被拒绝；第三，扩大了"军事最终用途"的定义，使其包括支持或有助于运行、安装、维护、修理、翻新、"开发"或"生产"任何军事物品；第四，取消了原有的 CIV 出口许可证豁免。取消 CIV 的出口许可证豁免对中国的影响也很大。2020 年 6 月 29 日开始就不能使用这个豁免了。而在 2020 年半年的时间里，利用 CIV 的出口许可证豁免出口到中国的产品价值，占所有利用出口许可豁免出口到中国的产品价值的 10.1%。

　　美国《出口管理条例》的这些变化，让业界一时无所适从。许多美国出口公司很困惑，不知如何界定军事最终用户。BIS 给常见问题做出了解答。⊖

　　问题 1："军事最终用户"涵盖哪种类型的最终用户？

　　EAR 的 744.21（g）节包括两种类型的军事最终用户：①传统的外国军事和相关组织（在此定义为"国家武装部队（陆军、海军、空军或海岸警卫队），以及国民警卫队、国家警察、政府情报或侦察组织"）；②任何其他军事最终用户（其活动旨在支持第 744.21（f）条中定义的"军事最终用途"）。

　　问题 2：什么是军事最终用途？

　　扩大了 EAR 的 744.21（f）节中"军事最终用途"的定义，使其包括支持或有助于运行、安装、维护、修理、翻新、"开发"或"生产"的任何军事物品。

　　问题 3："其他军事最终用户"涵盖哪些用户？

　　"其他军事最终用户"涵盖其他国家政府机构，开发、生产、维护

⊖　https://www.bis.doc.gov/index.php/documents/pdfs/2566-2021-meu-faq/file。

或使用军事物项的国有企业，以及其他特定实体。国有企业是指其国家政府可以通过监督、融资、补贴或获得所有权（包括重大的少数股权）对其进行管理或施加重大影响或控制的实体。

问题 4：是否需要知道"军事最终用户"打算将 EAR 第 744 补充附件 2 中列出的物项用于"最终军事用途"，以触发许可证要求？

不需要。如果最终用户符合第 744.21 条（g）款中对"军事最终用户"的定义，则对 EAR 第 744 补充附件第二部分中列出的任何 ECCN 物项的出口、再出口或转移（国内），即使该物项预定用于非军事用途，也需要出口许可证。

问题 5：部队医院是否被视为"军事最终用户"并需要出口许可证？

需要进行尽职调查以确定部队医院是否是国家武装部门的一部分，这取决于许多因素，例如部队医院与部队的实际关系，医院服务的军民患者人数，是否是开发、生产、维护或使用军事物项的实体。

问题 6：以无需许可证（NLR）的形式将定义为 EAR99 的医疗设备出口到中国的一家部队医院，如果设备中的 4A994 计算机出现故障，是否需要出口许可证才能替换它？

如果这家医院是军事最终用户，这个设备就需要出口许可证。因为 4A994 就在军事最终用户需要出口许可证的物项清单上。

问题 7：出口商如何确定个人或实体的行为是否旨在"支持或促进"军事最终用途？例如，美国公司一直在向包括国有企业在内的中国公司出口受 EAR 控制的物品，以生产最终用于商用飞机的零件。

这需要进行尽职调查以确定接收该物品的特定最终用户是否从事了第 744.21（f）节中定义为"军事最终用途"的活动。如果从事，即使该物品出口打算用于民用最终用途，该产品也会被认定为用于"军事最终用途"。因此，不仅要看这些物项是否用在军用物项上，也要确定最终用户是否为军事最终用户。

问题 8：将归类于 ECCN 5A992（包含 744 章附件 2）内的物项销售给一个分销商，例如笔记本电脑、移动电话和其他标准电子设备，该分销商的最终用户有军事最终用户也有民用最终用户。5A992 物项无须任何定制即可用于军事最终用途。分销商知道军事最终用户可以使用该物项来指挥部队或控制军事物项。那么分销商是否是"军事最终用户"？

分销商不是军事最终用户。根据 EAR 第 748.5（f）条，最终用户是接收并最终使用出口或再出口物品的国外人员，不是货运代理或中介，但可能是购买者或最终收货人。虽然分销商不是最终用户，但是如果知道分销商打算将你的物项再出口或转让（在国内）作"军事最终用途"，则将需要按 EAR 744.21 条的规定获取出口许可证。

虽然 BIS 给出许多解释，但是美国的出口商对于怎样识别谁是军事最终用户还是有许多疑问。最好的办法就是 BIS 给出一个 MEU 清单。2020 年 12 月底，美国《出口管理条例》新增了 MEU 清单，并将 57 家中国实体和 45 家俄罗斯实体列到该清单中。

总结一下，MEU 清单和实体清单有相同的地方，也有不同的地方。相同的是，这两个清单中的实体都是由 ERC 审查列入的。ERC 每年都会审查 MEU 清单，如果申请从上面移出，也需要 ERC 成员的一致同意。实体清单和 MEU 清单的不同点有三个：

（1）实体清单的出口许可证要求是具体对每一个实体的，而且对于出口许可证的审批也各有差异；而 MEU 清单对每个实体的出口许可证要求是相同的，所有军事最终用户都需要根据《出口管理条例》744 章附件 2 所列的物项的 ECCN 申请出口许可证。

（2）在没有出口许可证的情况下，实体清单上的企业、机构不可以作为最终用户，也不可以充当出口、再出口、转让的物流环境中的任何角色；而 MEU 清单没有这样的限制，如果某公司成为 744 章附件 2 所列 ECCN 物项的最终用户，与其进行交易需要提前取得出口许可证。需要提醒的是，如果军事最终用户在被管制的物项交易中承担任何角色，一定要做好尽职调查，证明物项不会在没有出口许可证的情况下流转至军事最终用户或军事最终用途。

（3）第三个不同点也是对出口、再出口或转让非常有挑战性的一点。实体清单很明确，列到清单上的实体，就需要按出口许可证相关要求去执行。而军事最终用户虽然有一个清单，但《出口管理条例》要求出口商、再出口商、转让方确定，如果与不在清单上的企业、机构进行交易，是否应该根据对军事最终用户的定义，按要求申请出口许可证。在管理涉及 MEU 清单的业务时，还有一个值得注意的问题：同军事最终用户交易需要申请出口许可证的物项是 CCL 的一部分，而不是所有受美国出口管制的物项，这听起来 MEU 清单的管制比实体清单要松。不过，如果将这些不需要出口许可证的物项，甚至是不受美国出口管制的物项与军事最终用户交易，公司本身就有被定义为军事最终用户的风险。

未经核实清单

如果我们认为实体清单和 MEU 清单是黑名单的话，那么 UVL 可以看作灰名单。目前有 100 多家中国公司在 UVL 上，包括 2022 年 2 月新增的 33 家。这些公司是因为什么原因被列到 UVL 上的呢？

BIS 除了有专门管控颁发出口许可证的部门，还有其他的管控部门直接或间接地影响到出口许可证的颁发和应用出口许可证的实体。BIS 有一个强大的强制执行部门，其中的国际运营部（The International Operations Division，IOD）负责评估受控交易物项的最终用户，包括出口许可证申请，以确定出口许可证颁发前检查

（Pre-License Checks，PLC）和物项出口到国外后的验证（Post-Shipment Verifications，PSV）的目标。这些锁定的目标信息会传送给包括 BIS 驻外的出口管制官（Export Control Officer，ECO）。在 BIS 强制执法部下面有一个驻外出口管制官项目。这个项目在 6 个城市下设常驻出口管制官，分别设在阿联酋的迪拜，中国的北京、香港，德国的法兰克福，印度的新德里，新加坡。这些驻外的出口管制官会根据从国际运营部得到的信息对锁定的目标进行 PLC 和 PSV。这些 ECO 会向美国商务部和其所在的大使馆 / 领事馆详细报告检查结果。

如果你在过去几年中有物项是根据美国出口许可证进口的，美国的出口合规官就可能对你进行物项最终用途和最终用户的检查和验证。当最终用途、最终用户的检查和验证无法得到肯定结论时（即不能肯定受 EAR 约束的物品的最终用途和最终用户同出口许可证上的要求一致），例如：

（1）在进行最终用途检查期间，实体无法证明依出口许可证处置进口的物项；

（2）无法核实被检查物项的存在或最终用途的真实性；

（3）所在进口国政府缺少与 BIS 的合作，而导致 BIS 的出口合规官不能进行最终用户和最终用途的检查。

一旦发生任何上述情况，这个实体就可能被添加到 UVL 上。

UVL 上的实体被从清单上移除的可能性与实体清单上的实体大不相同。实体被放进 UVL 不是通过 ERC 的决定。这意味着，要从 UVL 上移除也不需要 ERC 的同意。当最终用途、最终用户可以得到 BIS 的验证，可以肯定 UVL 上的实体在使用受 BIS 管控的物项时，没有违反《出口管理条例》的规定，没有违反出口许可证上的要求，BIS 就可以将这个实体从 UVL 上删除。

　　另外，出口、再出口、转让受美国管控的物项到实体清单上的企业或机构，需要根据对这家企业或机构的出口许可证要求去申请出口许可证，在申请到出口许可证之前，不能进行任何交易。而出口、再出口、转让受美国管控的物项到 UVL 上的企业或机构，除非这个物项出口到这个国家需要出口许可证，否则，不需要申请出口许可证。但是交易对象中存在 UVL 上的企业或机构是一个高风险信号，这要求我们同其打交道时必须额外地小心谨慎，必须对这个风险进行管控。BIS 对这个风险管控提出了要求。

　　BIS 要求在出口、再出口或转让受 EAR 管控的物项之前（受 EAR 管控的物项出口到这个国家需要出口许可证则不适用这个方法，必须申请出口许可证），如果客户在 UVL 上，出口商、再出口商需要从客户处获得一份声明。这份声明必须由具有法律约束力的充分授权的个人以书面形式签署并注明日期以及客户的详细联系信息。声明还包括下列具体的内容：

　　（1）签署人的姓名和职务；

　　（2）同意不将物项用于 EAR 禁止的任何用途，不将物项再出口或转让给 EAR 禁止的任何用户；

　　（3）受 EAR 约束的项目的预期最终用途、最终用户和最终目的地国家；

　　（4）同意配合最终用途检查，包括由 BIS 或代表 BIS 对他们在过去五年中的交易中受 EAR 管制的任何物项的验证；

　　（5）同意向 BIS 提供本 UVL 声明的副本以及按 EAR 要求保留的所有与出口相关的文档记录；

　　（6）签署人有资格代表企业或机构。

　　各种类型的黑名单、灰名单加起来是一个庞大的清单集合，而且对这些不同名单的管理要求还不一样，这对企业的合规管理是一个挑战。企业应该根据不同的情况制定风险管控的策略。大的企业如果只有为数不多的客户，虽然交易量大，但可能人工就可以审查这些清单。不过大多数企业用人工的方法很难做到有效的风险管控。最理想的是有一个数字化系统，可以随时根据清单的变化而更新，可以在业务各环节筛查清单。不过，即使有了数字化系统，也不是所有的问题都解决了。例如我们常遇到的问题有：

（1）翻译错误：清单中的实体名称是先由汉语翻译过去的，因为中国的业务大多是用汉语，还需要将清单中的英语再译为汉语，这个翻译过程中就有出错的可能。

（2）中国企业名字的多样化：在交易的过程中，同一个企业名字可能有多种说法而使得筛查出错。

（3）什么时候做黑名单筛查：是在业务投标时，订单确定时，还是在货物发运前筛查？

（4）怎样处理筛查结果：如果结果是清单上的实体，终止一切交易；如果是错误的信息，即误报信息，谁可以放行这个交易？怎样记录保存这个信息？

各种清单的管理是出口合规管理的一个重要部分，是出口合规机制中出口授权的实际操作。这一步做不好，出口合规机制就不会有效。

本章介绍了美国不同政府部门对国际贸易合规管理的要求和指导。我的体会是，不管政府部门提到的要求是 5 条还是 10 条，都离不开内控五要素。有些政府部门直接提出按内控五要素来制定合规管理措施，比如海关和 OFAC。作为一家公司的合规管理人员，我会以合规六要素作为基础来开展合规管理工作。首先，建立合规环境，得到公司最高领导的合规承诺和合规管理支持。其次，根据每一个不同的法律法规分析评估公司的风险。所在的行业不同，对于一家公司适用的法律也可能不同。例如适用于医药行业的药品管理法律法规对于一家办公设备商来说就不适用。不过也有对所有公司都适用的法律法规，例如《反海外腐败法》。再次，根据风险评估制定合规行动计划。合规行动计划不是写在纸上或者电脑上的一个文档，每一条行动都是需要执行的。然后，对于培训和交流，可以将不同的要求传达给不同的合规行动执行人。对于需要执行多个政府部门法律法规要求的部门，例如供应链管理部，就可以将所有要求分门别类地一次性或多次地对他们进行培训。最后，对合规行动要进行定期的审计监察。

　　从表 8-12，你可以看到不同政府部门对于合规机制的指导都和内控五要素非常相似。

表 8-12　不同政府部门对于合规机制的指导与内控五要素

内控五要素	BIS 出口合规机制八要素	OFAC 合规管理框架	DDTC 合规机制指导	进口商自检机制
控制环境	管理层承诺 出口管制 合规程序更新	管理层承诺	组织结构 公司的承诺和政策	控制环境
风险评估	风险评估	风险评估	—	风险评估
控制活动	出口授权 出口交易记录保存	内部控制	ITAR 管制物品 / 技术数据的识别、接收和跟踪 再出口 / 转让 限制 / 禁止的出口和转让 记录保存	控制活动
信息与交流	合规培训	培训	培训	信息和交流
监察	出口监察 出口管制违规处理	审计与测试	内部监察 违规和处罚	监察

首席合规官
工作手记

　　海关对进口商的评估工作在 1998 年开展，不过 2002 年后似乎这种评估更多了，我知道的公司就有几家被评估，比如被我工作过的电子设备公司收购的一家美国公司。我想这是因为海关从 CAT 改变为 FAT 后，评估进行得比 CAT 快多了。原来 CAT 需要两三年，甚至更长时间，而 FAT 一般在两年间就能完成，因此更多的公司被评估。每当我听到一家我知道的公司入选为被评估对象，我就感到既紧张又庆幸，但这种庆幸没有持续很久。

　　在电子设备公司工作时，我的团队分别在新泽西和加州。新泽西的团队主要管理整机的采购、运输和进出口工作，而加州的团队负责所有零配件的采购、运输和进出口。我的办公地点主要在新泽西，每个季度可能要去加州一趟。有一天我接到了我们在加州塔斯顿（Tuston）办公室的电话。加州的同事告诉我，他们接到了美国海关的电话，要找我们合规管理的负责人。

　　我们公司的总部在新泽西，为什么海关的官员会把电话打到加州呢？这是因为我们绝大多数的集装箱，不管是整机还是零配件进口主要通过加州长滩港口入关，然后通过火车把这些集装箱送到不同的仓库。

　　我得到消息后，猜不到海关官员为什么要联系我，但估计与要评估我们有关。就像一个被老师通知要到校长办公室去的学生，又不知道为什么有此"殊荣"，心里很忐忑。一个星期后我接到了来自海关官员的电话，他在电话中说，我们公司被海关定为重点评估对象。我的猜测得到了肯定，就像是第二只靴子掉下来了一样，我并没有吃惊。他给我打电话的目的是告诉我，海关会发送一份问卷，需要我们回复，同时他需要和我们一起确定海关评估团队的进场时间。他通知我们成为评估对象的方式让我有点吃惊，不是说一旦公司被选为评估对象，海关会通过邮件通知公司吗？可是我们没有收到任何电子邮件，也没收到任何书面信件。当然我也不能因形式的问题提出任何意见，当时就表态我们在收到问卷后会尽快完成，至于什么时候开始评估和开启动会，我需要向领导汇报。海关的官员表示理解，我想这也是大多数接到要被评估的进口商的第一反应。

我把 CBP 要对公司进行重点评估的消息向领导汇报后分享给我团队的同事。我的领导是专门管理供应链的资深副总裁，对我的团队非常信任。他的第一反应是你们做好被重点评估的准备，拿出一个迎接海关官员进驻公司的方案，相信你们一贯的合规行动，通过你们的努力公司能顺利通过审计。

在准备被海关审计的过程中，我和我的同事们了解到海关的 ISA，我更习惯称它为进口商自检机制。我们公司在参加 C-TPAT 时同海关的官员有过多次的接触，我们也听说了 CBP 主要目标之一是在贸易合规过程中，最大限度地提高进口商对美国法律法规的遵从，并同时促进可受理商品的进口和入境。CBP 于 2002 年开启了 ISA，允许感兴趣的进口商评估自己的合规情况。进口商可以构建内部控制系统和流程以满足其个性化的合规管理需求。

我部门的贸易合规经理，就是那位在"9·11"事件那天替我去世界贸易中心参加培训的同事提出，既然都要被海关评估了，为什么不去争取加入 ISA 呢？她的提问让我一下子认识到，我们不是只有一种选择，可能加入 ISA 是更好的选择。我首先给与我们联系的海关官员打电话，询问他如果我们参加 ISA，是否就不需要海关的评估了。他没有立即回答我，但第二天给予了回复：如果我们通过了参加 ISA 的审查，我们就不需要再被海关评估了。我又一次感到我的运气非常好。因为 ISA 刚刚开始推行，海关正在鼓励进口商参加这个机制。

我们没有权力决定是等待被海关评估，还是争取加入 ISA 机制。最终决定权在公司的领导层手中。我们一边做被海关评估的准备，一边投入怎样才能成为 ISA 一员的学习中。当时加入 ISA 有一个前提，那就是进口商必须是 C-TPAT 的一员，而我们公司已经加入了这个机制。我们评估了一下，参加 ISA 的投入可能比接受海关重点评估的投入还要少，并且一旦成功加入 ISA，我们还可以享受其他的优惠政策。领导对 ISA 并不了解，要求我们做一个介绍并提出方案，这样公司领导可以比较和评估哪一种方案更合适。

CBP 的官网上对进口商获得自检资格有非常详细的介绍，比如谁有资格参加，怎样申请，自检公司需要符合哪些条件，还有非常吸引我的自检公司能享受哪些优惠条件等。CBP 还专门编写了进口商自我评估手册。这里简要介绍进口商加入 ISA 需要通过的几个步骤：

（1）进口商填写 ISA 谅解备忘录（Memo of Understanding，MOU）和 ISA 问卷；

（2）CBP 将审查申请文件；

（3）CBP 将安排与申请人的正式会议，以评估进口商的内部控制系统；

（4）CBP 通过签署谅解备忘录来建立合作伙伴关系，进口商表现出愿意承担自我检查的责任。

进口商参与 ISA 后，将履行持续优化进口合规管理的责任，而 CBP 也将为 ISA 成员公司提供特定的优惠，这是我非常关注的部分：

（1）CBP 可以根据进口商的要求提供指导（比如合规协助、风险评估、内部控制、CBP 审计跟踪、数据分析支持等）；

（2）进口商将有机会申请多个业务单位加入 ISA；

（3）CBP 将会免除对加入 ISA 的进口商的重点评估活动，不过进口商有可能因特定的问题被审计；

（4）进口商将有机会接触海关主要联络官员，并将被指派一名海关官员作为客户经理；

（5）进口商将有权免费获得其进口贸易数据，包括数据的分析支持；

（6）特别需要提出的是，进口商在提前自我披露上的优势。如果 CBP 意识到进口商存在违反进口合规的错误，将提供书面通知此类错误，并允许进口商从通知之日起 30 天内根据 19 CFR（美国海关法规）162.74 提交提前披露；

（7）如果进口商要受到民事处罚或违约金处罚，在案件的处理中，参与 ISA 将成为减轻处罚的依据之一；

（8）进口商将享有更大的业务确定性，因为内部控制系统有助于确保合规交易；

（9）根据行业需求量身定制的额外好处。

当然这些优惠和好处也不是轻易得来的。我们都知道没有免费的午餐，连免费的咖啡也是没有的！要成为参与 ISA 的一员，进口商必须做到：

（1）成为 C-TPAT 的成员（这是基础）；

（2）完成 ISA 的 MOU 和问卷调查；

（3）同意遵守所有适用的 CBP 的法律法规；

（4）持续提供合理的保证遵守 CBP 法律法规的内部控制系统；

（5）执行年度风险评估以判断内部是否严格遵守 CBP 的法律法规；

（6）设计并执行年度自测机制以应对已识别的风险；

（7）针对错误和内部控制弱点实施纠正措施；

（8）通过自测披露内控弱点，将测试结果保存三年，应要求将测试信息提供给 CBP；

（9）对内部控制进行适当调整；

（10）维护从财务记录到 CBP 申报或通过报关行申报信息准确的系统；

（11）进行适当的自我披露；

（12）根据所列要求向 CBP 提交年度合规告知函；

（13）尽快将重大的组织变更通知 CBP；

（14）进口商可以通过使用内部资源来满足 ISA 的要求，也可以利用第三方的帮助达到合理谨慎地进行进口交易。

ISA 成员有责任与义务定期测试控制活动的有效性和效率，持续识别控制弱点，评估员工绩效，以及确定培训需求。根据测试结果，控制活动应不断调整，确保消除或显著降低合规风险。ISA 成员必须设计一个自我测试程序，根据 ISA 的要求，CBP 不规定具体的测试要求，因为自测是测试的一部分，是监控内部控制系统的活动，重要的是公司能灵活地设计它们需要的自测流程。ISA 成员必须维持一个内部控制系统，以证明其 CBP 交易的准确性。进口商需要有两个流程来支持这个内部控制系统：第一个是要确保合规进口交易的内部控制；第二个是确保审计能从会计的账簿记录跟踪进口的全过程。

CBP 为希望申请参加 ISA 的进口商提供了非常好的"内部控制管理与评估工具"。这个工具是一个详细的内控综合指南，有助于确定内控的内容、在什么地方使用以及如何实施改进。虽然 CBP 没有强制 ISA 成员使用此工具，但这个工具能帮助我们确定如何在公司设计一个完善的内部控制系统和怎样使这个系统持续运作，以及如何提高和改进这个系统。这是一个很好的公司自查的工具。

不同的公司制定和实施的内部控制措施可能会有很大差异。产生差异的原因可能是：公司使命、目标和目标的变化，环境和经营方式的差异，组织复杂程度的变化，公司历史和文化的差异，公司面临的和正在努力减轻的风险的差异。即使两家公司有相同的使命、目标、目的和组织结构，它们也可能会采用不同的控制活动。这是因为不同的人在实施内部控制时应用他们自己的个人判断来做决定。虽然这些因素都会影响公司的内部控制活动，内部控制活动与公司的使命和目标应该是一致的。CBP 的内控管理就是根据 COSO 提出的内控五要素而形成的。

加入前的准备

我和我的同事们充分利用 CBP 提供的"内部控制管理与评估工具"，用一两周的时间认真学习了这个工具中列举的每一项要求。那段时间不光我工作到很晚，我们团队的几位主要干部和进口合规团队的同事也每天都工作到很晚。我们中的很多人都是第一次听说内控框架和内控五要素，我自己也不了解内控五要素的精髓。我在有些会议上听说过内控框架和内控五要素，但第一反应认为这是财务管理部门的事，与我没有太多的联系。我当时认为我需要马上学习的是怎样平衡库存管理和满足客户需求——

这是我每天都要面对的难题；谈判技巧——这对我每天和供应商谈判有用；团队建设——我领导的团队是一个较新的组织，而且团队内的一些资深经理对我被任命为他们的领导并不服气；全面质量控制——1975 年这家电子设备公司成为第一家获得戴明奖（Deming Prize）的办公设备制造商，质量控制成为每一个团队的"DNA"。所以无知的我并没有认识到内控的重要性。其实内控五要素就是为达到运营目标、提高效率和效能，提供准确的财报以及合规为目标的。除了我们常讲的内控五要素，IT 的应用也不可或缺，可以作为第六要素。这个第六要素是在实施前五个要素都能用到的工具，对于整个内控的建设至关重要。

在对内控五要素有了一知半解后，我们开始把内控五要素运用到对 CBP 要求的学习过程中。CBP 就是将内控五要素变为了合规管理五要素。从理论知识的学习到实践的应用有很大一段的距离。只能通过反复地学习和实践才能融会贯通，举一反三。学习让我们懂得知识，开阔胸怀，拓宽视野，提高分析能力，掌握解决问题的理论，而实践让我们将这些知识变为了技能。只有知识和技能相结合才能完成我们想要完成的任务。我后来认识到对于内控五要素的学习，每一分钟都是非常值得的。这个投入的产出比，当时我并不知道，后来在职业生涯中我才慢慢体会到这一阶段的学习对我的合规管理工作起到了很大的帮助。不管是 BIS 的出口合规指导要求、OFAC 的合规管理要求、DDTC 的合规管理指导要求，还是美国司法部要求的合规管理机制，都可以归纳到内控五要素。作为一家公司，很难为每一个政府部门的要求而设立一个合规管理部门，但在一个合规管理部门下可以有多个不同的合规机制。就和一家医院有很多不同的科室，但有许多公共设施和统一管理是相同的。这些来自不同政府部门的法律法规、合规管理要求有许多共性，当然也有许多区别。每一家公司的合规管理人员在进行合规管理的过程中，在区分出每一个合规管理要求的具体特殊要求的同时，要最大限度地利用所有合规管理的共性。内控五要素对每一个合规管理要求都是相通的，特别是控制环境、风险评估的方法论，信息和交流的要求，以及监察。因为合规管理的具体管控点不同，对每一个公司的风险可能不同，管控的行动也不同。不过对这些要求的管理方法并没有不同。

除了认真学习 CBP 按内控五要素提出的要求，我们接下来花了大量的时间对比我们目前的内控现状和合规情况，并找出差距。我们认为我们离 CBP 提出的要求有差距，但只要我们共同努力是可以达到标准的。

针对差距，我们提出一个改进方案的草稿。在内控环境中，我们的主要问题是没有建立一个合规委员会，没有合规委员会的章程。我们需要做的是取得公司高层的支持，建立合规委员会及相应章程，并获得公司董事会、CEO 对合规的承诺。在风险评估中，我们的主要问题是没有一个正式的风险评估的流程，也没有对所识别的风险做等级和发生频率的划分。我们需要做的是将非正式的风险评估通过风险评估的流程固定成为正式的风险评估，并根据风险的发生及影响评定风险的等级和发生频率，据此制定风险管理的行动措施。我们对内控的五要素每一条都做了分析。

在了解了这些详细的参加 ISA 的要求，并对我们的现状进行初步分析后，有同事提醒我，我们还可以了解一下其他公司是如何做的，有没有可以借鉴的经验。美国进出口商协会（American Association of Exporters and Importers，AAEI）是代表从事全球贸易的美国公司的主要贸易组织。AAEI 经常代表美国公司在美国国会就贸易政策问题，在行政机构以及包括 WTO 和世界海关组织在内的多边组织就贸易合规实践和运营发表意见，为进出口商游说，争取立法者对进出口商的支持。AAEI 与国土安全部和 CBP 保持着密切和建设性的联系，与海关经理们并肩合作，制定影响美国公司效率和盈利能力的措施。AAEI 还与商务部和美国贸易代表办公室，以及对美国跨境贸易具有监管权力或政策影响的政府机构密切合作。AAEI 经常为会员提供最前沿的与进出口有关的法律法规的更新、同行们的经验交流以及一些指导意见。AAEI 每年的年会都会有部长级的官员亲自到现场做主题演讲，我们公司就是 AAEI 的一员。我想我们可以通过 AAEI 了解更多的 ISA 的情况。不过因为 ISA 太新，AAEI 也提供不了太多的信息。他们了解的和我通过海关官网所了解到的情况大致相同。不过我在与他们的交流中有两点收获，第一，我对加入 ISA 的要求和流程理解的正确性得到了肯定，我对我们公司申请加入 ISA 更有信心。第二，他们告诉我，有几家成员公司也在准备申请加入 ISA，而且这些公司都请了顶级的咨询公司或者律所来帮助他们。

我当时想去向领导汇报，并请领导决定是否申请第三方的指导。因为我们已经对现状进行了分析，我想我们不必从一开始就寻求外部律所或者咨询公司的帮助。我们可以自己努力一下，挖掘一下团队的潜力，主要依靠自己团队的力量完成申请加入 ISA 的工作。另外，我们不需要和其他公司去比。这些规模巨大的公司有很大的合规管理团队，业务也比我们复杂得多。而我们只是一家电子设备公司，进口的产品相当单一，业务也没有这些大公司复杂。

当我去向领导汇报的时候，我首先汇报了如果我们被海关评估，怎样做会顺利通过，同时提出了另一个选择，即加入 ISA。我将根据 CBP "内部控制管理与评估工具" 得出的我们需要采取的行动方案的草稿提交给领导。在这份方案上就有好几个行动计划是需要我的直接领导完成的。比如，得到公司执行委员会的批准，加入 ISA；成立一个公司级合规委员会。几天后，我们的方案就得到了公司 CEO 批准，而且公司董事会副主席亲自任合规委员会的主席。在我的领导将这一消息告诉我时，我非常高兴。有了公司主要领导的重视和支持，我很有信心让公司成功地进入 ISA。不过我的领导还有一个要求就是我不能放弃我当时正在参与的甲骨文 ERP 系统的工作，我很爽快地答应了。

ERP 系统的建设是我非常享受参与其中的项目，这个项目正处于流程梳理和业务设计阶段，非常有挑战性，但非常有趣。当年读 MBA 时，MIS 信息系统管理是基础课，在这个课堂上，我第一次接触到 Excel、Basic 等最简单的 IT 工具。就是这一点关于 IT 工具的知识，在我毕业后发挥了很大的作用。我毕业后也选修了数据管理、管理信息系统、架构设计、网络设计等课程，这让我在后来的工作中有许多其他业务运营的同事没有的优势。IT 工具在我的合规管理职业生涯中起到了非常大的作用。

在领导同意支持我们争取加入 ISA 后，我首先把这个消息告诉团队的成员。大家都很高兴，认为我们这些天的努力付出得到了回报。其实我们都高兴得太早了，这只是一项重要工作的开头。如果说加入 ISA 是千里之行的话，我们还没有开始第一步呢！

我和团队成员开了一个头脑风暴会，会议的主题有两个：一是怎样在最快时间圆满完成 ISA 的申请，二是怎样尽快缩小我们和规定的差距，通过 CBP 的检测，或者说验收成为 ISA 的一员。首先我让团队每一个成员都发表自己的意见。团队的每一个成员都比我在电子设备公司工作的时间长，也都比我年长。他们都是非常有经验的管理人员和非常有想法有主见的人。会议中我所需要做的，只是看到有些同事要高谈阔论时，把他们拉回主题，其他基本无须我来指导。会议结束前我们定下了项目所需要采取的行动，每个行动由谁负责，每个负责的同事表态，他所负责的行动什么时候可以完成。当一个行动要求落实到具体人员时，我很少给他们定完成的时间，都是让他们自己来定。如果他们给出的时间太激进，我会提醒他们项目的难度；如果他们给出的时间太晚，我会让他们告诉我为什么不可以更早完成。一般我的同事没有不能按期完成任务的，因为时间都是自己定的，必须按时保质保量完成！

在最开始讨论时，有同事表达不太理解为什么我们需要下这么大的力气来讨论进口合规的问题，特别是进口合规部的两位同事，他们认为我们对他们工作不满意，以及在对他们进行批评。我向同事们解释，并不是原来我们不合规，合规的工作我们一直在做，也做得很好，但合规"管理"被忽视。合规"管理"要有一套对合规工作进行管理的系统。我们没有建立管理的系统，许多合规工作都没有成文的工作流程，也没有公司领导对合规的承诺。而是否有公司领导对合规的支持和承诺、合规管理的书面流程是一家公司是否有良好的内控环境的重要方面。对于流程的重要性，我是很了解的。早在加入电子设备公司之前，我就被我的前雇主培养为 ISO 9000 的首席审计师，我要做的一项重要工作就是检查被审计对象是否有完整的政策和流程；如果这些都成立，就要审查每个员工是否不折不扣地按照这些政策和流程去履行工作职责。来到电子设备公司后，我发现许多工作我们做了，但没有建立正式的书面流程。

建立流程是一回事，将流程变为现实是另一回事。当我们按照内控五要素去检查内控的情况时，特别是在管理行动这一要素的讨论过程中，我感到很吃力，因为自己没有掌握进口的法律法规，就不知道到底有哪些隐藏的合规风险，不知道管控行动做得是否到位。我主要依赖进口合规经理的意见。她是一位有着丰富经验的合规职业人员，但她合规的经验主要偏向合规业务，而不是合规管理。举个简单的例子，她知道产品的进口关税编码分类、产品原产国要求、怎样和报关行交流，她可以将进口合规工作做得堪称完美，但把这个过程变为一个书面的流程对她来说就是很大的挑战。因此我决定参加海关代理人资格考试，让自己熟悉和理解美国海关法律法规。

在我参加公司 ERP 系统建设，选择仓储服务商，自学海关法律法规准备考试的过程中，正常的工作业务是不能掉链子的。我和团队还有一个重要的任务就是完成进口商自检审计项目的所有要求，准备接受海关的审计。按照自检和风险分析，对照 CBP 的要求，我们一项一项落实需要提高和修正的工作，从基础开始建立合规机制。

首先，建立合规机制得到了公司管理层的承诺。董事会的副主席成为公司级合规委员会的主席，向业务部门的所有高级管理人员发送了备忘录，讨论了海关合规的重要性以及合规问题对公司业务的影响。在他的要求和指导下，公司又成立了海关合规委员会，直接向董事会汇报。供应链管理副总裁，也就是我的直接领导，成为海关合规委员会的主席，我作为该委员会的副主席，负责日常的工作。有关合规委员会支持并监督公司对美国进口合规政策的执行，与所有业务部门沟通符合法律法规的规章制度，组织年度海关合规委员会会议。

作为管理层承诺的一部分，公司分配了 IT 部门的资金和人力来建立海关合规手册。合规手册在 Lotus Notes 中（Lotus Notes

是我们当时的内部 IT 通信工具，也可建立公共分享的数据库），所有参与进口工作的人员都可以访问该数据库。我们定期审查业务流程，并根据业务流程的变化更新流程。根据法律法规的变化，我们也会更改相应的流程。海关合规委员会主席制定了海关合规政策和目标。合规手册上明确了我们的目标：遵守所有 CBP 以及其他政府机构的规章制度。为实现这一目标，海关合规系统会得到实施和维护。这个系统规定并记录了关于合规管理的责任和流程，以确保涉及进口的每个员工都知道他有责任满足海关合规系统的要求。我们的海关合规手册由 4 个级别层次组成：

（1）海关合规要求的政策；

（2）海关合规要求执行流程（内容、人员、时间、地点和方法 -What，Who，When，Where and How-to）；

（3）工作指导书——详细说明谁以及如何分步执行；

（4）记录和文件（所有与进口相关的、法律法规要求保存的文件）。

为方便使用，我们还根据海关业务中的主要类别设计数据库，比如产品税号分类、估价、原产国、记录保存等。

我们自己在做风险分析的同时，聘请了一家专门从事进口合规业务的律师事务所对我们进行内部审计，以便发现我们的问题。这家律师事务所的一名律师和一名海关事务顾问对我们进行了为期一周多的现场审核和进口文件审查，在我们过去一年的进口数据中抽查了 100 个整机的进口条目和 100 个配件的进口条目，指出了我们进口中最大的三个风险：

（1）产品税号分类；

（2）零配件实际进口数量和申报文档的一致性；

（3）新员工合规知识的培训。

我们对甄别出的风险——采取管控措施。

我们也意识到，要做好进口合规管理，还需要合作伙伴的支持和帮助，正如我们实施 **C-TPAT** 一样，我们需要供应链中每个成员的支持。因此，我们认为不仅仅要查看自己组织内部的风险，还需要通过供应链来识别风险和管控风险。比如，供应商要提供准确全面的产品描述，出具正确的发票和装箱单，做好原产地标记；运输公司要及时提供运单和集装箱封条号等。我们建立了一个风险指标图来监控供应链中每个主要成员的表现。一旦识别出风险，我们就会与供应链成员进行沟通，并要求他们在规定的时间内针对识别出的风险区域采取纠正措施。

通过将近一年的努力，我认为我们已经准备好了被审计。不过为了慎重起见，我申请了一笔费用，又请那位海关事务顾问用一天的时间来帮我们审查我们准备的情况。他很认真地按照海关进口商自检的每一项要求对我们进行了审查。从早上九点开始到下午六点，他一直在工作。最后他的结论是："如果你们不能被接纳进入 **ISA**，我不知道哪一个公司可以。你们在没有外部咨询公司的帮助下，自己建立了强大的合规管理机制，很了不起。你们一定可以顺利通过海关审计团队的审查。"我现在还记得他当时握着我的手很激动地对我说话的情景，好像他就是这个项目的主管一样。

被海关审计

在我们准备了近一年后，ISA 审计团队和我们确定了来公司审计的时间。虽然我们请顾问做过审查，并且得到他的肯定，但在审计时间定下来后的一个星期，团队的每一位同事都是既激动又紧张，我的领导们都非常重视，多次过问各项准备工作，从会议室的准备、我们要同审计团队分享的材料，到开场会议的程序安排。审计团队到公司会议室后，首先由审计团队介绍他们的每一个审计人员，然后我们团队的每一个同事做自我介绍。公司参会人员也经过多方考虑：由我的直接领导带队，我们团队的两位采购经理、进口合规经理、主管供应链安全的经理、主管仓储货运的经理、公司的财务主管，一起参加这次审计进场会。

审计团队进场的前一天我接到审计团队负责人的电话，他告诉我他们会有 7 人进入我们的公司，这出乎我的意料，因为这个人数不仅大于我们得知的 FAT 人数，也比两天前他告诉我的人数多了一倍。我当即表示了欢迎，不知道该如何询问人员突增的原因，就在我犹豫的时候，他开始解释人员增加的原因。因为当时申请加入 ISA 需要被审计的公司很少，而海关需要培养一批有审计经验和能力的审计师，准备接下来审计更多的公司加入 ISA，因此这次 7 人中有 4 人是来学习的，我紧张的心情一下子放松了。我们马上将会议安排在公司最大的会议室。

ISA 的审计进行应该算是顺利的。我先用 PPT 的形式给审计团队详细讲述了我们的合规机制，我的 PPT 分为了如下内容：

（1）内控机制（根据内控五要素，我们是怎么做的）。

（2）关键流程复盘：

1）进口产品分类；

2）进口价值；

3）与反倾销 / 反补贴相关的进口税申报；

4）主要进口国家分析。

（3）自检机制：

1）流程；

2）机制。

　　汇报的每一部分都有海关对 ISA 成员的要求，以及我们对应是怎么做的。我两个多小时 50 多页的 PPT 汇报得到了海关审计团队的掌声。我自己知道，他们的掌声中包含了对公司领导重视进口合规的肯定，对我们团队将海关每条要求落实到日常工作的认可，也有对过去一年中我们和海关 ISA 团队紧密合作的赞许。

　　我也特别感谢在这一两年中埃森哲咨询团队对我潜移默化的影响，埃森哲是公司选择的建立甲骨文 ERP 系统的咨询公司。刚开始同埃森哲咨询团队工作时，我是有一定抵触情绪的，因为我认为他们最大的优势就是会做 PPT，而对我们的业务并不了解，每一个简单的流程都需要我们解释，有些还要解释多次。另外在项目的开始，埃森哲团队也不稳定，负责供应链的队员一直有变化，他们的每一次变化，都导致我们又必须再给新人介绍一次业务流程。但是我当时没有认识到的是，在每一次同埃森哲的交流中，他们都会高屋建瓴地把我们的流程进行总结和梳理，然后同我们确认，在这个过程中，我们对自己的流程有了更进一步的认识，有些是惯性的行为，有些是必须要做的，而有些是不必要的管控节点。同时，因为我们多次同埃森哲咨询团队讨论，我们每一次向他们的介绍，其实都不是完全一致的，在向他们介绍的过程中，埃森哲咨询团队会向我们提问，这其实是一个让我们反思的过程，让我们的流程在不知不觉中有所提高和改变。此外，这些咨询师同多家公司合作，他们的格局眼界就比我们高许多。在同他们的交流过程中，我从他们身上学到了看问题的方法和分析问题的技能，也从他们的分享中得知其他公司的经验。我们一生要遇到成百上千的人，每个人都是我们的老师，只要用心，就能从每个人身上学到知识和技术。技能很难学到，更需要我们去实践，就像我们能读懂骑自行车的手册，知道怎样上车，怎样把控方向，怎样使用脚踏板，但要真正学会骑自行车需要我们骑到自行车上，可能要摔几跤才能学会。实践出真知。我想，我们做合规管理也是同理。

还有一点，我非常佩服的，就是他们非常会做PPT，不论是复杂还是简单的问题，他们都会先展示几页PPT，把对问题的主要观点说得清清楚楚，一下子把你震撼到。形式是传达内容的途径，有一个好的形式，可以更有效地传达我们想要交流的内容。这就是PPT的优势了，我想我这一天的PPT就起到了很好的作用。当然，PPT只是交流的媒介，如果能用图表和画面更清晰地传达我们要交流的内容，用一定的时间将PPT做得漂亮一些是有必要的，但如果是内部交流，把大把的时间用到做漂亮的PPT就大可不必了。内容是主要的。我同海关审计团队交流的PPT上除了用一些必要的表格和饼图来说明我们交易的情况，没有任何额外的图片，但得到了审计团队一致的认可。

午餐是非常简单的工作餐，审计负责人明确告诉我们午餐不得超过15美元。在简单的汉堡和咖啡后，审计师们开始访谈我们，向我们提问。第一个问题不是问的进口合规部门，而是问的财务主管。在审计师们审查公司的财务报表时，有一项叫作"援助"的栏目。"援助"在海关法中是一个专门的词汇，用来指买方（进口方）为卖方（出口方）免费或低价提供的原料、工具、科研方面的援助，所有援助的产品都为进口的物品增加了价值，是一个非常容易引起海关关注的完税价格问题。进口时这部分援助价值要加到进口物品的价值中，必须向海关报告，都要按价纳入完税价格，如果忽略了援助价格，或者有意遗漏把援助价格添加到完税价格之中，一旦被发现，将受到海关的重罚。

如果我们有未添加到进口价值中并且在卖方的发票中省略了

的"援助"费用，那我们物品进口的关税就被低估了。审计师问我们的财务主管，公司为国外的供应商提供了什么"援助"产品，这些价值是否加在了报关的价值中。财务主管被问得一头雾水。这也是我没有想到的问题。我们的进口申报中没有出现过援助费用，我也完全不知道公司为出口商提供过任何援助。当审计师将财务报表中援助项给财务主管看时，财务主管笑了，接着说，这个援助是用来记录从小公司和少数族裔公司采购的金额。美国政府有一个要求，如果你的公司要拿到政府的采购项目，你的公司就要从小公司或少数族裔公司进行一些金额的采购。我的团队就专门有一个主管这个项目的经理。我们每年也会参加这样的会议，去认识和熟悉这些供应商。这项采购同我们的进口价值完全没有关系。在财务主管解释完后，一位审计师还访谈了我们主管小公司和少数族裔公司采购的经理。审计师建议我们不要将这项采购称为"援助"。

第二个问题还是问的财务主管，公司是否有付额外的产品版税给出口商，因为版税也是要加在进口价值中的，是完税价格不容忽略的一部分。我们公司没有付过任何版税，财务报表上也没有这个项目。

接下来审计师们做了一些临时抽样的审查。他们的审查主要集中在他们认为高风险的进口单据中。当天审计结束前，他们根据我们进口的记录，抽取了20多个进口订单及其全部单据，以及与这些进口有关的所有记录文档，这20多个进口订单中横跨了三年的进口业务，海关对一个进口商能否提供进口记录文档有明确的法律要求。在审计团队进场前，我们已经根据要求提供了相关的进口记录，这些记录应该是完全符合海关的要求的，因为他们没有提出任何与记录相关的问题。审计团队临时审查这些进口文档，是想进一步看看我们的文档记录是否做得到位，也是让这些新参加到审计的人员来尝试审查进口文档。

文档记录是进口中合规要求的关键之一。在美国海关法中，"记录"和"记录保管"这两个词出现100多次，其重要性可见一斑。如果法律法规要求货物入境时提供此类记录（无论海关是否要求在入境时出示），而进口商未能根据要求在合理的时间内提供，进口商会受到严厉的处罚：

（1）如果海关认为进口商未能在规定的范围内提供这些文档是故意未保存这些信息造成的，进口商每次进口（即每份进口文档）应受到不超过100 000美元的罚款，或以进口商品估价的75%缴纳罚款，以金额较低者为准。

（2）如果海关认为进口商未能在规定的范围内提供这些文档是由于疏忽未保存这些信息，进口商每次进口（即每份进口文档）应受到不超过10 000美元的罚款，或以进口商品估价的40%缴纳罚款，以金额较低者为准。

这20多个文档，有10多个是最近一年的，还有几个是最近两三年的，我们对进口文档有非常严格的管理，这些文档不但要满足海关的要求，保管5年，还要满足税务部的要求，保管7年，因此我们所有采购和进出口文档都会保存7年，我们有一个非常详细的文档保存流程，包括谁负责，责任是什么，文档一年内怎么保管，一年后怎么保管以及7年后的销毁工作。当年的文档保管在公司的文档保管区域，一年后的文档会装箱，每一个箱子清晰地标记着这箱文档的起始和终止时间，以及每一个进口代码，由专人运往铁山（Iron Mountain）存贮公司保管室。当天晚上送走海关审计人员后，我们继续工作，将在公司的十几个进口文档按进口时间整理好。当天我们也给铁山打电话，告诉他们第二天我们会派人来取文档。第二天当海关审计团队来到我们会议室的时候，我们将第一年的文档有序地交到他们的手中，并且告诉他们前一年和前两年的文档会在当天下午交到他们手上。海关审计团队对于我们高效的反馈非常满意，当然他们很认真地核实了每一份进口文档的完整性和正确性，当天下午我们及时地将其他几份文档交到他们的手上。

第三天审计团队查看我们的 IT 系统。他们都是非常专业的审计人员，不光敬业，业务水平也让我们刮目相看。他们对业务流程非常熟悉，从我们的 IT 系统中看到了我们从订单的发送，供应商出口单据的通知，报关行给我们发送的通知，运输商运输货物进仓，到付款的整个流程。我们当时有两套运营系统：一套是专门用来采购整机设备的系统，另一套是专门针对零配件进出口的系统。零配件进出口系统中有产品数量的改变。在这个过程中审计师问了仓储和货运经理，如果在进仓库核验时，产品多于或者少于报税单上的数量，我们会怎么处理。这个问题在顾问帮助我们准备时，也是唯一提出的需要改进的问题，我们做了一个处理这个问题的流程。

如果这个问题出现在设备的进口中，涉及的供应商非常少，给我们多运或者少运一台设备的可能性几乎不存在，可是这个问题在零配件的进口中却是时常发生的。我们当时梳理了零配件进口时各产品数量的出入和金额的出入，有差异的产品大多是例如螺丝、螺丝钉或者螺丝帽这样的小配件，一年算下来，每一个品种多出的数量和缺少的数量几乎可以打平，因此我们设立的流程是仓储和货运经理每次接收货物时，如果发现产品的数量同进口单据的数量有出入，就会根据我们设计好的表格将出入表提交给采购经理。每一个季度采购经理会根据在这一季度收到的所有产品出入表，向海关进口港提交一个备忘录，总结一个季度各种产品多少的情况，如果需要补进口税，我们会要求报关行提供报关单；如果多缴了进口税，数额甚微，我们就不去申诉退税了，因为这个过程消耗的资源比我们能得到的金额还要大。在所有产品中只有一类产品，如果进口有差异，我们会及时处理进口数量差异，这就是轴承。因为我们进口的轴承是在美国反倾销清单上的，进口轴承的税高达50%，因此我们对这类产品的进口格外注意。我们这两个流程都得到了海关审计团队的肯定。我们也同供应商联系和交流，要求提高发货的准确性。

海关审计团队在我们公司实地工作了三天，三天后在总结会上充分肯定了我们的进口合规机制，对于我们内控的各个方面都给予了赞扬，不过最后还是提出了一个我们需要立即改正的地方，而且审计团队的负责人说一旦我们改进了这个地方，我们公司就会被批准成为ISA成员。

我和我的团队成员，你看看我，我看看你，不知这是什么重大的需要改正的地方。原来我们缺乏一个成为ISA成员后的流程，即每年要向海关报告我们一年中合规的情况，是否出现了不合规的现象，是如何改进这些问题的，采取的措施和最后的整改结果是什么。

原来是这个问题，我和团队的成员都太紧张了，一心只想到怎样满足要求成为ISA的一员，而忘记了成为ISA一员后，我们还需要做什么，这的确是我的疏忽。我们答应一周后提供正式的流程给海关审计团队。两个星期后，我们被正式批准成为ISA一员。真是双喜临门，因为在此前不久我刚刚通过了海关代理人资格考试。

第九章

反腐合规

　　20世纪70年代初，美国《华盛顿邮报》曝光了"水门事件"。"水门事件"揭露了美国的政治丑闻，由"水门事件"特别检察官弗兰克·丘奇领导的跨国公司小组也发现了美国公司利用非法资金贿赂外国政府官员的行为。为了防止这一行为的蔓延，美国《反海外腐败法》于1977年制定，后来还有过多次的修订。

受到处罚的不只有美国公司

　　FCPA的目的是限制、处罚美国公司和美国公司的股东、管理人员、董事、职员或代理，利用贿赂外国政府的公共人员而达到获取和保留商业利益的行为。法律本身似乎不是为了限制外国公司的行为，而是为了限制美国公司和与美国公司相关的个人的行为，使得有些美国公司认为这部法律让美国公司处于不利的竞争地位。如果其他国家的公司或个人利用贿赂的手段拿到商业利益，而美国公司不能利用这个手段，不就让美国公司吃亏了吗？

2019 年，美国吉布森律师事务所（Gibson，Dunn & Crutcher LLP）的三位律师对 FCPA 执法情况进行研究，对比了从 2004 年到 2018 年，美国公司被 FCPA 处罚的案件数量与外国公司被处罚的案件数量，如图 9-1 所示，我们可以看出，在绝大多数年份，美国公司被处罚的案件数量要比外国公司多得多。

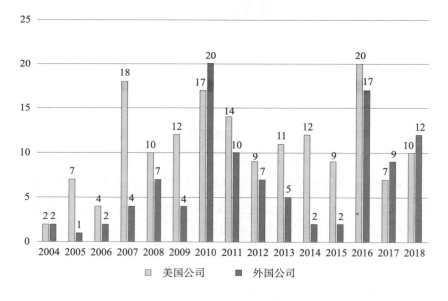

图 9-1 2004～2018 年 FCPA 处罚案件数量

他们研究发现：自 1977 年 FCPA 颁布以来，虽然在绝对受处罚的数量上美国公司要比外国公司多，但美国司法部和美国证券交易委员会在处理 FCPA 违规行为的力度上，对外国公司就比对美国公司要大得多。美国公司的罚款平均在 1760 万美元，而外国公司却高达 7230 万美元，后者是前者的 4 倍多。[○] 除了罚款金额的差别，这些律师们发现 FCPA 执法的其他方式对外国公司也要比对美国公司严厉。例如，美国执法当局更频繁地要求外国公司建立合规机制。从 2004 年到 2018 年之间，近 60% 的外国公司在被执法机构处以罚款后，还被要求设立独立的合规监督、定期向司法部和证券交易委员会汇报等。相比之下，只有 54% 的美国公司被要求这样做。

　　既然 FCPA 的目的是限制、处罚美国公司的贿赂行为，为什么这么多的外国公司被处罚，而且处罚得这么严重？因为 FCPA 适用于"涵盖实体"，包括"发行人""国内所涉及"和任何其他在美国境内时助长腐败付款的人。"发行人"简单地说就是在美国注册过的上市公司，因此许多外国公司也要受 FCPA 的管辖。"国内所涉及"包括任何美国公民、永久居民和其他具有美国国籍的人（不论是否居住在美国），主要营业地点在美国的任何有限公司、合伙企业、协会、股份制公司、商业信托、非法人组织或个人独资企业，以及根据美国一个州的法律或美国领土、属地或自由联邦法律成立的公司。也就是说，不论是不是上市公司，只要是根据美国联邦或地方法律成立的，FCPA 的法律法规要求就都适用。

　　有可能我们认为离 FCPA 很远的事情，却成为违反 FCPA 而被美国司法机关处罚的原因。实际上自 1998 年 FCPA 行使权扩大以来，如果外国公司或个人直接或通过代理人在美国境内促成发生腐败付款的行为，则该外国公司或个人也将受到 FCPA 的约束，无论这种行为有

　　○　https://www.gibsondunn.com/wp-content/uploads/2019/09/Diamant-Sullivan-Smith-FCPA-Enforcement-Against-U.S.-and-Non-U.S.-Companies-Michigan-Business-Entrepreneurial-Law-Review-Spring-2019.pdf。

没有使用美国的通信工具如邮件或其他跨州贸易方式或工具。

2002 年美国地方法院法官认定一家中国台湾医疗公司（Syncor Taiwan，Inc.）违反美国 FCPA，并处以 200 万美元的刑事罚款。该公司承认向中国台湾相关部门拥有的医院雇用的医生支付不当相关"佣金"款项。"佣金"是在 1997 年 1 月 1 日至 2002 年 11 月 6 日期间支付的，目的是从这些医院获得和保留业务，以及让这些医院购买和销售这家医疗公司的放射性药物。在此期间，该公司一共付出至少 344 110 美元。该公司董事会主席在加州时同意这些佣金的支付。这些支付通过密封信封，以现金的形式亲手交付给中国台湾的医院。这家医疗公司是中国台湾的公司，它贿赂的对象也在中国台湾。司法部的发文中说一共付出至少 344 110 美元，但我不能确定实际支付时使用的是美元还是台币。贿赂的手段是直接用现金，所以也没有通过美国的银行。这家公司的行为被认定违反 FCPA，最大的原因是公司的高管对贿赂支付的审批是其在美国时进行的。

这样的例子有很多。2017 年 11 月，中国香港特别行政区民政事务局原局长何志平在美国被捕，美国司法部指控其涉嫌代表中国一家能源公司，向非洲两个国家的高官行贿数百万美元，部分汇款经由美国银行系统完成，因此触犯 FCPA。2019 年 3 月，何志平一案正式宣判，其本人因行贿和洗钱被判处 3 年监禁、罚金 40 万美元。何志平被判刑和处罚，首先因为他的贿赂行为发生在美国纽约；其次，他是一家总部位于中国香港和美国弗吉尼亚州阿灵顿的非政府组织的秘书长；最后，他用美元贿赂，部分汇款经由美国银行系统完成。

2020 年 2 月，美国司法部起诉了法国阿尔斯通公司印度尼西亚子公司的两名前高管。这两名前高管都不是美国公民，行贿也没有发生在美国，他们各自利用聘请的顾问向印度尼西亚的官员行贿。美国司法部声称对这两名前高管具有管辖权，因为部分贿赂款项是通过马里兰州的银行账户支付的。

这些案例告诉我们，即使不是美国公司，不是美国人，也仍有可能被美国司法部以违反 FCPA 为由而施加处罚，而且是很严厉的处罚。这些案例都可以在美国司法部的案例库[⊖]中找到。

可能构成违反 FCPA 的行为

2018 年 11 月 1 日，美国司法部发布了中国行动清单，专门列了"识别涉及与美国公司竞争的中国公司的违反 FCPA 案件"。有哪些行为可能违反 FCPA 呢？主要分两大类：一是违反账簿记录要求，二是贿赂行为。FCPA 的违规处罚主要由两个政府部门来强制执行：美国证券交易委员会和美国司法部。

美国证券交易委员会主要关注账簿记录。要求各公司：

（1）维持并保留交易记录和账目的合理细节，准确而公正地反映公司资产的交易和处置情况；

（2）有一个保证公司账务准确、完整的内部会计控制系统。

美国司法部关注交易中的贿赂行为：要求各公司和个人不得向外国政府官员或外国政党允诺、支付、授权支付，或提供任何金钱、礼物或任何有价值的物品而影响这些官员或在官方组织任职的人员，利用其职务和权力而获得或保留业务。

可能构成违反 FCPA 的行为主要分两大类，对于违反 FCPA 的处罚也是根据这两大类来规定的。在 2020 年 7 月美国司法部发布的《美国反海外腐败法资源指南（第二版）》上，美国司法部专门对违反 FCPA 的两大类行为的处罚进行了解释。对于每一次违反反贿赂行为

⊖　美国司法部案例库：https://www.justice.gov/criminal-fraud/enforcement-actions。

条款的行为，公司将被处以最高 200 万美元的罚款，个人将被处以最高 250 000 美元的罚款，并且最高 5 年监禁。对于每一次违反会计规定的行为，公司将被处以最高 2 500 万美元的罚款，个人将被处以最高 500 万美元的罚款和最高 20 年监禁。[⊖]对个人的罚款，公司和其他机构不得代付。

美国证券交易委员会和美国司法部从 1978 年开始对违反 FCPA 的公司和个人进行处罚，到 2018 年处罚的案件达到 306 件，而且执法的力度不断加强。如图 9-2 所示，1978～2000 年一共处罚了 33 起案件，而 2001～2018 年却处罚了 273 起。

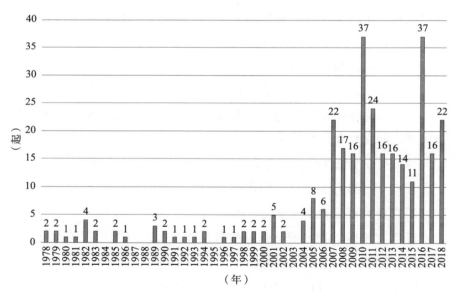

图 9-2　1978～2018 年 FCPA 处罚案件数量

资料来源：美国吉布森律师事务所。

⊖　美国反海外腐败法资源指南（第二版）参见 https://www.justice.gov/criminal-fraud/file/1292051/download，69 页。

FCPA 合规手段

执法的加强让各个公司都将 FCPA 合规放在首要的位置。各公司采取的手段主要有三方面：一是制定反腐败规章制度和流程，例如对第三方进行尽职调查，规定商业馈赠制度；二是对员工进行反腐败培训；三是对腐败的行为开展内部的审计和稽查，并根据审计和稽查结果做出处理。

虽然美国公司为了降低合规风险制定商业馈赠制度，但怎样解读法律和制定制度也是一个挑战。FCPA 规定，不得向外国政府官员提供任何有价值的物品。怎样算是"政府官员"呢？应该是从科长算起吗？根据 FCPA，也根据被美国证券交易委员会、美国司法部处罚的公司和个人，这里的"官员"并不是我们中国人所讲的什么科长、处长，或是县长、省长。当然这些人都是官员，但 FCPA 讲的官员比这个范围要大得多：只要他的工资是国家机构发放的，这个人就是政府官员。

如果不是为了获得和保留业务，而是为了增进了解，表达尊重或感激之情，请人吃吃饭，赠送一些纪念品，这算不算违规？不论是在西方还是东方，一般的礼仪都是有的。在实际操作中，有时要说清楚你为什么会请人参加一个在景区的会议，为什么会宴请某人，不是一件容易的事情。因此公司会制定商业馈赠制度，规范这些馈赠行为。2013 年一家名叫《合规内幕》（*Compliance Insider*）的杂志根据一些知名的、在不同行业的公司，例如汽车、金融、能源、科技、通信、医疗等行业公司的公开信息对商业馈赠制度做了一个研究。很多公司没有公开他们的商业馈赠制度，对于公开了这些制度的公司，允许馈赠的金额为每人次从 20 美元到 1000 美元不等，金额的数量不同，公司内部需要审批的领导层级也不同，但有一点几乎是相同的，那就是禁止赠送现金、现金礼品卡、金银珠宝，禁止提供过度、奢侈或过于频繁的娱乐活动。

在 FCPA 合规管理过程中，我们经常会讨论以下挑战要点。

商业馈赠上限：从《合规内幕》杂志的报道可以看出，各个公司的商业馈赠额度不同，即使是在同一行业，馈赠的额度也不同。没有一个统一的标准可以让任何公司放心地说，我们这个商业馈赠的额度是合规的。按照 FCPA，不可以给政府官员提供任何有价值的赠予以获取或保留你的业务。馈赠额度当然也是越小风险越低。

商业馈赠频率：为了降低反腐败的风险，有些公司规定每年，有的是每季度，只能给同一公司或同一人提供一次商业馈赠。这个规定写在制度文件上很容易，也很能体现公司对于反腐败合规的态度，不过要执行起来非常困难。一个公司可能有很多分公司，分布在不同的城市或不同的领域。在自己公司多业务部门、多员工，而接受馈赠公司或机构也存在多部门的情况下，如果没有一个可用的 IT 系统来记录辨别这些馈赠活动，"提供一次商业馈赠"这点几乎做不到。

商业馈赠审批：公司的制度规定商业馈赠需要一定层级的领导审批。有时审批人不能及时审批，商业馈赠不能执行，会影响正常的商务活动。需要什么层级的领导审批商业馈赠在不同公司也有不同安排。层级太高的领导审批会有审批的时效性问题，而层级太低又害怕出现审批错误。一个商业馈赠往往需要多人审批。这看似保险，但需要每一位领导都有责任心，否则就会流于形式。

除了规定馈赠上限、频率、审批人，还要非常明确地规定馈赠的目的不是获取、扩大或保留业务，也不能给他人造成这样的印象。

随着对 FCPA 的学习，我对这个领域的合规管理认识也不断提高。不再觉得 FCPA 合规管理是比进出口合规管理更容易的领域，而且在了解到一些案例后，感觉到自己更需要加强在这方面的合规管理知识的学习。在学习司法部处罚的案例之前，我可能完全没有意识到有些案件是违反了 FCPA 的。

2004 年 6 月，美国证券交易委员会指控先灵葆雅违反 FCPA 的账簿记录以及内部控制规定。先灵葆雅同意支付 500 000 美元的民事罚款。这个案子的始因是 1999 年 2 月至 2002 年 3 月期间，先灵葆雅波兰公司向一个目的为修复波兰西里西亚地区的城堡和其他历史遗迹的城堡基金会支付了 315 800 兹罗提（约 76 000 美元）。而此城堡基金会的创始人和主席也是波兰政府卫生基金的主任。这个卫生基金为购买药品提供资金，并通过分配卫生基金资源影响医院的其他组织购买药品。先灵葆雅给城堡基金会提供善款的目的是诱惑卫生基金的主任，通过他的影响在卫生基金内购买先灵葆雅的药品。先灵葆雅被美国证券交易委员会处罚，因为其向基金会支付的任何款项都没有准确地反映在子公司的账簿记录中。这个看似慈善的行为却是一个违反美国 FCPA 的案件，让我们不得不注意使用每一笔资金都需要做好准确完整的账簿记录，并且不能用在贿赂政府官员而获得业务的目的上。这也是为什么即使我们是做慈善捐献，也要完成相应的合规问卷，不能让慈善捐献成为一种腐败的方法和手段。

又例如：2016 年，摩根大通同意支付 2.64 亿美元的罚款以和解在亚洲的"干部子弟"招聘计划：从 2006 年到 2013 年的七年时间里，摩根大通雇用了大约一百名"干部子弟"和亲属作为实习生或全职员工，作为其在亚洲快速发展地区建立银行关系、发展银行业务的一部分。看起来摩根大通好像没有给官员提供有价值的物品，但这种利益交换同样是一种腐败形式。

很多国家都制定了反腐败的法律，英国 2010 年 4 月通过了《英国 2010 年反贿赂法》，并于 2011 年开始执行。许多国家可能没有一部法律叫作"反腐败法"或"反贿赂法"，但反腐败和反贿赂已经包含在其他法律之中。例如，德国在其《反不正当竞争法》中就规定了商业行贿和受贿的构成和法律后果，由 38 个国家组成的经济合作与发展组织（Organization for Economic Co-operation and Development，OECD）1997 年就发布了反贿赂公约。

越来越多的中国公司变为跨国公司，这些公司除了有 FCPA 违规风险，也有其他国家反腐败、反贿赂违规风险。不少中国公司对于员工接受馈赠有规定，但设立了提供馈赠的政策和制度的公司却不多。制定正式的反腐败制度，并将制度贯彻至每一个员工，将会起到很好的保护公司和保护员工的作用。

首席合规官
工作手记

在反腐败合规的讨论中，一个绕不开的话题就是通过第三方进行行贿。斯坦福法学院的数据显示，从 1977 年到 2022 年，因为违反了美国 FCPA 而被起诉的 317 起案件中，涉及第三方中介机构，例如代理商、顾问或承包商的有 284 起，占比达 89.59%。[⊖] 我工作过的一家公司 2014 年用了 1.08 亿美元与司法部和解也是因为代理商行贿。由此可见，对第三方的尽职调查是反腐败合规管理中的重要一环（不得不说的是，通过对第三方的尽职调查，公司还会收获到其他的价值）。

那年我刚接手反腐败合规工作，第一个联系我要求落实反腐

⊖ 斯坦福法学院反海外腐败法信息交换处：https://fcpa.stanford.edu/statistics-analytics. html?tab=4。

败政策中确保代理商，即第三方，也不能行贿受贿的是公司总部道德与合规办公室的首席合规官。他给我和当时新华三集团的总裁兼 CEO 提出要求，需要我们对所有的代理商都进行尽职调查。公司总部事业部的资深副总裁对此也提出了非常严格的要求。公司有一个非常成熟的第三方尽职调查组织，也有一套成熟的系统和流程。除了内部尽职调查的部门，公司还雇用了我当时见过的最完备和领先的第三方尽职调查公司。

现在新华三集团对所有代理商和合作伙伴的尽职调查都没有任何阻力，公司领导大力支持这些尽职调查。大多数员工也认为这是理所应当的事，如果你没有做尽职调查才是奇怪的事。可是10 年前要对所有代理商进行尽职调查，在新华三集团可是闻所未闻的。要将这件事落实到行动上挑战巨大。我们需要：

- 得到当时新华三集团领导团队的支持；
- 对当时的代理商进行分析，分批进行尽职调查；
- 需要对每个新增代理商进行尽职调查；
- 需要对公司的 IT 系统进行优化，使其有能力将调查的结果和代理商的认证结合起来。

不论是对现有代理商还是新增代理商的尽职调查，我们都需要新华三集团同事的支持，他们如果不将信息提供给道德与合规办公室，我们就算有三头六臂也一筹莫展。

经过多次会议讨论，尽职调查的要求最后终于获得了各方的批准。在尽职调查的过程中我们也遇到了意想不到的问题。

代理商通过尽职调查有三种不同的方式。

第一种方式，代理商在填报完尽职调查问卷，学习完要求的培训资料并签署代理商行为准则承诺后，尽职调查信息系统会对这些问卷进行自动识别，如果没有发现大的风险，这个代理商的尽职调查就通过了。IT 系统就会记载这个代理商通过尽职调查的时间。这一标签非常重要，因为将来我们会按这个时间对代理商进行第二次、第三次的尽职调查。

第二种方式，如果有些代理商回复的尽职调查问卷有疑问，这些代理商就会被放进开放资源调查环节。开放资源调查，就是在互联网上搜查与这家代理商相关的信息，看看有无负面的新闻。公司有一个专门的团队会去公开网络上查看是否有与此代理商相关的信息。如果在公开网络上检索到的负面信息严重影响到这家代理商的声誉，那么这家代理商也可能会给公司带来合规风险，它的尽职调查就不会通过。如果没有检索到直接影响这家代理商的负面信息，它就通过了尽职调查。

第三种方式，对代理商做深层次的调查。这个调查当时是由公司聘请的第三方执行的。虽然第三方的调查会更加专业和公正，但也耗费时间和资源。这种深层次的尽职调查可能要花费几个星期才能出结果。当对代理商进行深层次尽职调查时，如果是现在合作的代理商，这家代理商的下单就开始被管控，需要在调查结果出来后才能决定是否可以继续同这家代理商合作。如果是新增代理商，只有通过了深层次调查，才可以成为正式的代理商。决定一家代理商是否可以成为公司的合作伙伴是一件花费不菲的事情，因为这种深层次尽职调查不是无偿的，是要花大价钱的。第三方的尽职调查不光调查与腐败有关的事项，也会调查其他公司认为高风险的事项，例如国际贸易合规等。让我吃惊的是，在第一批对总代理商和金牌代理商进行尽职调查时，就有好几家公司被要求做深层次尽职调查，数量之多让我不得不怀疑这中间是否有什么差错。

我首先怀疑的是代理商对于尽职调查问卷可能不理解，或者没有如实回答问卷的问题。后来证明的确如此。

有些只做本土业务的代理商在回答问卷时会选择有国际业务，而且还将产品销往禁运国。这是出口管制的高风险问题，我们可能被要求终止与这些代理商的合作，停止与他们的任何交易。我认为这些答案是不合逻辑的（新华三人很爱讲的一句话是"讲常识合逻辑"）。因为这些公司不可能将产品卖到中国以外的地区，都是从事中国某一个区域内的业务，我们在国内销售的产品也是专门适应中国市场的。我向公司主管渠道尽职调查的团队申请，能否在终止与这些代理商的合作之前允许我亲自访谈他们。我的要求获得批准。

我清晰地记得与一家代理商的访谈经历。这是一家规模不大的公司，但是对我们公司的支持不少，访谈的对象是代理商的高管。我问的第一个问题是："你的公司有国际业务吗？"他犹豫了一会儿回答："有。"我接着问："你将产品卖到哪些国家？也请你介绍一下，你是怎样将你的产品出口的。"他沉默了几分钟后，不好意思地对我说："我们并没有国际业务，也没有将产品销往任何中国以外的其他国家。"我继续问："那你为什么在代理商问卷上回复你有国际业务呢？"他说："我这样回复只是为了体现我们公司的能力。"他认为，如果他们公司有国际业务，新华三集团对他们的看法会更好，会认为他们是一家有实力的公司。我接着问："你还有哪一项问题的回答是不真实的？"他马上答复："没有，就是这一项我们认为非常重要，能做国际业务是我们能力的体现，也是我们将来需要努力的方向。"

我相信这一次这位代理商的高管说的是真话。这让我想起几年前在中国对一些采购美国特定芯片的公司的审计。这些公司采购的芯片属于美国《出口管理条例》管控的两用物项，既可以军用，也可以民用。这些物项出口到中国，是需要在 BIS 申请出口许可证的，但如果是民用，也可以用民用出口许可证豁免，这个豁免在 2020 年 6 月被取消了。从 2020 年 6 月开始，进口这种类型的芯片，即使是民用也需要美国的出口许可证了。我们当年的审计是为了确定这些利用民用出口许可证豁免进口的芯片的确用在了民用产品上。我们在审计这些公司时发现，这些公司在其网站上介绍自己时骄傲地陈述：我们是一个为军队提供高质量产品的团队。这个陈述使芯片制造商和分销商对这家公司是否将从美国进口的芯片用到了军事用途而担心，我们同这家公司的领导进行了访谈。我问他们的第一个问题是："你公司为军队提供什么产品？"几位领导你看看我，我看看你，面面相觑，不知如何回答这个问题。我也开始担心他们是否因为产品保密而不能回答我们的问题。有一位领导非常不解，一脸茫然地问我们："你们为什么问我这个问题？我们不生产军用品啊。"我说："可是你的网站上是这样介绍你们公司的。"我把网站上介绍的话读给他们听，他们都笑了，因为几年前他们曾经为一家军工厂提供过一些零配件，但从那以后他们再无任何与军工有关的订单了。他们认为能提供产品给军队，就能证明公司产品的质量比一般的公司好，能为军队提供产品是这家公司具有竞争力的表现，因此这家公司在他们的网站上夸大了自己的产品。

　　根据访谈的结果，我们可以确定这家渠道商并没有国际业务，也没有将产品卖到禁运国。不能将产品卖到禁运国是在代理商协议上清晰列出的要求，可能代理商在签署协议时也没有认真仔细地看协议上的条款。不过我们对于代理商没有如实回答问题，也提出了质疑。诚实诚信是做人做事的基本要求。有时候有些公司认为，自己是有这个能力的，只是没有机会来体现自己的能力，就会在问卷甚至投标文件上夸大自己过往的经历，认为这只是善意的谎言，无伤大雅。结果有些公司被终止合作的机会，有些还被放入拒绝交易的黑名单。我所工作过的所有公司，都有规范员工行为的商业行为准则，其中诚实诚信都是必不可少的要求。公司颁发的第三方行为准则也有同样的要求。

我们给代理商强调了公司代理商行为准则，并更进一步强调了协议上所有法律法规的要求，对这家代理商进行了反腐败合规和国际贸易合规的培训，让他们签署了不将产品和技术出口到禁运国的承诺。在他们完成了这一系列要求后，我们继续了同这家代理商的合作。

对代理商尽职调查的一个重要方面是看看代理商是否有行贿的可能。有些代理商夸大他们同政府部门的关系。当我们访谈他们时，他们才说同政府部门并没有什么关系，也没有政府部门的官员在他们公司任职。他们的目的也是认为这样回答能让新华三集团更信任他们的能力。对于我们发现问卷回答与实际不符的代理商，我们都会要求他们学习公司要求的代理商行为准则并完成合规培训。

经过几年的实践，新华三集团的代理商尽职调查流程有了不少改善和优化，不光对代理商进行尽职调查，对其他的服务商、供应商也会进行尽职调查。让我们的合作伙伴同我们形成一个更加风清气正的合规生态圈，既完善了我们的合规管理机制，也提高了合作伙伴的竞争力。

　　作为一个非常幸运的人，我参加了多种合规管理机制的领导工作，像供应链安全合规、进口合规、保税区合规、出口合规、反腐败合规、危险化学品管理合规等。在开展这些合规管理工作的过程中我遇到了对我充满信任、给予我大力支持的领导；遇到了对我耐心指导、不断鼓励我的法务同事；遇到了对我毫不隐瞒、尽情分享工作经验的同行；遇到了对我宽容理解、帮助我越过沟沟坎坎的员工，特别是遇到了多个志同道合、不懈努力的优秀合规管理团队，和我一起工作过的合规管理团队都是"A-Team"！但是我还有很多合规管理机制没有深入参与。根据不同的行业，有些合规管理的要求已经实施多年或正在实施，比如反垄断、反洗钱等，而有一些合规管理的要求已经与我们不期而遇或正在向我们匆匆走来。未来的合规管理要求会越来越高，合规管理的领域会越来越多，合规管理遇到的困难也会越来越大，这也意味着合规管理人员的工作会一如既往地有挑战，有价值，有意义，有乐趣。

　　未来，既有的合规管理会变得更加复杂。很多年以前，讲到跨国公司，我们的第一反应是"这是指一家外国公司"。而现在很多中国公司成为跨国公司。随着公司跨出国门，合规管理的复杂性会不断显现。当然，合规管理的战略规划最好做在出海之前。俗话说，兵马未动，粮草先行。我想对计划出海的公司说：业务未动，合规先行。要在迈进一国之前，就了解这些国家的法律法规，了解在这些国家开展业务的合规要求。

　　由于现在的供应链相较十几年前更加复杂，一家市场主要在国内的公司也可能需要了解国际贸易合规的要求。如果这家公司产品包含外国的技术或部件，那么这些产品有可能受外国出口管制法律法规的管控。假如一家公司下游产品的用户将其产品纳入最终的出口产品，即使这家公司并没有直接参与出口工作，也必须了解进口国对产品进口的合规要求。如果公司的产品在生产过程中违反了进口国的合规要求，这些产品有可能在进口国的港口被留置，甚至被没收。

　　这些既有的合规要求，不论是变得更复杂，还是范围变得更广，对合规管理人员的技能要求变化并不大。而相对于国际贸易，反贿赂、反舞弊等更新的合规领域却对合规管理人员提出了更高的要求。社会责任和环境保护、数据保护和个人信息保护就是两个很好的例子。

　　越来越多的公司关注社会责任和环境保护，在公司业务发展的同时做好社会公民，为社会做贡献。例如新华三集团专门设立了新华三企业社会责任管理体系，并连续多年被评为 IT 行业社会责任优秀企业。2018 年 1 月，贝莱德公司（BlackRock）的拉里·芬克（Larry Fink）也曾说，"每家公司不仅必须提交财务业绩，还必须展示它如何为社会做出积极贡献"。[⊖]要使所有的公司都能做到为社会做积极的贡献，光靠每个公司的自觉可能还是不够的，这还需要法律法规的要求。有些国家对公司的社会贡献有强制性的要求，比如印度2014年就在公司法中增加了企业社会责任的强制要求。

　　环境保护是大家都关心的话题。《中华人民共和国环境保护法》自2015年1月1日起施行。最初，我以为环境保护合规只是对特定行业非常重要，而没有认识到这是所有公司都有义务践行的合规要求。在2021年10月法治日报社中国公司法务研究院主办的第十届中国公司法务年会（华中）中，多位演讲嘉宾讲到碳达峰、碳中和的背景及趋势，讲到生态环境对我们的重要性。环境保护成为这次会议的重磅议题。随着社会的发展，我相信关于环境保护的法律法规会更加严格，对环境保护的合规管理要求也会日益提高。

　　社会责任和环境保护的法律法规要求需要合规管理人员扩大自己的知识面，知道在这些领域公司需要合哪些规，怎样合规，同时还要提高合规管理的技能。一项特别需要提高的技能是要求公司高管的合规行为和合规行动。在目前的合规管理工作中，合规管理部门有一项重要的工作是同公司的高层领导交流，取得高层领导对合规管理的支持和资源的提供。而在新的合规要求下，高层领导的角色会有很大变化。他们需要从对合规的倡导、支持，变为身体力行。许多合规行动包含在战略规划、预算支配、产品设计等这些需要高层领导拍板决定的事情上。合规管理人员需要提高自己的工作

　　⊖　哈佛法学院公司治理论坛：https://corpgov.law.harvard.edu/2018/01/17/a-sense-of-purpose/。

能力，有能够向上管理的方法和技巧。

　　另外一个合规管理人员需要提高知识和工作能力的新领域是数据保护和个人信息保护合规，特别是个人信息和数据出境。说它是个新领域好似不太恰当，因为有些国家和地区已经在这方面有了多年的管理经验，而对于另外一些国家，这方面的法律法规要求只是刚刚开始。要成为这个领域中合格的合规管理人员，不但要熟悉不同国家和地区对这一领域的法律法规要求，还需要有一定的信息安全和 IT 知识。

　　未来对于第三方合规管理的技能要求更高。大多数公司的个人信息和数据都不会完全是自己处理，需要借助第三方的帮助，有些公司需要借助多家第三方。如果这些第三方在境外，法律法规的要求会更高、更明确。《中华人民共和国个人信息保护法》中明确规定："个人信息处理者应当采取必要措施，保障境外接收方处理个人信息的活动达到本法规定的个人信息保护标准。"境外接收方承诺承担的责任义务，以及履行责任义务的管理和技术措施、能力等能保障出境个人信息的安全。国家还规定了个人信息出境标准合同。这些对于第三方的法律法规要求，也同样提高了合规管理人员对第三方管理的要求。

　　对于上述讲到的这些合规管理领域，虽然我不断学习新的法律法规，并且参与了其中一些工作，但还没有积攒足够的工作经验和需要的技能，让我能随时指出在这些合规管理领域中的风险和必须采取的及时有效的风险管控措施。俗话说，打蛇打七寸。如果合规管理人员对一个合规管理领域非常熟悉，非常有经验，他马上能知道这个领域"七寸"在什么地方！但对于以上领域的掌握我现在还达不到这么自信的程度。合规管理这门课是永远也学不完的，是的的确确的学无止境。

即使你认为对目前的合规管理机制都掌握有度，随着社会的发展、科技的创新，一些新的法律法规会应运而生，而且合规管理的方法也会有变化，因此你必须不断努力学习。目前我们在努力做数字化合规管理，将来的合规管理会用上人工智能而成为人工智能合规管理吗？我马上能想到的是合规培训、一般合规咨询、部分合规审计都有可能被人工智能取代。这就要求合规管理人员提高自己的能力，为从事更复杂的合规管理工作做好准备。

最后我想对给我合规职业生涯发展提供指导、支持和帮助的每一位领导、同事和同行说声"谢谢"，也预祝已经在合规管理职业和即将加入合规管理职业的同人在合规管理的过程中开心、快乐，工作顺利！

术语表

缩写	全称	中文
AECA	Arms Export Control Act	武器出口控制法
CBP	Customs and Border Protection	海关和边境保护局
CCL	Commerce Control List	商业管制清单（也被叫作两用物项管制清单）
CIV	Civil End Users	民用最终用户
COSO	Committee of Sponsoring Organizations	美国反虚假财务报告委员会下属的发起人委员会
C-TPAT	Customs-Trade Partnership Against Terrorism	海关 – 商界反恐伙伴计划
DDTC	Directorate of Defense Trade Controls	美国国务院国防贸易管制局
DPL	Denied Persons List	被拒绝人员清单
EAR	Export Administration Regulations	出口管理条例
ECCN	Export Control Classification Number	出口管制分类编码
ECP	Export Compliance Program	出口合规机制
ENC	Encryption Commodities, Software, and Technology	加密商品、软件和技术
ERC	End User Review Committee	最终用户审查委员会
ERP	Enterprise Resource Planning	企业资源计划
FCPA	Foreign Corrupt Practices Act	反海外腐败法
GBS	Group B Countries	B 组国家
HTS	Harmonized Tariff Schedule	统一进口税则表

（续）

缩写	全称	中文
ISA	Importer Self-Assessment	进口商自我评估机制
ITAR	International Traffic in Arms Regulations	国际武器贸易条例
MEU	Military End User	军事最终用户
MTCR	Missile Technology Control Regime	导弹及其技术控制制度
NPT	Treaty on the Non-Proliferation of Nuclear Weapons	核不扩散条约
NSG	Nuclear Supplier Group	核供应国集团
OFAC	Office of Foreign Assets Control	财政部海外资产控制办公室
RPL	Servicing and Replacement of Parts and Equipment	零件和设备的维修和更换
SCP	Sanction Compliance Program	制裁合规计划
SDN	Specially Designated Nationals	特别指定国民
TSR	Technology and Software Under Restriction	受限制的技术和软件
UVL	Unverified List	未经核实清单